风雨惊堂

田连元传

王重旭 著

辽宁人民出版社

©王重旭　2021

图书在版编目（CIP）数据

风雨惊堂：田连元传 / 王重旭著 . — 沈阳 : 辽宁
人民出版社, 2021.1
　　ISBN 978-7-205-09985-5

　　Ⅰ . ①风… Ⅱ . ①王… Ⅲ . ①田连元—传记 Ⅳ .
①K825.78

　　中国版本图书馆 CIP 数据核字 (2020) 第 214250 号

出版发行：辽宁人民出版社
　　　　　地址：沈阳市和平区十一纬路25号　邮编：110003
　　　　　电话：024-23284321（邮　购）　024-23284324（发行部）
　　　　　传真：024-23284191（发行部）　024-23284304（办公室）
　　　　　http://www.lnpph.com.cn
印　　刷：辽宁新华印务有限公司
幅面尺寸：170mm×240mm
印　　张：22
字　　数：330千字
出版时间：2021年1月第1版
印刷时间：2021年1月第1次印刷
责任编辑：赵维宁　娄　瓴
装帧设计：鼎籍文化创意
责任校对：吴艳杰
书　　号：ISBN 978-7-205-09985-5

定　　价：88.00 元

评书是一种内涵深奥的艺术形式，囊括千古兴衰、人间百态、上下纵横、哲思真理，无所不有，探索终生，不见终极。

——田连元

目录

————

第三章　火了评书

第四章　辽东山人

第五章　重出江湖

第九章　京师闲客

尾声

后记

引子

———

词曰：

集洪荒回响，凝大野沧桑。五尺书案，尽展人间苍又黄。指点将相王侯，巧布地煞天罡，谈笑话兴亡。慧目观今古，俯仰皆华章。

怀正气、袖清风、抱月朗。评坛泰斗，名冠曲苑诉衷肠。不为盖世生妄，何曾居功邀赏，冰心玉壶香。秋桂自有节，当随云水长。

一首绝妙好词！

这首词是评书艺术家田连元先生从艺四十周年的时候，辽东才子王维荩先生写给他的一首《水调歌头》。转瞬之间，又过去了二十年。如今，年届八十岁的田连元先生，在回顾自己一生的时候，他发现，自己这辈子，就是冲着说书这活儿来的，躲都躲不开，改都改不了……

正是：

少一种人不成天下，

这世上应该有我。

树高千丈总有根——中国评书，你从哪里来？

树高千丈总有根，水流千里总有源。

人为什么要认祖归宗？就是因为他们想知道自己的根在哪里、源在何方。

世有百工，无工不有祖师爷。

纪晓岚在他的《阅微草堂笔记》中说："百工技艺，各祠一神为祖。"木工有鲁班，铁匠是老君，茶业有陆羽，酿酒是杜康，教育有孔子，戏曲是玄宗……不必细数，多了去了。

那么，这评书的祖师爷是谁呢？

有人说，评书的祖师爷，最早可以上溯到两千八百多年前的周庄王。

为什么是他呢？因为周庄王是一个大孝子，母亲有恙，周庄王见母亲痛苦，便坐于病榻之前，给母亲讲故事。老人听得入了迷，便忘了病痛。能让老人家听得忘了病痛，这故事一定不是枯燥理论、艰涩哲学。

还有，周庄王为了教化百姓，还派人带着鼓，到全国各地击鼓说书，以期改变不古之人心，扭转日下之世风，于是被称为"击鼓化民"。

可以试想一下，官员们在宣讲的时候，为了通俗易懂，为了让百姓人人愿来，来了人人愿听，听了人人明白，一定会在宣讲的形式和内容上下一番大大的功夫。所以，讲得要有趣，要形象，要生动。

不仅如此，为加强宣讲官员的权威性，周庄王还赐其尚方宝剑一把，官印一枚，圣旨一道。于是乎，几千年下来，这三宝便演变成说书人的手中之物，官印成醒木，宝剑变扇子，圣旨为手帕。

此言虽为传说，但讲得有板有眼、有根有据。

如果真是这样，那评书真的可以说是"你从远古走来，巨浪荡涤着尘埃"了。

有人说，评书的祖师爷早在春秋战国时就出现了。

你看，春秋战国之时，一方面，诸侯争霸，狼烟四起；另一方面，则百家争鸣，百花齐放。诸子们一柄剑、一部书，游说诸侯，全凭三寸不烂之舌。诸侯们日理万机，说客盈门，一拨接着一拨。

所以，那些说客，即便你的道再可、你的理再真，也得想办法让诸侯们听得进、听得懂才行。于是说客们各展神通，旁征博引，说故事，作比喻，或情绪慷慨激昂，或故事委婉动听。于是，历史便给我们留下诸如《刻舟求剑》《郑人买履》《买椟还珠》《愚公移山》《亡羊补牢》《揠苗助长》等寓言，真是说不完的故事，讲不尽的成语。这些说与帝王的故事，不就是一个个小小的评书吗？

有人说，评书的祖师爷在汉代，因为有实物为证。

1957年，四川省成都市天回山东汉墓葬出土一只陶俑，此俑高55厘米，体态矮胖，面部生动，头部微左，颅圆颧高，眯缝双眼，扎巾插笄，上身赤裸，收颈耸肩，右手拿鼓槌，高高举起，左臂抱一扁圆鼓，嘴半张作嬉笑状。经专家鉴定，此俑为东汉时作品，并命名为"说书俑"。

其实，汉武帝时的司马迁，在撰写《史记》之时，能看到的资料极少，大量的是他从民间采撷而来。尤其盘古、女娲、三皇五帝，这些故事，距司马迁足有三千年之久，如何流传？全靠民间。而这些民间故事在人们的口头传诵过程中，不断地被加工润色，日趋完整和定型。司马迁不过是把那些民间的传说，如实地记录下来，于是便成为后来的说书人取之不尽、用之不竭的源泉了。

有人说，中国的评书是从隋唐一路走来。

如果说汉代的说书人是一个不知姓甚名谁的陶俑，那么在隋代就有一位真名实姓的说书人。他叫侯白。《隋书》有传曰："侯白，字君素，好学有捷才，性滑稽，尤辩俊。举秀才，为儒林郎。通悦不恃威仪，好为诽谐杂说，人多爱狎之，所在之处，观者如市。"鲁迅在他的《中国小说史略》中也引用了这段话。

何谓"诽谐"？所谓"诽谐"就是诙谐，就是风趣。侯白擅长的"诽谐杂说"，受到人们的欢迎，有了很多的粉丝。而且，据《太平广记》记载，这个侯白，甚至得到王公大臣们的喜爱，常常把他留在家中，让他"说个好话"，有时甚至"从旦至晚，始得归"。不过，这位侯白还不是专业的说书人，不过是业余时间与人说说笑话，讲讲故事，插科打诨，解闷逗趣而已。但是，你敢说当时的社会上、市井里，就没有如侯白这样的人，在做这专业的事？肯定有！

所以，到了唐代，"说个好话"已成为一门艺术。史料笔记中，亦多有记载。

元稹·《西州白学士代书一百韵》诗中有句"翰墨题名尽，光阴听话移"。他对自己的这句诗有一个小注，说是："乐天每与余游，从无不书名屋壁，又尝于新昌宅说'一枝花话'，自寅至巳，犹未毕词也。"乐天者，白居易也，与元稹是好友。一枝花话，唐代话本也。元稹和白居易两人是超级书迷，在新昌宅里听"一枝花话"，"从凌晨至中午，仍未听完"，这不就是说书吗？

有人说，中国的评书源于宋代。

这话也不无道理，因为北宋时期是中国评书发展史上的第一个高峰，说书艺人无处不在，说书名家无处不有。仅孟元老所著《东京梦华录》中提到的说书名家就有孙宽、孙恒、曾玉堂、高恕、李孝样、杨中立、张十一、徐明、越世享、贾九、张山人，等等。东京是什么地方？那是北宋的京城。你仔细看过宋人张择端的《清明上河图》了吗？其中有一群人，围在"孙羊店"旁，正中间的说书人正讲得眉飞色舞，甚至手足并用，很有我们今天田连元先生的说书风格。那些逛街的市民听得入了迷，甚至连和尚都被吸引了来。

史料记载，北宋汴京人霍四究以三国故事"说三分"著名，"不以风雨寒暑，诸棚看人，日日如是"。不仅讲史，他们也说今，称为"新话"。这"新话"到了南宋，更是一发而不可收，《中兴名将传》和《醉翁谈录》中就提到了《杨令公》和《收西夏说狄青大略》。《杨令公》即后来的《杨家将演义》的前身。还有《说宋江》《石头孙立》《豹子头》等，为《水浒传》的成书作了准备。

有人说，评书的祖师爷应该在明代。

这话自然没错。不过，明代之前的元代，在中国历史上也有近一百年的历史，难道就没有说书的？当然有了，只不过记载得少些罢了。元代有几位说书人，在历史上也很有些影响。如胡钟彬兄妹，他们虽为说书人，却有爱国心，或者说爱大宋之心，他们在背上纹刺"赤心护国，誓杀红中"八字，意欲反元，事败被杀。还有一位女说书人，名朱桂英，以说三国、五代见长。

可以说，无论如何，到了明朝，评书艺术是真正地开启了它的黄金时代。之所以如此说，是因为明朝有评书大师横空出世。

明代是说书艺术的高峰期，这个时期出现了大量的话本文学的经典之作。比如《三国演义》的话本叫《全相平话三国志》，《水浒传》的话本叫《醉翁谈录》。当时的说书人叫博君人，意谓博君一笑。还有冯梦龙的"三言"和凌濛初的"二拍"。两者都是话本小说，保留了口头文学故事性强、曲折生动、人物鲜活、描写细腻的特点。有了这样优秀的本子，自然会助力评书艺术发展到一个鼎盛时期。

更为重要的是，明代还出了位大说书家——柳敬亭，此人为说书史中的里程碑式的人物。他的一生，充满了传奇色彩。他不仅仅是来自民间的说书人，后来还跻身上流社会，与文人墨客为伍，与达官贵人比肩。不仅他的评书艺术影响面大，而且年过八旬仍能说书，有明末思想家黄宗羲所撰《柳敬亭传》为证。

有人说，中国的评书定型于清代。

清代的帝王们都爱听评书，甚至把三国中的一些战例用到了自己的实战之中。而且皇太极身旁便有说书艺人石汉，在皇帝身边说书六年。顺治身边也有一位说书人韩圭湖。而且，清代时，说书艺人遍布大江南北，名家辈出，比如石玉昆等。

到了清末民初，说书已经在南方、北方广泛普及，各类书馆、茶馆、酒肆，豪华的，简陋的，在都市、乡镇可谓星罗棋布。甚至还有"撂地"说书人，就在闹市之中说书，远远望去，一群人把那条街道围得水泄不通。

也有人说，中国评书真正繁荣，是在新中国成立之后。

这话十分在理。中华人民共和国成立后，尤其是收音机和电视机的普及，以及文学创作的繁荣，给评书以极大的生存空间。特别是改革开放之后，评书艺术更是得到空前发展，甚至出现一部评书万人空巷的盛况。而且，随之而来的便是巨星升起，大师涌现，他们人人红遍南北，个个星光灿烂。

凡为大师，必有传奇故事、风雨人生……

第一章

长春赤子

————

1.当年鏖战急——围城里的记忆

田连元出生于 1941 年 12 月 16 日。

1941 年，在中国的历史上，是不平凡的一年。

这一年，如果按阳历算，没什么特别，一年还是 365 天。可是如果按中国的阴历算，则是 384 天。一年两头春，也就是说，这一年，初始在立春，结束还在立春。民间传说这样的年景不是太好。当然，这是迷信，信不得。

可是，这一年还是有许多大事发生。皖南事变应该算一个吧？纳粹进攻苏联应该算一个吧？日本偷袭珍珠港应该算一个吧？还有中国国民政府正式对日宣战应该算一个吧？

有人说，中国不是从 1937 年就开展全面抗战了吗？不是，那一年国民政府发表的是《自卫抗战声明书》，而 1941 年 12 月 9 日，国民政府发布的《中华民国政府对日宣战布告》，这才是中国正式对日本宣战的日子。而这个宣战书发出一个星期后，即 1941 年 12 月 16 日，田连元出生。

有人会说，怎么，田连元出生也算大事？

当然算大事，他是大师，是名人啊。不信你到网上查一下，这一年出生的中外名人一共才列出二十个，田连元名列其中。

要知道，1941 年这年，虽然战争频仍、炮火连天，但中国的出生人口还是有将近九百万，全世界也有几千万。而这几千万人中能榜上有名的，也就这寥寥二十人而已。

中华人民共和国已经成立七十年了，很多人并不太珍惜这七十年的和平。可是对田连元那代人来说，出生便是战争，记事便是炮火，注定颠沛流离，磨难丛生。

田连元祖籍河北，出生在长春，父亲是个说书人。出生在这样的家庭，想不说书都难。

田连元出生的时候，父亲给他起名叫长庚。庚字有年龄的含义，那么长庚呢？就是活的年头要多一些，长命百岁，讨个吉祥。岂不知，这名字和天上的神仙，太白金星李长庚的名字相合了。

六岁那年，田连元一家住在四平。这年的四平，在田连元脑海里留下的印象太深太深了，以致把六岁以前的童年记忆都一扫而光。

解放战争初期，国民党在东北大兵压境，蒋介石恨不得一举消灭林彪领导的东北民主联军。当时四平城里是林彪的部队，城外是国民党的部队。大兵压境，双方展开殊死搏斗，四平保卫战被称为中国战争史上最惨烈的一场战役。枪炮声震耳欲聋，弹片横飞，流弹乱窜，夜晚更是火光映红了半边天。

城里的老百姓哪经过这样的事儿，早吓得魂飞魄散了。他们家家都在院子里挖了防空窖，就像农村的菜窖一样，先挖一个大坑，再在上边架上檩木，檩木上面铺上草席，草席上面压上泥土，有的二尺多厚，有的人家竟有一米多厚。看上去像一个大坟包。真是有家不能归，活人住坟包啊。

不过，最惨烈的战争，也有温馨的一面，尽管微不足道。

战争的双方约定，每天中午休战一小时，给城中的老百姓留出买粮、挑水、买菜的时间。于是，每天中午 12 点一到，枪炮顿息，死气沉沉的"坟包"立刻涌出一批批活生生的人来，他们争分夺秒，就像现在的打折商店一样，一开门，人们便蜂拥而入，上演一场生死时速。那些卖菜的、卖粮的、卖杂货的，鬼魂般地一下子出现在大街上、集市中。哪有时间讨价还价，哪有心情挑三拣四，拿起货，扔下钱，赶紧往回跑，抢东西似的。而时间一到，大街上的人立刻消失得无影无踪。老百姓又都钻进坟包里，熬着这不人不鬼的日子。

但是，如果你以为中午这一小时绝对安全的话，那你就非付出惨烈的代价不可。

中国人很讲究仪式感，即便在最惨烈的战争中，重大事项也不肯敷衍了事。田连元清楚地记得，有一大户人家娶儿媳，他们要在中午这一小时休战时间内，把儿媳迎娶到家。

于是，中午十二点一到，身披白色婚纱的新娘赶紧登上前来迎娶的马车，和新郎一起，乘坐着马车在大街上疾驶，奔向他们的婚姻殿堂，开始新的人生旅程。可是，就在此时，国民党的一发炮弹从天空呼啸而至，落在了马车旁，"轰"的一声炸响，马碎人飞，婚纱飘散……

目睹这一幕，幼年的田连元领略了战争的可怕和枪炮的无情，更看到了一个美丽的生命瞬间被撕成碎片，随风飘逝。

一天中午，田连元陪同院的李奶奶上街买菜。回来的路上，眼看就要到家了，突然从对面胡同里跑出来一个当兵的，端着枪，枪上着刺刀，瞪着眼睛站在胡同口大喊："快走！我要开枪啦！"

还是孩子的田连元吓坏了，他撒腿便往家跑。李奶奶跟在后面边跑边嘟囔："我们是买菜的，这还没到点儿呢……"

田连元因为过于慌张，刚跑进大门便摔了个大跟头，一只鞋也摔掉了。李奶奶在后面替他捡起那只鞋，对田连元嚷着："都到家啦，你还跑什么？"

气喘吁吁的田连元真有一种死到临头的感觉。多年以后，田连元回想起那惊魂一刻，还有些胆战心惊。

2.云外惊飞四散哀——逃难的日子

此时的东北，到处都是炮火连天，已非久留之地。很多他们熟悉的关里人，此时都已经开始逃回关里老家了。

田连元的老家是河北沧州，爷爷田希贵是说书的，父亲田庆瑞也是说书的。爷爷家有二亩薄田，忙时种地，闲时说书，可是难以养活家人。说书的要想吃饱饭，就不能老待在一个地方。那年代，说书人便是苦命人，正像一首歌唱的那样："流浪的人儿走天涯，没有一个家。"所以父亲成年后，就出走沧州。

父亲不仅书说得好，弦也弹得好，一部《刘秀传》，伴着他从沧州一路说到了唐山。在唐山，父亲结识了一位周姓姑娘，叫周安荣，喜欢他的评书，便成了他媳妇。于是，父亲就带着她，从关里一路说书说到了关外，说到了长春。就这样，田连元就出生在了长春。

父亲为什么要流浪到东北来说书呢？因为东北当时与全国各地相比，交通比较发达，城镇比较多；城镇一多，市民就多；市民一多，茶馆酒楼就多；茶馆酒楼一多，来听评书的人就多；来听评书的人一多，生意就好，赚的钱就多了。而且，那时候东北的茶馆和关里的不一样，在关里的茶馆说书，老板是按门票分成的。东北的茶馆就不一样了，东北老板大方，"不下账"，就是不分成，说书人卖多少门票都是你自己的，老板就赚自己的茶水钱。这样，说书人赚得多，自己就愿意上东北来了。

可是现在，日本投降之后，国共两党争夺东北，兵荒马乱、炮火连天的，茶馆不敢营业，酒楼不能开张，命都危在旦夕，谁还敢来听你的评书啊。

田连元父亲的搭档叫李立亭，两人合作多年。那时候，所谓的说书人不是一个人说，而是老百姓所说的大鼓书，因为他们是从河北过来的，所以准确地说叫西河大鼓。演出时，演员左手拿一副鸳鸯板，时说时唱，唱时右手操起鼓键子，或叫鼓槌，击打身边的小扁鼓。而说的时候，或放下鼓键子，或拿起扇子。坐在旁边的就是弹三弦的伴奏人。他们的演出，在东北很受欢迎。

几年来，这两家人结伴而行，相处得非常融洽，亲如兄弟。闲暇下来，还和其他的艺人一起娱乐娱乐，喝点小酒，打打麻将。

李立亭有个女儿，叫李庆云，比田连元大十岁。她已经开始学书，有时上台演出时，田连元的父亲也给她伴奏。

如今东北打仗，没了生意，怎么办？两家一商量，此地不养爷，自有养爷处，走吧，咱们回河北老家去吧。

说书人，生意好的时候，养家没问题。可是没生意的时候，就会落魄到"一箪食，一瓢饮，在陋巷"的地步了。好在说书人到处流浪，居无定所，不用买房子，也没有什么家当，捆上行李，带几件衣服，说走就走。

父亲和搭档李立亭带着家人，逃离了四平。随着逃难的人群，一路南下，来到了抚顺。此时母亲怀着身孕，就要分娩，不能再走了，所以父亲一家加上搭档李立亭一家就滞留在了抚顺，租房住下。

此时的抚顺已被国民党占领。

抗战胜利后的抚顺一片凋敝，苏军刚刚撤离，把抚顺洗劫一空。国民党占领后，抚顺已经破败不堪，货币贬值，物价飞涨，民不聊生。一面袋子的金圆券，只能买回半面袋子的苞米面。钱已经不是论张，而是论捆了。

不久，苞米面也买不到了，只能买豆饼、豆腐渣。这些原本是喂牲畜的饲料，现在人也只能用它来充饥了。

豆饼是什么？豆饼就是大豆榨完油剩下的渣子。因为要把油榨干，所以豆饼被压得很实很硬。买回来后，父亲用一种两头带把的刀，一片一片切下来，全家人就围着炉子边烤边吃。第一口还有一点香味，可是吃过几口，就很难下咽了。买回来的豆腐渣，就用大锅炒了吃。有一次田连元从炒熟的豆腐渣里吃出一只蟑螂，恶心得要吐，再也吃不下去了。父亲也没舍得倒掉，还说田连元："不吃，你就等着饿死吧。"全家人闭着眼睛，把这一锅豆腐渣全吃光了。

生下了妹妹，坐完了月子，母亲身体实在虚弱，况且刚刚出生的小妹不宜上路，只好又待了几个月。可是，此时东北战事越来越紧，逃难的人一拨又一拨。父亲心急如焚，说："不能再停留了，必须赶紧走。"

说走容易，可是怎么走，就不容易了。因为战争，抚顺的火车只通到新民，剩下的路，就是从新民到锦州那四百里的路程，就只能或雇大车或步行了。而且这段路虽然四百里，却有国民党占领区，有共产党管辖区，有"胡子"出没区，当然还有"三不管"的空白区。能否从这些区域中顺利通过，那就看你的运气了。

任人宰割的老百姓只能听天由命，求神灵保佑了。

当时在老百姓中盛传一种求助神灵保佑和明示的占卜法，叫"圆光"。有用蜡烛的，也有用镜子的，摆在那儿，让一个孩子注视烛光，或者注视镜子，看看里面出现什么，孩童看到的便是神灵的明示。有时还可能出现的是佛或者菩萨，待神灵显形后，大人便叫孩子向神灵问话，求解难断之事。其实这不过是走投无路之人的一个无奈的选择罢了。

此刻，田家和李家面临的最大难题就是：回老家，哪天是吉日？路上能否顺利？

那天，父亲的搭档李立亭也来到田家，两人恭恭敬敬地摆好桌子，桌子上摆上香炉，父亲点燃蜡烛，请来对门儿李洪斌先生的养女，她比田连元大两岁，名叫大琴，和六岁的田连元一起，一对童男童女，在大人的指挥下，洗手、洗脸、磕头，然后端坐在离桌子约两米远的地方，目不转睛地盯着桌上的烛火。屋里静极了，田连元紧张得心都要跳到嗓子眼了，他胆小，生怕会看到什么让自己害怕的东西。

大人们站在两个孩子后面，看着燃烧的蜡烛和香火，他们有些着急了，再三叮嘱两个孩子，"不要想别的，看着烛火，看到什么了？有没有人出来？"

突然，婴儿的哭声打破了屋里的沉寂，出生才几个月的妹妹睡醒了，没人理她，便大声哭叫起来，妈妈赶紧过去把妹妹抱走。

屋里又是一阵沉寂。

田连元也有些着急了，他睁大眼睛，紧盯着烛火，可是烛火还是那烛火，除了火苗的周围闪着金色的光圈，别的什么也没有。他揉了揉眼睛，还是什么也没看到。

大人们早就沉不住气了："看到什么了？"

大琴喃喃道："没有啊，没有。"

大人们显然有些失望了，对大琴说："好了，你下来吧！"

大琴走了，田连元还在看。

"看到了吗？"爸爸也有些泄气了。

"看见了一个老头儿。"不知怎么回事，田连元突然冒出了这么一句，连他自己也没想到，他真的什么也没看见。

大人们一阵惊奇："快问那老头儿，我们回老家好不好？"

田连元顺口应道："他说好。"

"哪天走顺利？"

"他说三月初六。"

三月初六这个日子，是父亲这些天经常念叨的，田连元就记在了心里。

父亲笑了，"我就说嘛。"

上路的日程就这样定下来了，这是神的旨意。而田连元心里却充满了恐惧，因为他实际上什么也没看见，他只是为了搪塞父亲，才信口说出这个日子。如果让父亲知道，他不会原谅自己；如果路上真的遇到什么麻烦，自己也不会原谅自己。如果真有神灵，那么神灵会不会因为自己撒了谎而惩罚自己？

一句谎言，决定了两个家族的命运。

他们从抚顺坐火车到了沈阳，又从沈阳坐火车到了新民，铁路就中断了。他们从新民下车之后便雇了辆马车。可是当地的马车也不敢拉太远，也就十来里路后就不肯再往前走了。接下来，运气好的话你可以继续雇车，运气不好就只能步行了。

此时田连元家有四口人，爸爸妈妈和出生才六个月的小妹妹。加上父亲的搭档李立亭夫妇和女儿，一共七口人。他们没有再雇到大车，只好融入到逃难的人群中，开始了长途跋涉。

他们这群人大概能有三四十人，一打听，老家大多是河北的，也有山东的。他们有挑筐的，背包的，挎篮子的，抱孩子的。虽然大家很少说话，但聚到一起的人，也是相互瞅瞅，看着面善的就往一起凑凑。看到长得凶的，说话怪的，脾气暴的，赶紧躲得远远的。

一路上发生了几件事，即便七十多年后，田连元依然记忆犹新。

第一件事是他的小妹妹。

刚刚六个月的小妹妹，不知为什么，好像不愿过这种逃难的日子，早上只要上路她就哭，晚上只要住上店就高兴。

其实，这些路边的小店也不是什么店，就是农家。逃难的人来了，腾出一铺炕，拿出几床被，收你几个钱就是了。

这天晚上，田连元他们一家住进一农户家里，女主人是一个中年妇女，穿斜襟布衫，叼杆烟袋。看到小妹，挺喜欢的，逗了逗，便对母亲说："挺好个孩子，这么小，就跟你们逃难，多遭罪啊。你们不知道，往前走这道上净是胡子呀！抢钱还抢小孩。不如我帮你们给她找个好人家。"

母亲没言语，这可把田连元吓一跳。

那女人见田连元母亲没说话，以为是动了心，便接着说："离这不远，东街老王家，家里有100多亩地，有大车，有牲口，钱有的是，就是缺个女儿。这孩子要到了他家，那不是掉到福坑儿里了！风吹不着雨淋不着，长大了就是个大小姐，多好啊！比让孩子逃难遭罪不强多了！你要愿意，我这就去他家谈个价。"

母亲惊讶地看着那位农妇，连连说："怎能说这话，我们不卖孩子。活，一块儿活，死，一起死。遭点罪没啥，挺挺就过去了。"

那农妇见母亲说得坚决，摇摇头，叼着大烟袋走了。

田连元悬着的这颗心，这才放下来。

多年以后，田连元开玩笑地对妹妹说："要是逃难路上把你卖了，你就是有钱人家的大小姐了，能享几天福。可转过年，完了，咱俩就是对立阶级了。"

妹妹对这件事也挺后怕的，说："宁可死道上，也不能到地主家。"

田连元逗妹妹说："你才六个月，知道啥？你得谢谢咱妈了。"

第二件事，是因为迷路而逃过一劫。

那天他们经过一个名叫"半拉门"的地方。这名字好怪，田连元一辈子都没忘，六十年后他还专程到半拉门看一眼，那地方仍叫半拉门。半拉门位于锦州市黑山县东三十多公里，当年因为这里有一座破庙，只有一扇门，东北话叫半拉门，于是就成了地名了，现在叫半拉门镇。

在半拉门，田连元他们住了一宿。第二天早上大雾弥漫，几步之外便不辨东西。田连元一家和李立亭一家会齐，匆匆上路。爸爸背着行李，妈妈抱着妹妹，田连元第一次经历这样的天气，心里突突突的，总像要发生点什么。他紧紧跟在父亲旁边，大气都不敢出。他们顺着一条林中小路走，走着走着，忽然发现周围都没了人，只剩下他们两家了。

怎么回事？肯定是迷路了。两家人慌了，如果不赶紧找到大队伍，势孤力单，遇到什么情况就糟了。继续走？停下来？还是掉头重新找路？父亲说，既已如此，咱们还是往前走吧，只要方向对，就一定能找到大路。于是他们走走停停，大约走了几里路，才找到了大道。原来他们走的是一条弯路，不但路不好走，还浪费了很多时间。

终于看到大队伍了，那些人坐在一座破庙前，一个个垂头丧气，有的女人还哭哭啼啼。一打听才知道，就在刚刚，他们遭到了"胡子"的抢劫，失去了很多财物。

那几位和田家熟悉的人迎上来，问道："你们走哪儿去了？"

父亲说："我们走错路了，从树林里穿过来的。"

那人说："你们走对了，都跟你们走就好了，我们都被胡子劫了！这伙胡子还算有点儿人性，说你们是逃难的，多少给你们留点儿。"

田连元父亲不知该怎么安慰他们，只是一个劲叹气："唉，这年头。"父亲还赞许地摸摸了田连元的头，说："菩萨保佑我们了。"

第三件事，就是小黑小子的死。

田连元清楚地记得，人群中，有一个小男孩，比田连元小两岁，黑黑的、瘦瘦的，脑袋大大的，眼睛大大的，一看就是营养不良。田连元也不知道他叫什么名字，就叫他小黑小子。休息的时候，两人还在一起玩过。小黑小子的父亲是一个30多岁的农民，背一个包，肩上扛一根扁担，扁担的一头拴了根麻绳。一路上，帮着逃难的人干点零活儿，挑挑抬抬，挣点糊口钱。

因为都是小孩，田连元很想和那孩子做朋友。那天，田连元离开人群，到路边去解手，回来时，就听到一阵嘈杂声，人们围在一起，指责那小黑小子的父亲：

"你这人怎么这么狠心？"

"孩子要吃的，你跟我们说呀！谁还不能给他一口？"

"虎毒还不食子哪！你这个人哪！"

小黑小子的爸爸垂着头，蹲在那儿，一言不发。

这时田连元才发现，那小黑小子躺倒在他父亲面前。

田连元的父亲把田连元拽出人群。

田连元不解地问："小黑小子怎么昏过去了？"

父亲叹口气告诉田连元说："不是昏过去，是死了。这孩子让他爸一扁担砸在头上，死了……"

"为什么？"田连元问。

"刚才大家在吃饭，他向他爹要，他爹没有，他爹的那个包袱被胡子抢走了，他们身无分文。孩子不知道，又哭又闹，他爹心烦，就给了一扁担，谁也没寻思他下手会这么重。"

田连元惊呆了，就在刚才，小黑小子还活灵活现地给他描述胡子长什么样、骑什么马、拿什么枪、扛什么刀呢，而现在，却一声没吭地死了。

这时，大伙儿上前帮着找来一领破席子，把小黑小子草草地捆了捆，就埋在了破庙的后面。

第二天早上，等大家起身准备赶路的时候，有人说小黑小子的父亲昨天晚上吊死在村外的树林里了。

"爷俩儿一块去了！"很长一段时间大家都一言不发，默默地往前走着。人群里没有了那小黑小子，也没有了他的父亲。谁也不知道他们姓什么、叫什么，只知道是山东人。

3.添得黄鹂四五声——初次登台

从新民到锦州，这段逃难的路，田连元一家整整走了八天。

说评书的逃难，和别人不一样，别人是赶紧到家，该种地的种地，该做生意的做生意。他们说评书的，靠一张嘴，走到哪儿，只要人多的地方，那就是他们的地场儿，就说上几天。

经过八天徒步，田连元一家到了锦州。锦州城里人多，就开场说书，在这里说了十五天，然后打理行囊，过山海关，到了唐山的林西煤矿，他们要在这里再演上几天。

林西是唐山的一个区，这个矿是清光绪年间建成的。矿区人多，是说书的好地方。那天，父亲对田连元说，"今天你上台唱个小段儿。"这个小段是父亲特意教他的。

其实，田连元跟父亲走南闯北，父亲只顾自己演出说书，并没有特意教过田连元。但每次演出都把田连元带在身边，一方面是让他耳濡目染，将来也好子承父业，有口饭吃。另一方面，田连元也喜欢评书，每次父亲在台上讲，他都听得津津有味。如果书场里有座位，他就坐着。如果座位满了，他就拿一个小板凳，坐在父亲说书桌子的下面。反正有桌围子遮挡，离得近，听得清，但是看不着。尤其说到精彩处，观众哈哈大笑的时候，田连元便急得直想探头，不知道父亲使了个什么神态，亮了一个什么"相儿"。

每次听到那么多人给父亲鼓掌，为父亲叫好，田连元甚至有点儿崇拜父亲了。所以，在书场，他每次都蛮有兴致地听父亲说书，一个是那些故事让田连元着迷，另一个他也喜欢看父亲说书时的表情。一般说来，小孩子一到晚上，就困得不行想睡觉，可田连元不是，不管父亲说到多晚，他都屏气凝神地听完，从无睡意。

有一天，书场坐满了，没了座位，田连元就躲在父亲说书桌的底下。父亲这天说的是《小八义》，当说到阮英驻足观察时，不知做了一个什么动作，台下观众一阵哄笑。田连元忍不住从桌下探出头来，没等看清，父亲顺手用扇子"啪"地一下打在田连元的头上，还说了句："回去！"

观众又是一阵大笑。

田连元不仅听父亲说书，还听李立亭先生的书，还有郑焕江先生的书。尤其郑先生说《刘秀走国》，声情并茂，说到马武，一声怪叫："哇呀呀……"赢得观众热烈鼓掌。田连元喜欢这一声"哇呀呀"的怪叫。听完书和父亲回家时，用不着叫门，只一声"哇呀呀……"母亲就知道是爷俩回来了，马上开门。

田连元从没有想过自己有一天能登台表演。当听到父亲说"今天你上台唱个小段儿"时，他立刻紧张起来。

那天，观众来了不少。登场之前，父亲来了段开场白。他说："今儿个先让孩子给大家唱个西河大鼓小段，请各位老少爷们儿多多捧场。"

田连元听到观众鼓掌，便站到说书人桌子的旁边，因为个子矮，便把平时坐的那个小板凳垫在脚下。父亲弹弦，他敲鼓，可是垫了板凳也够不着，那就算了，别敲了。田连元定了定神，父亲弹了过门，他便开口唱道：

> 闲来没事出城西，
>
> 见一个大庙是新修的，
>
> 这庙本是尼姑庙，
>
> 里边有一个师父两个徒弟。
>
> 大徒弟名叫"人人爱"，
>
> 二徒弟名叫"万人迷"。
>
> 老师父有人送了个外号，
>
> 起名就叫"烂酸梨"。
>
> 大徒弟生了个胖小儿，
>
> 二徒弟生了个胖闺女。
>
> 老师父一见有了气，
>
> 骂声徒弟你们好无道理！
>
> 咱们本是尼姑庙，
>
> 哪来的胖小儿和胖闺女？
>
> 师父我有心把你们打，
>
> 只可叹，师父我还在月子里。
>
> ……

观众一阵哄笑。

田连元还太小，不懂得这些唱词的含义，也不知道观众为什么发笑，只是鹦鹉学舌地唱，也没有什么表情。但观众还是乐了，因为这尼姑生孩子的唱词出自一个七岁孩童之口，本身就是可乐之事。

几年之后，渐渐长大的田连元才明白，这段唱词是旧社会说书人为招揽听众而编的。这样的唱词在新社会就不行了，不仅不健康，还违反宗教政策，只能淘汰。

不过观众还是连声称赞，"这孩子，有这个劲儿！"

有知道的说，"他是田先生的儿子呀！"

观众说道，"怪不得呢！怪不得呢！"

还有的说，"啧，龙王的儿子哪有不会水的！"

唱完，父亲便下台收钱，然后把收到的钱都给了田连元，还郑重地告诉他，"记着，这是你赚的，以后你就得靠这个养活自己了。"

回到家，田连元把钱全都交给了母亲。母亲用这笔钱，给田连元买了双新鞋。母亲也有意让儿子明白，能说书赚钱，才能过上好日子。

接下来，他们继续一路前行，从唐山到了天津，落脚在天津南郊的咸水沽镇。

第二章
津沽少年

────

1.雄鸡一唱天下白——定居咸水沽

咸水沽镇位于天津城东南四十里，因海河水位随渤海潮起潮落，涨潮时海水逆流而上抵此而止，故名咸水沽。又因为这里是京畿重地，漕运枢纽，是天津的工商重镇，所以又有"津东第一镇"之称。

落脚天津咸水沽后，父亲就带着田连元在这镇上说书。

咸水沽有一个地痞叫王六儿，横行乡里，人称"六爷"，听书不给钱，还张口骂人，扬言要踢了这馆子，从此不准父亲在这儿说书。父亲不敢惹他，连赔不是不说，还找中间人给说和，在饭店里请了一桌，才算让这位"六爷"息了怒。看父亲受了欺负还赔着笑脸，田连元替父亲难过。可是父亲却告诉他，"咱是说书人，台上说的是侠客，台下做的是狗熊，咱斗不过人家。"

转过年，天津解放。10月，中华人民共和国成立。刚入冬，咸水沽就来了"土改工作队"。街道主任安排四名工作队员，住进田连元家的外屋，他们穿着灰布棉衣，对田家人满脸笑容，天天帮着挑水、扫院子。他们经常开会到很晚才回来，但你听不到他们的脚步声。

爸爸感动地说："这共产党的官，哪朝哪代都比不了。"

没过多久，工作队在李家书场召开了一个"坦白大会"，公审地痞流氓王六的罪行。当时书场里座无虚席，镇里的群众纷纷揭发王六的恶行。最后，工作组宣布王六为坏分子，要他劳动改造，定期汇报，每天拿着笤帚扫大街，收拾垃圾。

群众拍手称快，说："这就叫'当报不报，时候没到'，共产党一到，坏蛋全得报！"

因为受了王六的欺负，父亲一直想找机会回沧州老家，现在天津解放了，坏人不敢横行了，父亲便决定不走了，家就安在了咸水沽。

这时的田连元也到了上学的年龄，父亲对田连元说："说书人不识字不行，不识字，就说不好书，你还是先去上学吧。"

听到父亲说让他上学，田连元别提有多高兴了。这些年，跟着父亲走江湖，没有一个小朋友，要是进了学校，就可以和那些孩子一起学习、一起玩了。

咸水沽镇的小学叫"天津师范附属小学校三分校"，班主任叫刘作树，挺喜欢田连元的，知道田连元是说书人子弟，就想让他在学校"五一"汇演时出个节目。刘老师问田连元会唱什么，田连元想了想说："我会唱李存孝夺棍。"老师说，"好，你唱一下我听听。"

于是田连元就唱道：

黄巢造反灭大唐，
苍梅寺里习练刀枪。
每日私造盔和甲，
私造盔甲排战场。
看了个良辰兴兵将，
卞律和尚一命亡。
黄巢杀人八百万，
只杀得血流成河呀赛长江。

......

唱到这里，刘老师听不下去了，他板着面孔对田连元说："好了，不用唱了。"说罢转身走了。

田连元挺单纯的，他并没有察觉什么，还等着"五一"演出呢。可是到了"五一"节，别的孩子一个个都登台演出了，却没田连元什么事，田连元未免有些失落。他不知道，时代不同了，他的节目已经不适合在学校里演出了。

到了 1953 年，田连元正读小学三年级，学校开展"优秀学生"和"模范儿童"的评选。优秀学生各班都有，而"模范儿童"全校才一个。出乎意料的是，田连元竟然被评上了学校的"模范儿童"。而且学校还拉出了横幅："向模范儿童田长庚学习！"田长庚就是田连元，那时他还没起艺名呢。

田连元是个腼腆的孩子，每天看到学校里"向模范儿童田长庚学习"的横幅，他头都不敢抬，要是别人瞅他一眼，竟有一种无地自容的感觉。

那天，学校在大礼堂里开表彰大会，先是老师讲话，然后发奖状发奖品。"优秀学生"奖励的是一个木制的铅笔盒、四个笔记本和几支铅笔。而田连元这个"模范儿童"的奖品，则是一个铁制的铅笔盒、五个笔记本和几支铅笔，最让田连元得意的是还有一本《大众小辞林》。在同学们羡慕的目光中，田连元走到台上，接过奖状和这些奖品。

这些奖品在田连元看来，是相当贵重的，相当于现在的奢侈品了。因为当时以他家的经济条件，能吃饱饭就不错了，哪有条件买这些贵重的文具。尤其那本《大众小辞林》，田连元更是爱不释手。此后无论人生有多坎坷，他都一直珍藏在身边。

发完奖，学校要田连元发言，发言稿是班主任温老师给写的。第一次在老师和同学面前发言，他紧张得不行，虽然是照稿，却念得磕磕巴巴，但老师和同学还是给他热烈鼓掌。

会后温老师笑着对田连元说："念的什么呀？太紧张了吧。"温老师没有批评他，可是田连元自己却很生气，"田长庚啊田长庚，你怎么这么不争气啊！"

真的，当时如果有人说，这小孩将来是个说书大家，打死也不会有人相信。世界就这么奇妙，一个不善表达的孩子，日后真的就成了一个亿万观众喜爱的评书表演艺术家，靠一张嘴，红遍大江南北。

小学五年级的时候，田连元的班主任姓王，上课时西装革履，很有仪式感。但他说话很尖刻，对学习不好的学生，总是语带讥讽。有一次，他对一位同学说："你的成绩总是名列后茅，将来怎么办呢？以后同学们各有成就，有的成为科学家，有的成为劳动模范，有的成为作家，而你呢？大家见面问，你干什么呢？你说，这不在电影院门口卖瓜子儿嘛！你脸往哪搁？你会不会很难受啊？你会不会很惭愧啊？"

笑声中，那位同学垂下了头。

老师的话，不知那位同学作何感想，对田连元倒是触动很大，他一边替那位同学难过，一边想到了自己。是啊，我将来去干什么呢？说书？子承父业？不，我不能干这个！说书是民间艺人，被人瞧不起，社会不重视，比电影院门口卖瓜子的也好不到哪儿去呀。

于是，田连元不能不想想自己的未来了，他想，自己一定要好好念书，考大学，学外语，当作家，当科学家，起码也要当个飞行员，开着飞机翱翔蓝天，坚决不做父亲那样的说书人。

可是就在这时，这个踌躇满志的少年，被一盆冷水浇到了头上。

这时，一直在天津说书的父亲得了肝炎，因为脸色发黄，所以又叫黄病，而且肺也不好，给搭档李立亭伴奏时，常在台上咳得面红耳赤。这样下去，父亲一旦不能说书了，那一家人的生活怎么办？于是父亲和搭档李立亭先生商量，决定让田连元赶紧辍学，到天津市里跟他学艺，将来好接他的班，养家糊口。

听到父亲的决定，田连元一百个不愿意，可是没办法，一家人不能饿死。他是长子，得挑起这副养家的担子啊。

那天，田连元找到班主任王老师，说："老师，我不能再上学了。父亲的病越来越重，他让我去跟他学艺去。"王老师很无奈，也很替田连元惋惜，他向全班同学说："告诉同学们一件事，从今天起，田长庚同学就要离开学校了，不能再和大家一起读书了。很可惜啊，按说他的成绩，一定会考上中学、大学，将来一定是国家栋梁。但是因为父亲有病，生活困难，他不得不辍学去学艺。不过我相信，田长庚同学无论做什么，都会做得非常出色的！现在，请同学们用掌声欢送他。"

班里响起了一片掌声。

在同学们的掌声中，田连元收拾好书包。出门前，王老师又递给他一张纸说："这是一个老中医开的一个药方，是专治你父亲那种黄病的，按这个方子让你父亲抓几服药吃吃看，说不定会治好的。"

田连元接过方子，放在衣兜里，然后向老师和同学鞠了一躬，他忍住不让眼泪流出来，快步走出校门。

在这个班级里，虽然田连元少言寡语，不善交往，但也有两个比较要好的同学。有一次田连元和同学玩球时，不小心把教室的一块玻璃打碎了，按学校规定，损坏公物是要赔的。这块玻璃虽然只需5角钱，但对田连元来说，怎么向家里要这5角钱呢？当时田连元家里非常困难，父亲说书，收入很少，母亲要精打细算才能勉强维持。

为此田连元愁眉不展，垂头丧气。放学的时候，一位叫秦德珍的女同学走到他身边，塞给他5角钱，说："拿着，赔玻璃去吧。"

秦德珍也是班里学习名列前茅的好学生，平时喜欢和田连元接触，也知道田连元家里很穷。

田连元没有拒绝，他对秦德珍说："那就谢谢你了，以后一定还你。"

秦德珍笑着说，"谁用你还了？"

对秦德珍，田连元一直心怀感激。

田连元离开学校的那天，秦德珍送他一个硬皮小本，里面夹着一张她的小照片。本子里还写了一句话："长庚，你因家庭生活离开了学校，我送你这小本留念，祝你快乐！"

田连元沮丧地走出校门，他忍不住回头再看一眼学校时，却看到全班同学都出来送他，喊他的名字，向他招手。田连元再也忍不住了，一路哭着回到家，一头趴在炕上，大半天没动弹……

看儿子难过的样子，母亲也不好受，她劝儿子说："你爸是个穷说书的，哪有钱老供着你念书啊？你学说书不也一样嘛！好好学，长本事，成大角儿，多挣钱，照样有好日子过不是……"

母亲的唠叨他一句也听不进去，真的，他不想说书，不想当没出息的艺人。他喜欢上学，喜欢和同学们在一起，他要读书，要考大学，那才是他想要的人生。可是现在，理想的翅膀被剪断了，他一下子从天空坠下来，坠得那样快，没有一点准备。他感到自己的人生完了，前途一片昏暗。

2.前路何时是尽头——南市的日子

那年，田连元刚刚十四岁。

离开学校的田连元，同时也离开了家。他来到天津市内父亲说书的地方，那是天津市的繁华之地——南市东兴大街，住进了蕙联公寓。

天津的南市东兴大街，有点像北京的天桥。清朝末年，这块地儿靠近天津老城东南城角和天津日本租界。开始的时候，这儿挺荒凉的，后来逐渐发展成为平民聚居区，接下来又逐渐形成了一片集"撂地"、算卦、说书、魔术、杂技、卖药、小吃、剃头、拉洋片、拔牙、修脚等行业于一体的露天场所。再后来，成为当时天津饭馆、娱乐、百货业的聚集之地。像商店、饭庄、旅馆、戏院、茶园、书场、澡堂、电影院、当铺、烟馆、赌场、妓院等场所，在这块地儿一家一家地开起来。当时天津人就管这儿叫"南关市场"，又叫"南市"。

田连元父亲的说书地，就在南市的东兴大街。大街南北走向，吃、喝、玩、乐应有尽有。尤其是娱乐场所，一家挨着一家。沿通道一直往南走，两侧都是平房，有一部分民宅，但大部分都是书场。书场面积都不大，内有一个小舞台和几排长条木凳，还卖些茶水、瓜子。演出的节目主要是相声、大鼓和评书，有时也演话剧、京剧。不收门票，计时收费，十分钟二分钱，随来随听，许多曲艺名家当年都在这里演出过。

再往南，走到头是开明影院，电影院旁有露天场子，耍枪弄棍的，打把式的，翻跟头卖艺的，还有狗熊、猴子、小狗等动物的表演。路边小摊小贩很多，有茶摊、肉摊、水产摊、酱货摊、米面摊，还有理发店、早点铺等。市场里还有各种小吃，江米切糕、秫米稀饭、龙嘴大铜壶茶汤、全羊汤和卤煮火烧等。尤其卤煮火烧吃的人很多，外面摆几个长条木桌木凳，里边是一口大锅，煮着猪下水，冒着热气，散发出浓郁的肉香味，闻着就想吃一碗。

从安静的咸水沽镇一下子来到这喧闹的繁华大都市，一点儿都没让田连元高兴起来，反而感到更加孤独和无助。因为这里的一切都不是他想要的，尽管面对的是喧嚣和繁华，但内心却是挥之不去的凄清和失落。他越发怀念起学校的生活，同学们在一起嬉戏打闹，老师的表扬，同学羡慕的目光，考试时的自信，公布成绩时的成就感……可是现在，这一切都不复存在了，他仿佛一下子穿越到了另一个陌生的世界，开始了单调的、苦涩的、几乎一成不变的学艺生涯。

为了让儿子全面发展，父亲不但让田连元学评书，还让他拜师学武术。在父亲看来，评书说的都是英雄人物，如果没有点武术基础，不会一招一式，举手投足之间，就表现不出人物的气概来。

所以，父亲除了让田连元跟着自己学评书外，早上还让他去学武术，学完武术回来，就和公寓同住的那些京剧演员一起练功。

田连元每天早上5点准时起床，步行40分钟，来到法国教堂后面的土山公园附近，跟一位名叫李寿山的拳师学形意拳。李师傅是河北人，他以自己的名字成立了一个武术社，叫"寿山武术社"。

师傅对田连元说："你先学五行拳，以后再教你十二形。别小看这五行拳，这可是岳飞发明的。当年，岳飞被关押在监狱里，虽然戴着手铐和脚镣，但他却发明了这套戴着手铐脚镣也能练的拳术。你看，前掌一出，后掌跟进，两拳一出，上下不远。而下面的脚步，总是前后相随，这是距离，前后拉不长。他在狱中练这套拳时，看押他的狱卒也学会了。后来岳飞虽然被害，但这套拳却传了下来。"

因为有了岳飞的故事，所以田连元听得肃然起敬，真好像看见岳飞在狱中练拳的样子，这也成了他学拳的动力。

后来，李寿山师傅又教田连元"推手"，并时常带他到土山公园去对练。

但是，说书人是流浪的艺人，不可能在一个地方待的时间太久。后来田连元要随父亲去外地了，李师傅惋惜说，"长庚，你刚刚学会了五行拳，十二形还没学就走了，真是可惜呀！"

田连元也有些舍不得，有什么办法呢？田连元断定自己就是这个命，什么事总是做不到头，经常半途而废。

在天津的那些日子，田连元除了去"寿山武术社"学形意拳，回来便和同楼住着的京剧学员们练功，人家练功为唱戏，田连元练功为说书。唱戏不练功不行，说书不练功也不行。

记得有一次，田连元看到同楼住的京剧武生孙震霖早上练功，把一条腿悬吊在走廊的横梁上，吊了四十分钟才放下来，然后再吊另一条腿。田连元很好奇，也想试试，便趁他不在，也把横梁上的滑轮绳放下来，试着吊了上去，十分钟便受不了了，赶紧放下绳子，但走路还是瘸了。父亲问他怎么回事，田连元说是"走道儿不小心拧了一下……"

从那以后，田连元明白一个道理，功，是一点一点练出来的，急于求成不行，欲速则不达。

闲下来的时候，田连元就去看书。在南市蕙联公寓的胡同口，有一个旧书摊，一块帆布平铺地上，上面堆放着各种各样的旧书，小马扎上坐着的那位老者，便是书摊的主人。老者年约六十岁，头发花白，胡子很少修剪，面相和善，眼神看上去和一般干活的人不一样，很少和人说话，不知肚里藏了多少故事。他以租书为业，一本书按薄厚，押金三至五角，再厚一点儿的一元，七天后还书，租金一两角钱。

离校辍学，是田连元人生最大的遗憾，但他在这里找到了自己的寄托，他成了书摊的常客。

那些日子，田连元读过的书可真不少，至今还能记得起来的就有十几部：《钢铁是怎样炼成的》《海鸥》《牛虻》《荒江女侠》《孤坟鬼影》《碧海晴天》《红杏出墙记》《蜀山剑侠传》《虎啸龙吟》《十二金钱镖》《白话聊斋》《福尔摩斯探案》《三国演义》《水浒传》《红楼梦》……

时间长了，田连元和租书的老者便成了熟人。有时没带钱，老者便说："先拿去看吧！"有时租一本厚书，他顺手又搭一本薄书，笑着说："再饶你一本吧！"

此时的田连元，除了练功、读杂书之外，就是到东兴市场内听别人说书，这是必修课，是他的正业。

那时的东兴市场，可谓书场密集，书家荟萃。田连元听过的评书名家就有说《聊斋》的陈士和、张健声、张立川、刘健英等人，说《三侠剑》的张连仲，说《大五义》的张起荣，说《岳飞传》的郝艳霞，说《杨家将》的赵田亮，说《英雄谱》的顺存德等人。田连元每天都到市场里串书场听说书。张连仲《三侠剑》说得好，常常座无虚席，书场门口总有几名观众在排队等座。陈士和说《聊斋》，在东兴市场入口处的茶楼上，环境比较好。老先生一缕白髯飘洒胸前，有一种仙风道骨的范儿。后来电影《六号门》请他老人家去演了里面的"马八辈儿"，于是名声大震，每天不但书场里满满登登，就连门口也总是有人在排队，甚至有人不为听书，就专为看"马八辈儿"来的。

这"马八辈儿"一张口，声音洪亮，字字清晰："一块醒木七下分，上至君王下至臣。君王一块辖文武，文武一块管黎民。圣人一块警儒教，天师一块警鬼神。僧家一块劝佛法，道家一块劝玄门。一块落在江湖手，流落八方劝世人。湖海朋友不供我，如要有艺论家门……"

这套词尚未说完，掌声就响起好一阵子。

田连元最喜欢听的还有赵田亮和顾存德的书。赵田亮说书带有一种自然的幽默感，他一副圆乎脸，圆眼睛，薄嘴唇，长相就喜兴。再配上河北河间方言的小高音儿，更是独具魅力。记得有一次他说书，说到城里人瞧不起乡下人，他是这么说的，"现在有不少城里人瞧不起乡下人。那天，我看见一个摩登女郎，一瞧见乡下人，就拿着手绢就捂鼻子，嘴里直嘀咕，多味儿。可是当乡下人离她远了，她那儿还捂着。我心想，这乡下人不至于那么大的味儿吧？那么远了，你还捂着？我就跟着她，走到一小胡同里，她把手绢拿下来了，哎！敢情她没鼻子，梅毒升天把鼻子给烂了去啦！旧社会的时候肯定是个妓女！"

台下顿时一片笑声。

听顾存德先生的书，田连元总是赶在他开书之前，因为他每天开书之前总有一段"现挂"。所谓现挂，就是闲聊，开讲之前和观众闲扯，聊天。别小看这聊天，那可是要功夫的。好的说书人就是靠这现挂，让观众在不知不觉之中进入他的评书情境。顾存德的现挂常常是从报纸时事说起的。比如有一回他说："诸位看报了吗？咱们解放军把美国的 U-2 飞机给打下来了。U-2 飞机那是高空侦察机，肉眼都看不见，多高？万米以上。怎么打的？知道吗？我二大爷说用高射炮，我说得啦您呐，高射炮，够得着吗？我二大爷说，够不着架到百货公司楼顶上。我说那也够不着。我二大爷说，那怎么打下来的？我说，我知道。诸位，想听吗？今天，我给您老说说，U-2 高空侦察机，我们怎么就能给它打下来。用的是什么武器呢？跟您说，用的是……这玩意儿不能说，这属于军事秘密，我要一说，泄露国家机密罪，我进去了，您听不了书了。得，咱还是说书吧！昨天，咱说到……"

观众在笑声中开始听他说书了。

田连元明白，这些评书名家讲的那些人人爱听、逗人发笑的小故事，可不是信手拈来，一定是早有准备的，不然就不会有那样的现场效果。这对田连元是一个启发。他联想到自己在舞台上，不能就故事讲故事，那太呆板，故事里的，故事外的，都必须融会贯通，汇百家之长才行。

田连元住的那栋公寓，经常有来来去去短住的戏曲演员。他们演出的档期有的五六天，有的十几天，不像他们说书的，一住就是一年多。同层楼里还住了一位画画的邻居，不知是不是剧团的美工。没事的时候，他就在走廊里，照着香烟盒上的戏曲人物画画，画得挺好看。

田连元对画画也来了兴趣，他买来水彩颜料，找来有戏曲人物的烟盒，便用铅笔临摹起来。先画轮廓，然后上色，不时还向那位邻居请教。邻居也愿意指点。父亲看到了，夸奖说画得挺好。

有一天，田连元路过南市的聚华戏院，看见门口宣传栏里写着"特约'小荀慧生'来津献艺"的海报，演出荀派名剧，全本《红娘》，并说这位"小荀慧生"只有九岁，是位童伶。荀慧生可是著名的京剧四大名旦之一，敢称"小荀慧生"，想必有些真本事。

田连元看到后，感到很惊讶，一个才九岁的小女孩怎么唱戏，会用"小嗓"？好奇心让田连元来到剧场外，看到几位成人隔着木板遮挡的窗户"听蹭戏"。于是田连元也凑到窗边，当听到小荀慧生唱那段"……看小姐呀，做出来许多的破绽……"时，才知道原来她用的是真嗓。

蹭戏的几个大人听了，伸出大拇指，相互点头："唱得好啊！"

接着听到红娘给小姐拿棋盘，引张生进来，而张生又被小姐斥退时，红娘说了张生一句，"一点儿也不勇敢！"台下大呼，窗外蹭戏的几个人也乐了。

"这小红娘，演得真哏儿呀！"

只闻其声，不见其人，越发增加神秘感。田连元想，一定攒钱买张票，到剧场里边看看这位小红娘究竟什么风采。

第二天一早，田连元就听到斜对过屋里有人吊嗓，唱的是《勘玉钏》，听声音就是那个"小荀慧生"。原来这个"小荀慧生"也住在蕙联公寓这家旅馆里。

父亲赞叹地对田连元说，"看见没，人家九岁就挣钱养家了。"

田连元知道，父亲对他说这话，也是希望他能早一天登台演出啊。

田连元经常看到小荀慧生和她母亲一同下楼去剧场演出，又一同从剧场回来。看到田连元，便和他笑笑。后来田连元从旅馆服务员的口中得知，她们是从南方过来的。没错，从她们的口音就听得出来，吴侬软语，非常好听。

一天，田连元在旅馆边上画画，小荀慧生走到跟前，不声不响地站在那儿看。田连元知道是她，但并未理会。画了一会儿才抬起头来看看她，微笑一下，算是打了个招呼。

小荀慧生问田连元，"你会画画呀？"小荀慧生长得白白净净的。

田连元不好意思地说："不会，画着玩儿呗。"

"那你也给我画一张画呗，明天我们就走了，留个纪念。"她睁着一双大眼睛，认真地看着田连元。好听的声音里，还掺着一股稚气。

田连元愣了一下，这画还会有人要，而且还是他佩服的"小荀慧生"。

心中虽然欣喜，但田连元还装作镇定，问道："你们明天就走了？"

小荀慧生说："是啊，日期到了，明天就走。"

田连元说："好，我一定在你走之前，给你画一张。"

她笑了一下，说，"好，谢谢你！"然后就回屋去了。

本来还想买票看她的戏呢，没想到她们这么快就要走了。田连元赶紧找来一张好看的烟盒，是昆曲《贩马记》里的旦角言慧珠，一笔一笔地，从下午一直画到半夜才画完，田连元自己很满意。

第二天下午，田连元看她们拿着收拾好的行李正欲下楼时，便跑上前，把这张画交给了小荀慧生，女孩望着田连元，说了声"谢谢！"，便郑重地把画收了起来。

母女走后，再无音信。田连元不知道她们姓什么，叫什么名字，到了哪里，人生怎样，命运如何。

五十年后，年逾六旬的田连元，听说天津南市东兴大街将要全面拆迁改造，特意从北京坐车回到天津，来到南市，旧地重游，还找到东兴大街蕙联公寓旧址。

可是此时的东兴大街，早已失去了往日的繁华，变得冷冷清清。南市百货商场的霓虹灯早已不复存在，就连商场本身也变成了一个仓库；公寓旁边的"登瀛楼"，马路斜对过的"同福楼"早已不知去向，破旧不堪的"群英戏院"，也就是当年"小荀慧生"演出的那个聚华剧院，也失去了当年的华彩，像一具掉了门儿、褪了色的老立柜，打着卡拉 OK 歌厅的招牌，好像还在营业。街角处的正兴德茶叶庄，倒还是原来的位置，生意惨淡。胡同口的华东照相馆，仍然还是个照相馆，只是没了那通亮的橱窗。那地面上再也没有了铺设的旧帆布，和帆布上那各种各样的书籍，也没有了那位坐在马扎上面容慈善的租书的老者……

看着那个剧院，田连元不禁想起了那位小荀慧生，她伸手接过田连元的画，郑重地揣进兜里，笑着向他说声"谢谢"的画面，重又浮现眼前。

尽管田连元知道，改造后的南市会更加现代，更加繁华，可他心里还是有一种难以排遣的惆怅。

3.千锤百炼始成钢——艰难的学艺之路

天津的演出结束了，父亲带他来到了天津的小站。

小站虽小，但在中国历史上却十分出名，甲午中日战争之后，袁世凯奉旨督练的"新军"就在小站。可以说，小站是中国近代新式陆军的诞生地，更可以说，中华民国的几任大总统，大都是从小站走出来的。

在中国传统观念中，学艺首先就要吃苦，只有能吃苦，艺才能精，没有捷径可走。"要想人前显贵，就得背后受罪"，这是父亲经常对田连元说的一句话。

父亲很注重对田连元进行基本功训练。学三弦，就让他练基本功，一天至少要练两三个小时，而弹的就是一段既简单又乏味的曲子。

田连元是个听话的孩子，尽管心里不愿意，也得坚持。有个词叫不厌其烦，其实对田连元来说，面对这样的枯燥练习，那是深厌其烦。夏练三伏，冬练三九，夏天练弦子功，时间还要加长。父亲总是说，"夏练三伏为了长功，冬练三九为了不抽功。"冬天零下十几度，甚至天降大雪，父亲也让他穿好棉衣，提着三弦，到院子里练去，好像只有这样才能练出硬功夫来。

为了不把手冻僵，田连元把那几句简单的音节，不断加快弹奏。可那毕竟是三九天，最后手冻得失去了知觉。父亲便叫他把手插入雪堆里缓一缓，再接着练。还告诉他，自己当年就是这么练的。幸运的是，田连元的手不但没有冻伤，耐寒能力还实实在在地加强了。

为了让田连元弹三弦时保持端正姿势，父亲还在弦鼓上面放一杯水，弹时水不洒才行。为了练习上手的灵活，练习时便只用下手弹、挑，而上手放下，只用下手臂压住弦鼓，而大拇指、食指还要不停地弹动。

这些方法其实也不是父亲发明的，那时的民间艺人，都是这么练的，一代传一代，就这样传下来了。

练三弦是这样，练说书也如此。

说书人最重要的就是嘴皮子得利索，怎么才能利索？练啊。

父亲说，"口齿不清，观众难听。不知所云，钝刀杀人。"你连吐字都不清楚，观众知道你说的是什么？在田连元看来，这嘴皮子功夫，比弹三弦可难多了，不仅用嘴，得用心用脑去背。

说书人的背诵是真功夫，真功夫靠的就是实打实地练。田连元学的那些小段儿，哪一段都有几百句，父亲要求他，要背得如行云流水，无论台上发生什么情况，绝不准忘词儿。

父亲让田连元每天找个没人的地方去练习绕口令，练习各种赞赋。比如"黑袍赞""白袍赞""美人赞""枪赞""剑赞""刀赞""鞭赞"……父亲说，"不能絮烦，这叫童子功。小时不练，大了你就练不了了。现在练会了，一辈子忘不了。"父亲说得有道理，小时练的那些赞赋，几十年过去了，如今的田连元照样张口就来。比如《鞭赞》：

提起这把鞭，

乃是滨州铁，

老君炉内打，

老君炉内折。

折了打，

打了折，

打就二九十八节。

打山山就崩，

打地地就裂。

打虎虎就死，

打龙两半截。

打在人身上，

筋断骨头折。

……

再比如《坏人赞》：

见此人，真奇怪，

文生巾，头上戴，

正按美玉无比赛。

大红袍，身上穿，

上绣牡丹人人爱。

手拿折扇乱摇摆，

抖抖擞擞从心里帅。

面如纸，刷拉白，

贪色过度气力衰。

短眉圆眼歪鼻梁，

满嘴小牙长朝外。

从小做事蔫毒损，

人送外号"胎里坏"。

……

　　像这些东西，都要死记硬背。一共能背多少呢？有一千多首吧。田连元说："都说'熟读唐诗三百首，不会作诗也会吟'。我背了一千多首，也应该成为大诗人了。可惜我背的是赞赋，没成诗人，却成了艺人。"

　　除了背赞赋，父亲还教他短篇唱段，比如《单刀赴会》《白猿偷桃》《三顾茅庐》《华容道》《战长沙》，等等。学这些段子是为了让他学会辙韵规律，哪个唱段合的是什么辙，押的是什么韵，这样在说长书的时候，就不会跑了辙、偏了韵。

　　比如《华容道》，唱词的开头是这样的：

折戟沉沙铁未销，

自将磨洗认前朝。

东风不与周郎便，

铜雀春深锁二乔。

周公定下一条火攻计，

诸葛亮借东风才把曹操的战船烧。

……

从末句的平仄声中可得出此段押的是"遥条"辙。

再比如《单刀会》：

> 冬走浮凌夏走船，
> 鲁子敬摆宴在江边。
> 差派黄文把书下，
> 下在了荆州地夫子爷的画前。
> 关平捧书圣贤爷看，
> 朗朗大字写在上边。
>
> ……

这是"言前"辙，也有人叫它作"天仙"辙。

再比如《三顾茅庐》小段：

> 大风起兮云飞扬
> 斩蛇起义汉高皇。
> 统续绵延四百载，
> 传流到汉献帝颠倒纲常。
> 曹孟德占天时自称魁首，
> 孙仲谋得地利独霸长江。
> 大树楼桑汉刘备，
> 桃园结义遇关张。
>
> ……

这里押的是"江洋"辙。

通过背诵这些赞口，田连元不知不觉中便掌握了艺人的韵律、辙口。其实艺人们在实践中，总结出一个简单易记的办法。有一位叫刘庆长的老艺人就对田连元说："十三道大辙，记它干什么？多费劲。我告诉你个简单的法儿，用十三个字儿就说全了。听着，'俏佳人扭捏出房来，东西南北坐'。怎么样？一个字对一个辙。俏对应遥条，佳对应发花，人对应人辰……"

田连元一琢磨，别说，还真行，一句话解决了大问题。

父亲只要有时间，就给田连元详细讲解评书中常用的术语，像什么叫"定场诗"，什么叫"开脸儿"，什么叫"摆砌末"，什么叫"赋赞"，以及"操句""串口""关子""扣子"，等等，讲得非常详细。

过去田连元听那些老先生闲聊的时候，这些词不时蹦进耳朵里，但具体什么意思，他还真的说不清楚。经父亲这一点拨，便恍然大悟。

父亲告诉他，"定场诗"，就是说书前，念四句诗，让观众静下来，知道你要开讲了，并且知道你要讲什么。如果有新的人物出场，就要把人物的来历、身份、相貌、性格等特征交代明白，这叫"开脸儿"；讲述故事的场景，叫"摆砌末"；赞美书中人物德性、相貌或者风景名胜，念诵大段韵文，就叫"赋赞"；制造悬念，就叫"关子"或者"扣子"……父亲告诉他，这些方法，你一下子很难掌握，说书的时候，都要用，你细琢磨，慢慢学吧。

父亲终于让田连元正式上台说书了。

田连元清楚地记得，他人生正式登台的书场，就是这个津南小站镇"徐记书场"。

父亲给了他四五天的准备时间。说什么书，你自己定。

说什么呢？《杨家将》《呼家将》之类的书，说的人已经很多了，观众不会去听一个新手的演出。况且，田连元也清楚，自己说不过人家。想来想去，田连元想起了师伯刘起林说过的一部书叫《粉妆楼》，是《说唐后传》的一部续书，讲的是唐朝名将罗成之孙，玉面虎罗昆、粉面金刚罗灿的故事。这部书说的人少，听众一定会喜欢。

征得父亲同意之后，提前三天就在书馆贴出了海报，海报上堂而皇之登出了说书人"田连元"的名字。

有人会问，田连元不就叫田连元吗？

不是，田连元是他的艺名，本名叫田长庚。

九岁那年，田连元在咸水沽拜评书名家王起胜为师。拜师就算是从艺，从艺就要有艺名。起个什么艺名呢？一些人帮着起了好几个，但都不满意。父亲说，看来非得劳驾你师爷不可了。师爷，就是王起胜的父亲。

那时候，凡是江湖上的人，不论是干哪行的，都得拜师父，没有师父就没有家门，没有家门就名不正，名不正则言不顺，言不顺则吃不开。就以说书人来说吧，在旧社会，如果没有家门，没拜过师父，就会有同行艺人进你书场内，用手巾把醒木盖上，把扇子横在手巾上。你若不服，就把你的这些物件一并拿走，不准你在此说书了。所以，对说书人来说，首要的就是要拜师。

师爷是一位清末秀才，有学问，虽然年纪不小了，可整天还是戴着老花镜，捧着线装书，苦读不辍。听说徒孙要他给起艺名，老人家高兴了，满腹经纶派上了用场。

老人家透过老花镜，看着田连元，问道："你叫什么名啊？"

"田长庚。"

"都起过什么名字了？"

"有给起田连池的，可我觉得水太多；有给起田连俊的，可我并不俊。还有说叫田连润的……"

师爷笑了，说："叫田连俊不行，你师爷辈里有个叫蔡士俊的，这犯了名讳了！"

师爷想了想，说："你们的师兄里，天津有个张连仲，北京有赵连甲，还有个马连登，都是顺着科举这条线上来的，金榜连仲、连甲、连登。干脆，你就叫田连元吧，取连中三元之意。"

田连元一听，这名字叫着顺溜。父亲也说起得好，虽不能参加科举考试中个进士、状元什么的，但在评书行当里，冲这名，也许能出人头地，可以赚钱养家了。于是，田长庚从此便有了艺名——田连元。

然而，虽然名谓田连元了，可是打进入书场开始，不但没有连中三元，反倒是失败连连。

那天，田连元忐忑忑忑地走上台，一边极力掩饰自己的心慌意乱，一边斜眼看了一下坐在身边抱着三弦的父亲。田连元深呼了几口气，平静了一下自己的心情，极力去学以往看到的那些说书的老先生在台上气定神闲的样子。

田连元又扫了一眼台下，并不太大的书场里，显得有些空荡荡的，座位上只有九位观众，一个个心不在焉地坐在那儿。还有一位刚坐下就站了起来，回过头好像要等什么人。

今天是田连元说书之路的第一步，都说"好的开头便是成功的一半"，可是对田连元来说，哪敢有半点奢望，成功与否，说好说坏，只能听天由命了。

终于，田连元开口了，脑子一团乱麻。多年以后，他回想自己第一次登台的窘相，怎么都想不起来了，可见当时有多紧张。不过，他记得当时犯了一个错误，就是说到罗氏兄弟抱打不平，打死官军闯下大祸，官府调集人马捉拿凶犯时，田连元说道："传令官手持令箭，只见上面写着一个斗大的令字。"此话一出，田连元马上意识到坏了，手里拿的令箭才有多大？那上面写得下"斗大的令字"吗？

俗话说，"君子一言，驷马难追"，评书何不如此？"说书一言，八马难追"，后悔也来不及了。田连元有些慌神，再看台下，本来就人少，还在不断地"抽签"走人……

终于，田连元把这场书说完，擦了擦脑门上的汗，垂着两只手，看着父亲。那意思就是告诉父亲，看着没，我让你失望了，我说我不行嘛。

回家的路上，垂头丧气的田连元鼓了鼓勇气，对父亲说："爸，我干不了这一行。"

父亲回答得很干脆："那你能干什么？"

一句话把田连元问住了。

父亲的话，真的如一声棒喝，让田连元心头一怔，"是啊，不说评书，我能干什么呢？肩不能担担，手不能提篮，连小学文凭都没有，你能干啥？"

父亲看儿子的样子好可怜，便缓了缓语气说："万事开头难。观众少不怕，不是还剩几位吗？说明他听进去了，说明你还有可取之处。只要你多登台，勤练功，肯定能行。"

父亲又安慰田连元说："没关系，说着说着就有人听了，我们也都是这么过来的。"

田连元知道父亲是在鼓励自己，可是光鼓励有啥用？自己不是那块料，再说下去，书场就剩咱爷儿俩了。

回到家里，父亲对田连元又是一番点拨。

那段时间，田连元度日如年，对剧场有一种莫名的恐惧。几场说下来，观众没有任何起色，最多十几位，少则三四位。也不知这三四位是不是闲得无聊，又无去处，便来这书场散心来了。不过，田连元还是谢天谢地，毕竟没有光把他爷儿俩扔在书场里。

田连元真的有一种绝望的感觉，他越发坚定地认为自己不是说书的料，这条路对他来说，根本走不通。如果硬着头皮走下去，他会痛苦，会崩溃的。

可是，出路在哪里？

这时，田连元突然想起一个人来，这个人就是他父亲的师傅马立元先生。

马立元先生中华人民共和国成立前曾在济南书词公会担任会长，并兼任山东省民众教育馆书词训练班的老师，在山东曲艺界颇有影响。中华人民共和国成立初期，他的山东快书《武松传》曾风靡全国，后来到中国曲艺家协会当了《曲艺》杂志的主编。

一年前，田连元在天津的时候，曾在报上看到一条"中国戏曲学校"招生的广告。田连元给这位师爷写了一封信，说，"我父亲田庆瑞是您的徒弟，您就是我师爷。我想报考中国戏曲学校，希望能得到您的帮助。"

很快，老先生便给田连元回了信，夸奖田连元说，"你的想法很好，看来你是个有志青年。"他告诉田连元说，"戏曲学校的考期在明年秋季，届时你可来北京，住我家，我再与有关部门联系，到时参加考试就是了。"

田连元给马立元写信的时候，无非是一时冲动，并没有认真去想想考戏曲学校的具体事宜。可是现在，他的人生走到了死胡同，没法继续说书，唯有联系马师爷，报考"戏曲学校"这华山一条路了。

眼看戏曲学校招生的时候已经到了，可是马老师还是没有来信，看来自己要主动联系一下了。田连元赶紧给马老师写信。巧的是，信尚未寄出，马老师的信到了。

看到马老师的信，田连元好高兴，看来，马老师真的把自己的事放在了心上。

可是，信一打开，田连元如当头浇下一盆凉水。原来信是马老师的女儿写给田连元父亲的，信中说："马老于今年夏季突发脑溢血不幸身亡，全家为此悲痛万分，如今丧事办完，正准备带其骨灰返回原籍河北南皮下葬……"

马老师的突然离世，让田连元不但悲痛和意外，同时也断了报考中国戏曲学校的念头。

就在田连元茫然不知所从的时候，小站文工团的导演范云对他说："连元，不想说书，去天津人民艺术剧院歌舞团你愿意吗？"

真是天无绝人之路，对田连元来说，这无疑是意外的惊喜。他忙说："当然愿意了，可我怎么才能去啊？"

范云既是田连元的音乐老师，也是田连元最要好的朋友。

他们是怎么成为好朋友的呢？

原来，天津人民响应毛主席"一定要根治海河"的号召，开展了轰轰烈烈的根治海河工程，每天都有十几万人来到海河治理工地劳动。为了给治河大军鼓劲，小站公社从各大队抽调一些能说拉弹唱的年轻人，组成了一个业余文工团，到海河工地慰问演出，田连元也参加了这个文工团。

范云是文工团的导演，当时也就二十五六岁，他为人和善，彬彬有礼，颇有风度。范云多才多艺，不仅拉得一手好二胡，而且笛子、唢呐、手风琴也样样精通。两人虽为初见，但很快便互生好感。

田连元暗想，这样的人才为什么不去考歌舞团，而来小站这样的地方委屈自己呢？

后来才知道，范云是天津音乐学院的高才生，在1957年反右运动中，因有"右倾"言论，虽未定右派分子，但却被强令退学。又因出身不好，父亲是"历史反革命"，所以就下放到小站劳动改造。不过公社倒也没有歧视他，很珍惜这个人才，成立小站公社业余文工团，还让他担任导演。

范云让田连元知道了很多过去不知道的东西。田连元在乐队里弹三弦，兼在台上说山东快书。范云听了田连元的三弦弹奏，点头说基本功不错。他告诉田连元，音乐学院的三弦教授，三弦上的"铲头"镶的是象牙雕花，而用的指甲则是天鹅翅骨做成的。

天哪，听了范云的话，田连元不能不自惭形秽，因为他们这些民间艺人，用的多是狗腿骨和牛角。

范云让田连元眼界大开，他对田连元说，别小瞧三弦这个乐器，音乐学院的老师可以用三弦独奏，弹得听众如醉如痴。范云还给田连元他们讲乐理，教他们识简谱，还找出一些三弦独奏曲《春江花月夜》《梅花三弄》等，让田连元练习，不时给一些指导，让田连元的三弦大有长进。

范云不但懂音乐，还会作曲，也懂曲艺，经常在《四川音乐》《音乐生活》《曲艺》等杂志发表作品和评论文章。

这样一个才华横溢的人，却一生多灾多难。后来，"文革"结束后，范云放弃音乐，自学法律，做了律师，专为弱者主持正义，还被评为全国政法系统十佳模范民事律师。田连元曾以他为典型，创作了一个《范律师》的段子，在中央电视台《曲苑杂坛》法制专题晚会中播出。后来范云患癌症去世。

话又说回来。

范云知道了田连元的困境，就找到他说："我的一个同学在歌舞团里当指挥，他们民乐队里缺个弹三弦的，我推荐了你。我说你是专业艺人，基本功没问题，会识谱。他答应了，说专业你可以免试，只要到团里来试用一年，就可以转正。试用期每月工资三十三元六角，如果行，就来团里报到。"

田连元兴冲冲地把这事儿告诉了父亲，本以为父亲会为他高兴，可是没想到，父亲却板着脸，严厉地对田连元说："你也不想想，每月三十来块钱，够你自己的生活费了，那家里人呢？"

田连元立刻像泄了气的皮球。是啊，父亲身体不好，说不定哪天说不动了，谁来养活这一大家人？田连元再也不敢有非分之想了。

可是，就目前的状况，田连元实在信心不足，他有一种危机感，如果说书这条路一旦走不通，他还有什么能力养家呢？是不是还应该再多学几门手艺啊，一旦此路不通，还有他路可走。

有一天，田连元在《中国青年》报上看到一条广告，"南京亚伟函授速记学校招生"，广告中说，掌握速记技术，可以找到很多好的工作，可当记者，可当速记员……学习的方式就是学校把学习材料寄给你，你自己学。学校定期派老师前去集中辅导，半年即可学成毕业。

这可挺好，既不耽误每天的说书演出，又可以学到一门技艺，毕业后，就去当记者或者当速记员，再也不去说书了。

田连元仿佛看到了一线希望。

于是，田连元就按照广告地址汇了款，半个月后收到函授材料一份。可是，广告和实际两码事，速记这东西学起来并非易事，入门尚可，深入则难，越学越感觉复杂，越学越觉得难以掌握，搞得田连元头晕目眩，不得要领。好吧，学校不是说下来辅导吗？到时再向老师请教吧。

终于，学校来函了，辅导老师到了天津，要求学生集中到天津授课辅导。田连元傻眼了，他必须每天在小站书场说书，一环扣一环，尽管观众很少，那也不能挂停战牌啊。再说了，怎么向父亲说，告诉他去学速记？将来不说评书当记者？父亲会答应吗？

干脆死了这份心吧，什么记者、速记员，那是别人家孩子的事，他田连元就只能老老实实说书吧。不爱说，也得说，别无选择。

4.柳暗花明又一村——你把我的灯花说火了

小站的演出终于结束，父亲又带着田连元来到了津西的杨柳青。

杨柳青是天津的一座古镇，以民间艺术杨柳青版画驰名。特别是那幅"连年有余"的年画，就是那个白白胖胖的小男孩，怀里抱一条大鲤鱼的年画，当年全国人民几乎家家都有。

宋代诗人陆游有诗："山重水复疑无路，柳暗花明又一村。"在杨柳青，可以说是田连元说书生涯的一个转折点。小站时的黯淡，终于露出曙光，开始柳暗花明了。

在这里，田连元说的评书是《大隋唐》。

不过，书场并没有把主场安排给田连元，而是让他说"灯花儿"场。

什么叫"灯花儿"场呢？这是评书艺人的专用名词，既然是灯花儿，那就不是灯，灯是主要的，而灯花也就那么一闪而过。也就是说，每天的晚场有一位主要说书人，主要说书人登场之前有那么一个小时的时间，这个时间，就叫"灯花儿"。

由于这段时间里，有吃饭早的，有吃饭晚的，有先入场的，有后入场的，有坐好的，有没坐下的……总而言之，这段时间比较乱一些。观众一般来说，他们要攒足了劲，铆足了神，等着听主角说书。所以这段时间闲着也就闲着了，让那些新手练练场，攒攒人气。所以，观众对此时的说书人要求也不高，说书人也别指望这"灯花儿"场能火。

可是，出乎田连元的预料，他偏偏就把这"灯花儿"场愣给说火了，每天都能有四五十人来听他说书。

演员就这样，没人，他萎靡，人多，他兴奋。人一兴奋，脑子转得也快，嘴皮子也利索，手脚也不再拘束，观众席中也有了笑声。

这还不算，偏偏还有不少观众就是冲着田连元的"灯花儿"场来的，只要田连元一上场，观众立刻安静下来，没有乱说话的，没有乱走动的，都仰着脖看着田连元。等田连元一开讲，场下便笑声不断。等听完"灯花儿"，有些观众便纷纷离去。

书场老板对田连元连连称道，说："小伙子，没想到，你把我的'灯花儿'说火了。"

有一位说中场的先生叫周福全，有天说完中场愣是没走，竟坐下来静静地听了田连元的一场书。之后对田连元的父亲竖起大拇指，说："这孩子说得不错，像是门里出身。"

见有人夸自己的儿子，父亲当然很高兴，但他却对田连元说："先别得意，差远喽！"

父亲虽然没表扬，但田连元还是看出父亲那赞许的目光。田连元终于有了信心，他发觉，自己是说书的料。

除了说书，田连元还拜了一位当地的武术名师。

杨柳青镇有一位武师，名叫岳家麟，他的"岳家左把枪"名震津西。1949年前，杨柳青镇上有"盛武""风云"两家武馆，天长日久难免有些摩擦。有一次，双方又闹起了矛盾，风云会十几个人手持兵器到盛武会来砸他们的场子。当时20多岁的岳家麟师傅手持一条长枪，抖动枪杆，拧颤枪尖，站在院中守住大门，十几名来犯者竟无一人敢夺门而入，最后只好悻悻而去。从此岳家麟便名声大震，他的"左把枪"也因此盛名远扬。

可是这么多年了，他虽然教了许多徒弟，却从没有传授过"左把枪"。

父亲通过朋友，带着田连元去拜见了这位名师。

岳家麟师傅那年40岁左右，面色黝黑，一只眼睛有点斜，中等身材，体格健硕，平时不爱说话。他身边有十几个徒弟，天天晚上到他这里练功。

岳师傅家的院子便是一个练武场，东边一个仓房，里面摆满了十八般兵器，这让田连元大开了眼界。以前在台上说书或者听别人说书，只知道刀、枪、剑、戟之类，别种兵器却从未见过。而岳师傅这儿，简直就是一个武器库，各色兵器，一应俱全。

岳师傅见田连元手脚敏捷，很多高难动作一教就会，他不知道田连元在天津时就学过武术。岳师傅教了田连元不少套路，包括刀、剑、护手钩等。田连元从师傅那一招一式，便知道岳师傅身手了得，从心底对这位岳师傅肃然起敬。

曾有人对田连元说："好好学，岳师傅要是喜欢你了，他会教你'左把枪'。"田连元心想："这么多年了，他的'左把枪'从不外传，怎么会教我呢？"

岳师傅知道田连元是说书的，有空时也到书场去听听田连元说书，但去的次数不多，因为他太忙。白天要下地干农活，晚上要教徒弟，平常还要拾掇他的那些兵器，擦亮、上油、包裹，尤其过伏天雨季，怕这些兵器受潮生锈。

有一次，岳师傅拿着一把单刀对田连元说："这把刀不用打油也不生锈，你掂一掂。"

田连元接过来，掂了一下，果然好沉。

岳师傅得意地说："这是两把刀打成的。日本鬼子投降那年，我花钱买了两把日本校官用的东洋刀，合在一起，打成了这把，可以剁铁。"说着，他拿起刀向另一口旧刀猛砍下去，"咣"的一声，那口旧刀被砍了一个豁口。

岳师傅对田连元说："这口刀还没开刃呢，要开了刃，这口旧刀就两截了。什么东西都是强欺弱，快打迟呀。"

其实，岳师傅是用这样一个比喻在向田连元讲一个道理：一个人如果弱，就要挨欺负，软就要挨打。只有自身强、反应快，才能不受欺、不挨打。这话，岳师傅虽然貌似无意中说出口，但田连元却似有所悟，铭记在心。

田连元本来就聪明伶俐，身手敏捷，加之在天津的时候和李寿山师傅学过一阵子五行拳，所以岳师傅很喜欢田连元这个徒弟。

有一次，岳师傅问田连元："你们说的窦尔敦使的护手双钩是什么样子？"

田连元在戏台上曾见过，但不敢确定，也不知师傅何意，便摇摇头。

岳师傅说："你跟我来。"

说着就领田连元来到他的武器库，翻出一对护手双钩，给田连元看。

这对护手双钩，前有钩头后有钩纂，护手外又有两个月牙，稍不留神会划拉到自己的身上，田连元觉得这样的武器使起来会很麻烦。

岳师傅对田连元说："这兵器练好了，可以多方防御，我教你一套钩吧！"

师傅耐心教，徒弟用心学，几天之内就掌握了。可是，田连元家里没有双钩兵器，虽然学会了，但是离开师傅，过后渐渐也就忘了。

有这样聪慧好学的徒弟，岳师傅自然高兴，他想把自己的真本事"左把枪"也传给田连元。

有一天他郑重地对田连元说："教你练练枪吧！"

田连元心里一惊，以为师傅要把那名噪武林的"左把枪"传给他。

只见师傅拿起一杆枪，抖动一下枪花，然后给他讲这枪花抖动的要领和腕力所在。田连元细心观察，见师傅左手在前，右手在后，摆了一个架势。

田连元忍不住问了师傅一句："师傅，大伙都说您练的是'左把枪'，这就是'左把枪'吗？"

岳师傅微微一笑，说："你'正把枪'都不会，怎么学'左把枪'呢？'左把枪'是另一种枪术，因为持枪手法不同，招数变化多，让对方招架别扭，难以应对。别急，学好'正把枪'，才能教你'左把枪'。"

田连元明白了，岳师傅真的是要教他"左把枪"了，但是得先从"正把枪"学起。自己真是太幸运了，岳师傅那么多徒弟，别说"左把枪"，就是"正把枪"他谁也没教呢！

晚上回到家里，田连元把这个好消息告诉父亲，可是没想到父亲说："你就谢谢岳师傅吧，过几天咱们就开穴了，去胜芳，你先和岳师傅打个招呼吧。""开穴"就是换地方，到别处演出了。

第二天，田连元不情愿地把这个消息告诉了岳师傅。

岳师傅听了，颇感诧异。他没说什么，低着头在院子里走来走去。一会儿，他回过身来对田连元说："看来，枪你是练不了了，不是还有两三天吗？来，从今天起，我给你喂招儿。"

田连元不懂什么是"喂招儿"，他茫然地看着岳师傅。

岳师傅说："你之前学的那两套拳，只是套路，好看，不适用，要想用就得拆开。来，我一招一式地告诉你怎么用。"岳师傅做了几个动作，对田连元说："这叫散打，这种散打必须有对手给你'喂招儿'，你才会明白它的打法。你如果不带着手法，等于学了套广播体操。"然后又嘱咐田连元："记着，到别处别说和我学过。"

于是，岳老师便一招一式地教田连元拳术拆卸、进攻。

三天后，田连元早早来到师傅家向他告别。

岳师傅没说什么，他从子箱子里拿出一本书，递给田连元说："看看这本书，照着上面的练，也许能练出来。"

田连元接过一看，封面上写的是《少林七十二艺练法》，扉页上还有几幅照片和名家题字。看样子是本很珍贵的书，如果不是对田连元偏爱，岳师傅不会把这样的书送给他。

田连元接过书，给岳师傅鞠了一躬，说，"谢谢师傅。"

岳师傅恋恋不舍地看着田连元，说："有时间写封信来……"

田连元一边应着一边退了出去。

离开了岳师傅家，田连元便随父亲去了河北廊坊的胜芳镇。后来给岳师傅写过两封信，但都没有回信，此后便失去了联系。

成名之后的田连元在收徒弟的时候，才真正理解了岳师傅对他的那种情意，理解了告别时，岳师傅那种怅然若失的眼神。因为这世上，无论哪个行业，绝技易学，徒弟难找。一个身怀绝技的人，总想让自己的技艺传承下去。可是，到哪找可心的徒弟，既要有天分，又要肯吃苦，更要有德性，这几样兼备的人实在难寻。田连元明白，岳师傅之所以偏爱自己，就是因为他感觉终于遇到了一个对的人。可是，自己却半途而废，辜负了师傅的一片希望。

田连元的心里充满了歉意。

5.少年不知愁滋味——懵懵懂懂的初恋

胜芳镇是一个千年古镇，原为水乡，宋代时定名为"胜芳"，取"胜水荷香，万古流芳"之意。

此时的田连元已小有名气，不再说"灯花儿"，而是有了自己的一个固定的说书场次，或者说可以挑起大梁，独当一面了。

田连元说的是早场，从早上十点到中午十二点，说的书目是《呼延庆打擂》。

为什么让田连元说这部书呢？父亲解释说，这部书中的人物都是英雄二代，适合年轻人说。书中像呼延庆、孟强、焦玉等人，都是年轻人，生龙活虎，虎虎生威。

可是，令田连元没想到的是，胜芳的观众少得可怜，书场冷冷清清。而且时值秋末冬初，天也一天冷似一天。人一少，书场里就更显冷飕飕的了。

书场的掌柜姓吴，叫吴庆山，他的茶馆就叫"庆山茶馆"。吴掌柜是回民，浓眉大眼，声音洪亮，人不错，挺和善的。他让人把炉子安上，把烟筒接上，把火生上。书场里虽然有了暖和气，却没有人气。最多时十几人，少则四五人。

田连元有点不好意思了，你想想，生炉子要烧煤，煤要花钱买，说一场两小时，得填两炉煤。而自己说的书，本来就没几个人听，三七分成，三成给吴掌柜，不够他煤钱，而且吴掌柜和一个服务员还得天天跟着。

人家吴掌柜不好意思说，咱不能好意思不说呀。于是田连元对吴掌柜说，"不好意思，要不我这个早场就停了吧，省下这煤留给晚场，不能让你赔钱呀。"

听了田连元的话，吴掌柜哈哈大笑，说："小田呀，我开得起茶馆就买得起煤，我不指着你早场赚钱，炉子停了火，观众就更不进来了。这个早场，就给你练买卖了，干什么都得有个练的过程。这几天我听你说的书啊，还真行！"

接着，吴掌柜又说，"你知道人为什么来得少吗？不是你说得不好，现在书场谁家都这样。外面搞'大跃进'，人都去大炼钢铁了，哪有工夫来听书啊！能来十个八个的就不错了！你就放心说吧，我看将来你能出来，你以后啊要是成了大角儿，别忘了在我这庆山茶馆练过买卖，到时候我请你你可得来啊！"

田连元明白了，怪不得来胜芳的路上，到处都能看到路两边、田地里，有那么多人在干活，地里一排排像大坟包似的炉子，冒着黑烟。还有一群群的人围坐在地上，用锤子砸着石头，敢情是铁矿石了。是啊，人都炼钢炼铁去了，谁还有工夫听你的评书呢？

吴掌柜一番鼓励，让田连元心中一热，眼里泛湿。于是田连元坚持把胜芳镇这个早场说完。告别吴掌柜时，田连元真的有点恋恋不舍。他想，将来果然能像吴掌柜说的那样，说出名堂成了角儿，一定回到这个庆山茶馆，为吴掌柜说几场书，报答他的知遇之恩。

世事多变，多年后田连元果然找机会回到胜芳，可是茶馆不在了，吴掌柜也无人知晓了。

从胜芳出来，田连元和父亲一路来到了天津的静海县。著名诗人郭小川的那首《团泊洼的秋天》中的团泊洼，就在静海。

田连元从出道开始，在杨柳青说"灯花儿"场，到胜芳说早场，现在到了静海，开始说中场了，可以说一步一个台阶。如果按现在的职称来衡量的话，说"灯花儿"场算实习生,说早场算助理,说中场就应该算是中级了。说的场次虽然是"芝麻开花节节高",但观众的人数却在"飞流直下"。

在静海,田连元说的是《岳飞传》,尽管下了很大的功夫,但依然观众稀少。静海的书场掌柜不像胜芳的吴掌柜那样大度,不肯做赔本的买卖。而且因为天气一天比一天冷,观众更是一天比一天少,掌柜不愿再往炉子里添煤了。书说不下去,父亲说,那就停了吧。

这段时间,田连元的父亲让他休息休息。说是休息,可不是放松玩去了,那可不行。父亲让他对自己这段说书情况好好总结一番,观众喜欢你什么,不喜欢你什么,哪些地方应该发扬,哪些地方需要改进,你好好想一想。

那就想呗。

田连元总结来总结去,千条万条,最根本的一条,就是自己艺不精,自身修养不够,艺术魅力不足。怨不得天冷,更怨不得人都去炼钢炼铁了。

他仔细回想自己在天津南市时,那些评书名家说书的情景,他们是怎样吸引观众的,他们的开场白,他们的声音、表情、动作,他们的幽默和讽刺,方言的运用,现挂的精彩,还有他们向观众传递的不仅是故事,还有自己的情感和爱憎。

当年在南市听他们说书的时候,只是被他们的故事所吸引。可是现在经过自己这几年的舞台实践,品出其中的滋味来。他明白了,故事只是一个线索,而说书人,就是要通过这条线索,把你的人生体验,把人世间的悲欢离合和爱恨情仇编织进去,给人以启迪,明白做人的道理。

转眼到了1959年的深秋,田连元和父亲辗转来到了山东济南。

济南是历史文化名城,不仅有著名的千佛山、大明湖、趵突泉等名胜古迹,更有一批经验丰富、享誉书坛的名家高手。

父亲的搭档李立亭也带着女儿李庆云一起来到来了济南。李庆云说书时,父亲就让田连元和她搭档,给她伴奏。李庆云比田连元大十岁,论辈分,田连元叫她师姑。在济南演出的场次多了以后,两人就分开,在两个场地演出。李庆云在人民商场说书,田连元在十一马路说书。如果田连元说日场,晚场就去给师姑李庆云伴奏,虽然辛苦,但可以多赚几个钱。

这次，田连元说的是《薛礼征东》。

经过前一段的实践，加之父亲指导，又经过一番总结，田连元感觉自己的说书水平有了一个很大的飞跃。但是，事与愿违，尽管这部书在济南一带说的人很少，但也没占俏，观众依然不多。其实田连元哪里知道，从1959年开始，国家就陷入三年自然灾害的困境，老百姓吃饭都成了问题，食不果腹，饿着肚皮，谁还有心思听你什么《薛里征东》啊！

一连串的失利，让田连元有些灰心泄气。说书这碗饭真是难吃啊，说不好不行，说好了还不行。他想，莫不如回天津杨柳青找岳师傅学"左把枪"吧，下几年功夫，开个武术场子，收几个学生，也能混口饭吃。

于是田连元说书之余，便在住处的院子里，起早贪黑地练起岳师傅教的武术套路来。还不时把岳师傅送他的那本《少林七十二艺练法》找出来，照着练几招。

田连元和父亲住在济南评书名家张立武的家里，张立武是李庆云的舅父。当时的张立武在济南名噪一时，他有自己的书场，可坐400多人，一直都场场爆满。他说的是中场，想听他的书，你得提前占座。这一提前，让说早场的评书演员沾了光。

早场的说书先生叫张太清，年近花甲，两眼近视。有一天，这位张太清老先生突发情况，闹起肚子，没法演出了。

救场如救火。怎么办？张立武先生赶紧让弟子梅姣找到田连元，让他给早场的张先生顶两天地。"顶地"就是临时替演。田连元一口答应下来，张立武很高兴，夸田连元这孩子挺爽快，并让梅姣给田连元伴奏。

因为"顶地"，就不能说长书，田连元便选了个短平快的书目——《呼延庆打擂》。

前面说了，因为张立武先生说中场，听他的书得提前占座，所以田连元说到一个多小时的时候，屋子里的观众已经有了200多人。

田连元心里明白，这些人，不是为了听他的书，而是为了提前占座才来的，是看名角儿的戏，顺便看看垫场的帽戏。

两场替演完事之后，有一天碰上梅姣，闲聊中，梅姣告诉田连元说："你还不知道吧？你演的这两天，俺师父在外头听了你两天呢。"

这话把田连元吓了一跳，问道："我怎么没看见，你师傅不是到点才来的吗？"

梅姣笑着对田连元说："那两天他提前一个小时就来了，站在窗户外头听你说书，他没敢进来，怕你紧张。"

田连元笑了，说："真的，他要进来，我怕是紧张得说不出话了。他听完了说什么了吗？"

梅姣说："他把你好个夸，说这小子说得挺好。现在还太年轻，不压点，将来再发展发展，准能出息个角儿。"不压点，就是压不住观众。

如果是别人的表扬，田连元不会怎么在意。但是张立武先生的评价，田连元还是很放在心上的。因为这些有名气的说书大家轻易是不夸奖一个人的，何况还是背后说的。田连元想，如果当面说，那很可能是碍着面了，言不由衷。背后评价，那就是发自内心。

张立武先生的这一句话，让田连元信心大增，足足兴奋了三天，仿佛自己天生就是说书的料，终于被明眼人发现。不过他还没有被兴奋冲昏头脑，他告诫自己，努力努力再努力，一定要成为一个角儿，不能让张立武先生的希望落空。

张立武先生听田连元说书的同时，还有一个神秘的人也在听田连元说书。这个人就是来济南招曲艺团演员的陈连文，他是本溪市曲艺团的办公室主任。本溪曲艺团成立不久，团里就到各地访寻曲艺人才。济南书场林立，名家荟萃，所以陈连文就慕名而来，访名家，进书场，寻找优秀的曲艺演员。

陈连文听了田连元的书，又看了他的三弦伴奏，还看了田连元父亲以及李庆云的演出，一下子就都相中了。于是便约了他们几位见面，介绍了本溪曲艺团的情况，谈了入团的相关事宜，然后征求他们的意见。能有什么意见？能加入国家办的艺术团体，就是有单位的人了，就不再是单打独斗、到处流浪了。

陈主任问田连元说："你看你还有什么要求？"

田连元想了想，说："我只有一个要求，我是说书的演员，不是伴奏员，别把我当弹三弦的，以后我要说书……"

前两年，田连元还千方百计想着改行，他认为自己不是说书的料。可是现在不同了，经过这两年的摸爬滚打，他感觉自己在说书的路上，越走越顺畅，将来一定会有一番作为。特别是张立武先生的肯定，让他信心大增，他就是要奔说书的角儿去的。

本溪曲艺团的陈主任二话没说，一口答应下来。

当时的田连元刚刚十九岁。

终于有了一个归宿，再也不用到处流浪了，咱也是国家的人了。田连元高兴，田连元的父亲也高兴。

父亲为什么也高兴呢？当年在小站的时候，范云推荐田连元到天津歌舞团，父亲不是说啥也不同意嘛，这次为什么父亲也同意了呢？

原因很简单，天津歌舞团要的是田连元一个人，而说书的都是要有搭档的，拆了搭档，另一个人还说什么书啊？而本溪曲艺团不同，它是把田连元和父亲一起录取的，父子二人同时被录取，就可以月月领工资了，这可是天大的好事啊！还有李庆云，她的父亲因为身体有病，不能来本溪，他委托田连元的父亲照顾女儿。江湖上的人尤其演出搭档，那都是多年的生死之交。再加上新中国成立前，父亲在东北各城市流浪说书，对东北比较了解，那里工厂多，城镇多，书馆多，听书的人也多，所以田连元的父亲也就同意来本溪了，将来还可以把家都搬到本溪来。

其实，让个体民间艺人加入国家艺术团体，这也是社会主义改造的一部分。从 20 世纪 50 年代开始，国家就对民间职业剧团、私营文化企业、零散艺人进行社会主义改造，各地都纷纷成立了专业剧团。所以，进入国营文艺团体，是大势所趋，也是一种光荣，单干已经没有出路了。再说，专业团体挣工资，国家养着，演出由剧团安排，艺人再也不用到处流浪，可以安定下来了。

于是田连元填了表，履行了入团手续，只待过了春节就去本溪报到。

听说田连元要到东北去，张立武先生极力挽留。他说："我听说济南也要成立曲艺团，你就别去东北了，不如留在济南也好。"

但是，田连元成行心切，况且不能让搭档李庆云自己一个人只身前往本溪啊，只好婉拒。

张立武先生甚为惋惜。就在田连元回到天津咸水沽老家，准备过了年就去本溪报到的时候，安徽省曲艺团也来济南招人，张立武先生立即向他们推荐了田连元，还亲自带着安徽曲艺团的人，到天津来找他。可是他们到了天津之后，才发现没有全国粮票，根本吃不上饭。如果再到田连元家的咸水沽镇，还得一天，无奈，只好作罢，饿着肚子返回了济南。

田连元把被本溪曲艺团录取的消息告诉了小站文工团的范云老师，还有其他朋友。范云他们坚持要给田连元送行。于是田连元回到小站，他们一起吃了饭，几个人还到小站的照相馆照相留念。

要离开天津到东北去了，什么时候能回天津实不可知。除了告诉好友及老师范云，他还想告诉一个人，这个人就是小学同学，秦德珍。

田连元辍学之后，除了在天津南市的旧书摊上，如饥似渴地读了些杂七杂八、古今中外的书籍外，便是借读同学的课本，系统地自学，这个同学就是秦德珍。

原来，田连元辍学一年后，秦德珍考上了天津市十二中学。一次偶然的机会，田连元在大街上碰到了秦德珍。两人很高兴，互相介绍了自己这一年来的情况，唠得都挺开心。田连元谈到自己平时除了学艺，也经常找些书看。他问秦德珍："你能不能把你学过的小学六年课本和笔记本借给我？我想学一下。"秦德珍说："可以呀，不过怎么给你呢？"田连元说："那就等你学校放假，我回咸水沽找你。"

于是，每年学校的寒暑假时，田连元都要回老家咸水沽一趟，一个是母亲和弟弟妹妹还在那里，更主要的是，他要找秦德珍拿学习的课本和笔记。从秦德珍处拿来的课本，田连元都随身携带，随父亲从天津市内转至小站、杨柳青、胜芳、静海、济南等地演出，课本都不离身。有书中不明白的，田连元便给在天津十二中学读书的秦德珍写信，秦德珍也是每信必复。

这样，日子长了，秦德珍的信竟然成了田连元孤独之中的一种企盼和慰藉。

从七岁逃难来到天津，现在的田连元已经十九岁了，在天津生活了十二年。辍学后的这七年和秦德珍一直保持着联系。田连元不会忘记辍学那天同学们送他的情景，更不会忘记秦德珍送他的那个小本子和照片。

就这样，从1954年到1961年，一共七年的时间里，田连元自学了初中、高中的全部课程。后来秦德珍考上了大学，依然把学过的课本保存好，假期的时候交给田连元。那些语文、历史、地理等课程尚好，田连元学起来没有任何障碍，可是数学、物理、化学等课程，因为自学吃力，后来就只好放弃了。

秦德珍比田连元大两岁，在两人的通信中，田连元称她大姐。她回信里称田连元为"庚弟"。

因为田连元常常写信向她请教，便说："你就是我的老师。"秦德珍听到这话总是一口否决，说："学过的课本给你就是老师了？别瞎说。"

田连元从济南回到了咸水沽镇的家里，马上就要过春节了，过了年，田连元就要和父亲一起到本溪曲艺团报道了。

这天下午，已经是大一学生的秦德珍，把学过的课本送到田连元的家里，并把书中的一些要点讲给田连元听，不知不觉天已很晚，田连元坚持送她回家。

咸水沽的夜晚有些冷，明月高照。路上，田连元对秦德珍说："我告诉你一个事，过了春节，我就要去东北了。"

秦德珍问："去演出？"

田连元说："不是，我是去那儿工作的。今年秋天在济南演出的时候，被本溪市曲艺团录取了，还有爸爸，过了春节就得过去。以后我们家，妈妈、弟弟和妹妹也会迁过去的。"

秦德珍听了田连元的话，沉默了一会儿说："看来以后寒暑假就见不着面了。"

田连元说："是啊，恐怕我就回不来了。"

"那我们什么时候能再见面呢？"秦德珍又问。

田连元想了想说，"应该会有机会的，只是怕时间会长一些。"

秦德珍沉吟了一会儿，说："有工作了，还是搞艺术的，真挺好。有些话那我们就在信上说吧。"

田连元说："好吧。"想了想，田连元又说："我想，今天最好把要说的都说了，省得信上再写。"

"也好，还有什么要说的，你说吧，我听着。"秦德珍站在那里，望着田连元。

田连元望着秦德珍的双眼，他感觉自己心跳得厉害，有些局促不安。这些年，他对秦德珍仅仅是感谢吗？仅仅是因为她帮助了自己吗？这几年，他和秦德珍之间的通信是他最幸福的时刻。有一次田连元看信的时候，被一位师哥看到，他故意问道："又来信了？告诉我，是谁的信？"田连元遮遮掩掩地说："同学的。""男同学女同学？"田连元说："女的，怎么的？"师兄诡秘一笑："情书？"田连元说："别胡说！我们是友谊。"师兄说："友谊？男女之间的友谊和爱情谁能分得清呢？"

在田连元的心中，他和秦德珍之间真的就是圣洁的友谊，可是经过师兄的点破，田连元也问自己，和秦德珍的友谊难道仅仅就是友谊吗？田连元看着站在眼前的秦德珍，她已经不是刚入学时的那个黄毛丫头了，如今已是一个充满青春气息的女大学生，从她的身上散发出一种成熟的美。

他想把喜欢她的话说出来，可是，话到嘴边，又咽了下去。

秦德珍看着田连元，催促道："说呀！"

田连元从小学艺，练就了流利的口才，可是此刻那张嘴，却笨得像一个刚会学话的孩子。

就要分别了，该说的话一定要说出来，田连元鼓励自己。他想对秦德珍说："我们可以做朋友吗？"可是自己就是一个说书的，连小学都没毕业，人家是大学生。大学里面，风度翩翩的男同学有的是，她会把自己放在眼里吗？如果把"我们做朋友吧"的话对她说出来，她会嘲笑死你。

田连元吞吞吐吐地说："让说，一着急，还想不起说什么来了。"

秦德珍站住了，盯着田连元，"那你想，我等着。"

自卑和胆怯，让田连元放弃了自己想说的话，虽然他可以肯定秦德珍对自己有好感，但此刻却生怕是自己的幻觉，他看着秦德珍，说道："感谢你这些年对我的帮助。"

秦德珍似乎有些不高兴了："就这个？谁用你感谢了？"

秦德珍不再说话。田连元送她到家胡同口，便握手告别了。

春节刚过，田连元和父亲，还有李庆云，一起坐上去本溪的火车。田连元记得，那天是 1960 年的正月初三。

第三章

火了评书

————

1.心有灵犀一点通——没开书，就挂满员牌了

来本溪那年，田连元正好二十岁。

本溪是一座重工业城市，有奔流的铁水，有入云的烟囱。尤其夜晚，炼铁厂奔流的铁水映红了半边天。

田连元小时候就生活在东北，四平那场惊心动魄的鏖战，被炸飞的新娘，至今记忆犹新。逃难路上，胡子，半拉门，小黑小子的死，这一切，他都不会忘记。

现在又重返东北了，这好像是命中注定似的，正像那首歌所唱的那样："终点又回到起点，到现在才发觉……"

从此，田连元就再也不是流浪的艺人了，有了组织，有了靠山。从此，吃饭不用愁了，新的生活从此开始了。

田连元和他的父辈们，像一条条各自流淌的小溪，终于汇入了国家体制的大河。他们将在这条大河里，和大河一起翻卷，奔流……

当时的东北，百废待兴，她既是抗战胜利后最早经受战火摧残的地区，也是中华人民共和国成立后最早获得恢复和重建的地区。尤其本溪，甚至一度被纳入中央直辖市，大批知名文化人士、作家、艺术家会聚本溪。那些在 40 年代末出

现的向关内移民的回流戛然而止。由于本钢的恢复和重建，本溪迅速成为人口和劳动力的净迁入地，这座城市迅速得到恢复和发展，呈现出一派生机。

本溪曲艺团在本溪的老城区本溪湖，距本钢二铁厂很近，不仅能听到机器的轰鸣，看到高炉出铁时映红的半边天，更能感受到高大的烟囱冒出的黑烟和落到地面上厚厚的灰尘。但是，那时的人们还没有那么强烈的环保意识，反倒觉得这就是现代工业的象征，值得骄傲和自豪。

田连元和父亲办好了入职手续，又租了房子。

在济南的时候，田连元就和本溪曲艺团办公室的陈连文主任说好，他唯一的要求，就是他是说评书的，不是弹三弦的。这一点，当时的陈主任可是一口答应的。可是，到了本溪，办完手续，曲艺团变卦了，不但没有安排他去说书，反而让他去给团里一位主演弹三弦。

田连元想不通。他来到办公室，找到陈主任，问道："陈主任，当初在济南的时候不是说好的吗？我不是伴奏员，我是评书演员，怎么进了团就让我改，说的话还算不算数了？"

陈主任并不惊讶，对田连元笑了笑，不紧不慢地说："连元同志，到了团里，你就是有组织的人了，就要服从组织的安排。因为你是个多面手，又会说又会弹。我们很看重这一点。现在团里演员多，伴奏员少，有点调配不开了。你这把弦我在济南听过，在咱团里也是一流的。所以，就先安排你给团里的主演刘彩琴伴奏。她可是咱们团的台柱子，到哪个场子都满座，一般的弦她还不要呢。这回让你去给她伴奏，是团里重点使用你。你说你是评书演员，这我知道，以后再调配书场的时候，会考虑你的。不过现在嘛，你得先给刘彩琴弹弦，这是工作需要，也是组织的安排，相信你一定错不了，给主演当弦师，一般人还弹不上呢！"

陈主任的话软中带硬，让田连元一时语塞。

这件事的确让田连元很郁闷，命运为什么老和自己作对，不想说书的时候，别无选择，只能说书，想说书的时候又偏偏不让你说书。

当时本溪有十几处书场，由办公室主任陈连文统一调度，安排演出场地，田连元还不敢过于顶撞。再说，陈主任不仅话里软中带硬，还一个劲儿给田连元戴高帽，想发火都发不上来。田连元想，咱毕竟初来乍到，没有根基，不便过多要求，那就先弹着看吧。父亲也劝他，"先弹着，不怕没机会，就怕没本事。"

刘彩琴是唱西河大鼓的，说她是团里的台柱子，一点儿都不假。她当时是团里工资最高的演员，每月120元，连团长都没她工资高。这个工资，堪比本钢的八级大工匠了。如果和政府官员比，也相当于县处级的领导。而田连元因为是新招进曲艺团的，给定的工资是每月60元，相差可不是一星半点，就凭这工资级别，你就比人家矮一头。

此时的刘彩琴25岁，不仅年轻，而且漂亮。凡是她的演出，剧场总是爆满，用田连元父亲的话说，就是"没开书，就挂满员牌了"。

所以，不但观众喜欢，在团里也是众星捧月。你想，人家为什么叫台柱子？仅仅是因为演得好、观众喜欢？不是的，重要的是她能为团里带来巨大的经济效益，她演出赚来的钱，支撑着曲艺团的运转，没有她，团里就得停摆，所以叫台柱子。

其实还有个关键点，田连元直到很多年之后才明白。本溪有几个艺术团体，但体制是不一样的。比如京剧团是国营体制，旱涝保收，有没有演出都照样开工资。而曲艺团是自负盈亏的集体体制，开支靠自己，国家不给拨款。如果早些明白这些，当年在济南的时候，田连元一定会选择一下。

尽管刘彩琴被众星捧月，但田连元却没怎么把她放在心上。有什么了不起的？田连元走过江湖，见过世面，名角儿大腕儿见得多了，你刘彩琴算什么？所以，田连元也不主动去讨刘彩琴的好，管她满意不满意，田连元不在乎。他想，刘彩琴要是不满意才好呢，另请高明，自己溜之大吉，说书去也。

可是，出乎田连元的意料，伴奏一个多月过去了，刘彩琴不但没有丝毫的不满意，好像对他还挺好的。为什么？因为田连元一上台，端坐椅子上，怀抱三弦，那沉静的神态，那自信的目光，就让刘彩琴顿觉眼前这个小琴师绝非等闲之辈。待田连元抡起手指，拨弄三弦时，那抑扬顿挫的节奏，拿捏得非常到位，让刘彩琴唱起来，感觉特别舒服。间奏时，刘彩琴瞄了一眼田连元，只见他轮起的手指在弦上上下跳跃，让你觉得那不是四根手指，而是十几根甚至几十根手指在弦上舞蹈。

刘彩琴第一次看到这样的三弦伴奏员，心中暗生敬佩。其实她哪里知道，田连元这三弦是冬练三九、夏练三伏练出来的，是范云这样的音乐学院高才生指点出来的。而且还在范云的指导下，练过三弦独奏曲，这就使得他的三弦演奏在技法上，比别人高出一大截。

而田连元对刘彩琴也开始心生好感了，刘彩琴没有半点明星的架子，对田连元态度和蔼，也很耐心，像对一个小弟弟。也是，那时的田连元刚刚20岁。所以，一个月下来，田连元也被刘彩琴所打动，人家不仅唱功好，台风好，长得也好，很有观众缘。

一般在一个场地说书，时间在一个月左右，然后再换场地。到了调换场地的时候，领导也没有让田连元说书的意思，还让他继续给刘彩琴伴奏。田连元很无奈。在去新场地之前，有一天刘彩琴问田连元："你都会说什么书？"田连元说："《隋唐演义》《岳飞传》《粉妆楼》《薛礼征东》，这些我都说过。"

刘彩琴征求田连元的意见，说："换新地之后，我想说《隋唐演义》，你给我念书道子，行吗？"

田连元有点儿意外，心想主演让我给念书道子，是对我的信任，也是给了我一个表现的机会。如果她《隋唐演义》说好了，就说明我念书道子念得好，不也有我一份功劳吗？也证明我是会说书的。于是，田连元爽快地答应道："可以。"

什么是书道子呢？所谓书道子就是评书的文本。评书和小说不一样，过去老一辈的说书先生，比如同是说《水浒传》，每个人说的《水浒传》内容是不同的。因为不是出版物，就靠口口相传。所以，顾名思义，"书道子"就是每部评书的"道"，或者叫"路子"。给你说"书道子"，就是让你按照这个"路子"去说。

还有人把"书道子"称为"书梁子"，梁子是什么？是主干，比如人的"脊梁骨"，它撑起一个人的身子。给了你"书梁子"，就等于给了你这部书的骨架，你自己说的时候，往里加肉就可以了。

田连元的《隋唐演义》书道子，是天津说书大家刘起林先生的。刘先生身材高大，台风稳重，声音洪亮，被誉为"活秦琼"。他的书人物个性鲜明，情节合情合理。有一次他说秦琼病倒在山西天堂镇，无钱还饭店的账，只好到集市去卖马。他模仿秦琼大病初愈、穷困潦倒的样子，双手抱肩蹲在墙根之下，一阵寒风吹来，打了一个寒战，那表情，让观众如临其境，如见其人，忍不住大声叫"好"。他曾经找田连元给他的一个朋友抄写这部《隋唐演义》的书道子，老先生念一句田连元记一句，然后田连元又重新抄一份，留着自己备用。没想到，今天派上了用场。

田连元把过去抄的书道子找出来，天天到刘彩琴家，一页一页地给她念。从临潼山救驾、秦琼卖马讲起，每晚给她说 30 分钟，第二天到舞台上，她经过说唱铺陈，就可以演唱到两个小时。这部书，大受欢迎，场场爆满。田连元心里很高兴，因为这份成功里也有他的功劳。

和田连元一样，刘彩琴也有写日记的习惯。田连元每次去她家念"书道子"，都能看到她在聚精会神地写日记，写完便把那棕色漆皮的日记本放进她的手提皮包里，然后挂到墙上。皮包有锁，没钥匙打不开。

有一次，田连元来到刘彩琴家，看她正在写日记，便问她："你天天记？"

刘彩琴提起头，看着田连元说："是啊，天天记。"

田连元说："我也经常写。"

"天天都写吗？"她问。

"天天写。"

"天天都写，有那么多的东西写吗？"刘彩琴问田连元。

田连元笑着说："养成习惯了，不写就像缺点什么。实在没写的，就学鲁迅的'今天天气……哈哈哈'。"

刘彩琴被田连元逗乐了，她虽然没读过鲁迅的作品，但她也听说过鲁迅。她问田连元；"鲁迅为什么这么说呢？"

田连元说："他在讽刺一些聪明人，怕言多有失，所以少说为佳。"

有一天，团里开会，要田连元去刘彩琴家通知她。

田连元进屋一看刘彩琴不在，装日记本的手提包就放在床上，也没锁。田连元顺手把日记本拿了出来，虽然明知偷看一个姑娘的日记是不道德的行为，但却控制不住看的欲望。

田连元打开日记本，偷看最近几天的，一扫眼看到了自己的名字，忍不住看下去。只见刘彩琴写道："连元很有才，他这么年轻，对《隋唐》这部书记得那么扎实，比以前老姜头他们给我念的《隋唐》强多了，这是个有为的青年，只是太小了，竟比我小五岁，如果再大几岁多好……"

看到这里，田连元不禁怦然心动。

他还想往下看时，听到了脚步声，便急忙合上日记本，放回包里，然后装作若无其事的样子。

可是这一切怎能瞒过刘彩琴？她进屋后，看着田连元假装镇定的表情，又看看那手提包，劈头就问："你偷看我日记了？"

田连元知道撒谎没用了，便承认道："是，看了。"

"看到什么了？"刘彩琴问。

此刻的田连元反倒镇定下来，拖着长音，理直气壮地说："看到我的名字了。"

刘彩琴一下子脸红了，她嗔怪道："你怎么能这样？"

田连元调皮地说："我怎么不能这样？"

"你……"

见刘彩琴真的生气了，田连元赶紧道歉，说："对不起，别生气。其实也没看到什么。"

这件事让田连元很兴奋，这是他人生中第一次接触到爱的文字表达。晚上回到家里，也写了一篇日记，记下了自己的感受，表示了他的兴奋和不安，这篇日记，他也故意让刘彩琴看了。

可是，当一层窗户纸捅破了之后，田连元才明白，原来刘彩琴并不愿意和他进一步发展恋爱关系，她顾虑重重，原因就是她大田连元五岁，怕别人风言风语、说三道四。

田连元倒不在乎，他对刘彩琴说："我不在乎你比我大，我喜欢你，这就够了。别人说什么，让他说去。"

但是，尽管田连元态度坚决，还是难以消除刘彩琴的顾虑。

2.无言谁会凭栏意——面对"谣言"四起

这时，本溪市安排文化局所属的京、评、话、曲四个专业文艺团体到厂矿体验生活，结合工厂开展的"技术革新与技术革命"的"双革"运动，要求创作出一批优秀文艺作品，做汇报演出。

"双革"运动最早是从鞍钢发起的，经中央批准，在全国各工矿企业推广。

市曲艺团选派了三个小组，田连元和刘彩琴分在一个组，他们到本溪水泥厂去体验生活。

本溪水泥厂坐落在太子河西岸，是中国当时最大的水泥厂之一。在两个多月时间里，田连元和刘彩琴吃住在厂里，他们和工人师傅们一起工作。在那里，田连元每天都被感动着，水泥厂的工作虽然很艰苦，灰尘也大，但是工人们以厂为家，他们积极提建议，搞技术革新。厂领导也经常下来和工人一起劳动，听取意见。很快，田连元创作了一个山东快书小段《革新能手汪多允》，刘彩琴写了段鼓词《卷扬机的变化》。写完后，刘彩琴拿给田连元看，让他帮着给改一下，她知道田连元有文采。

于是两人就坐在厂区花园的台阶上看稿子，这时，厂里管宣传的同志正好路过，顺手就拍了一张照片，而且还洗了一张，寄到团里来。本来摄影师是好意，宣传一下他们体验生活搞创作的认真精神。可是没想到，这张照片被团里的同志看到，于是就议论开了，"刘彩琴和田连元搞对象了！"一时间，田连元和刘彩琴成了团里的议论中心。

刘彩琴和田连元都感到一种莫名的压力。

刘彩琴是个直性子，她拿着那张照片，找到了曲艺团的郭团长。郭团长是位转业军人，刘彩琴和郭团长解释说："这是我和田连元在一起研究作品时，人家厂宣传干部拍的，正大光明的事，团里的人不该乱议论。"

郭团长倒是快人快语，于是在一次全团大会上，讲完正题，突然话锋一转，对大伙说："最后再强调一个事儿，今后大家说话要注点意，刘彩琴和田连元下厂体验生活，在一起研究作品，别人照张相寄来，很正常的事嘛！看把有些人给忙活的，什么'刘彩琴和田连元搞对象了'，什么'两人般配不般配'，到处散布……看见一张照片就搞对象了？同志之间照张相有什么了不起的？再说了，就是真搞对象，又能怎么样？男的没娶，女的没嫁，也不违反婚姻法呀？碍你什么事了？没事多研究研究业务，比什么不好！"

郭团长是个爽快人，他以为只要会上一讲，这事儿就算过去了。可是，适得其反，郭团长的一席话，倒像给田连元和刘彩琴开了"新闻发布会"，本来还有不知道的，这下全公开了。而且好像从他的话里，刘彩琴和田连元真的搞对象了似的。于是，议论的就更多了。因为刘彩琴是团里的主要演员，又比田连元大五岁，这样的婚姻靠得住吗？田连元就是一个名不见经传的小演员，将来能有什么出息？

于是，不同的消息、不同的态度、不同的语言，从四面八方灌进刘彩琴的耳朵里，无形中刘彩琴承受了更大的压力，"彩琴你是不是傻了？人家介绍的处长你不同意，部队的团长你不同意，新来的这么一个小小子你倒看上他了？"

"穿西服革履，戴欧米茄手表的弦师，从黑龙江过来找你，你没看上。田连元穿的是家做的破布鞋，戴的是天津产的布帽子，你怎么看上他了？"

"女人找小女婿没有好结果，俗话讲，嫁大女婿有甜头儿，嫁小女婿挨拳头。"

刘彩琴听到的是一片反对声。

在本溪的这段时间，田连元父亲的身体明显不太好，大部分时间就在家里休息，没法演出。儿子和刘彩琴的事也传到了他的耳朵里。一天，父亲试探着问田连元："听说你要和刘彩琴搞对象了？"

田连元没有回避，说："有这个意思。"

父亲问："她同意吗？"

田连元肯定地说："当然同意呀！"

父亲仍不相信："能是真的吗？她能看上你吗？人家是主演，能看上你这个弹弦的？她是涮你玩呢！行了吧，别傻了，快煞住！"

父亲以他多年的经验，认为这不是儿子的最好选择。

田连元没有反驳父亲，但他也不相信父亲的话。从两人的交往，从彩琴的为人，田连元不认为刘彩琴是在涮他玩儿。因为他能体会到彩琴对他的一片真心和爱意，这绝不是一时的喜欢。而刘彩琴之所以还有犹豫，就是因为年龄的差距。当然，田连元不在乎，可是刘彩琴不能不考虑。将来一旦田连元有变，刘彩琴如何面对自己的父母？如何面对苦心规劝的同事？如何面对自己的人生？真的，如果让她再勇敢地向前走一步，必须要得到田连元的承诺。

此刻，田连元也不知如何是好。他想起自己的老师，也是朋友的范云。

田连元给范云写了一封信，把自己的情况和想法一五一十地说给范云，希望听听他的意见。范云比田连元年长近十岁，社会的阅历、人生的经验、思想的成熟，都是田连元佩服的。

范云在回信中，坚决支持田连元，他还举了很多名人的例子，说："爱情是不受年龄限制的，婚姻也是如此。马克思的夫人燕妮比他大五岁，李大钊的夫人也比他大好几岁，这丝毫没有阻止他们的结合。你们的相爱，是事业的相爱，是艺术的互补，当然也更是情意相投。那些世俗的偏见，不要在乎，别人的议论，就让他们议论去吧！爱情是你们俩的事，我支持你……"

收到范云的信，田连元喜出望外，立刻拿去给刘彩琴看。范云信里的话，也给了刘彩琴勇气。是啊，爱情是我们俩的事，管他别人说什么呢！

很快，深入生活结束了，全团创作了四五十篇曲艺作品。《本溪文艺》的编辑把这些作品都要过去，经过反复筛选，最后只登了一篇山东快书《革新能手汪多允》，而这篇正是田连元创作的。

这在团里引起不小的震动。当有人向田连元祝贺时，田连元为表示谦虚，便说："我都二十岁了才发表一篇山东快书，人家刘绍棠二十岁的时候都成了著名作家了！"没想到，一句谦虚的话，却被人议论成："这小子野心不小，还要向右派作家刘绍棠看齐呢！"

真是人心险恶，如果这样的话再传下去，很可能变成了田连元赞美右派作家了。不过也有人转变了对刘彩琴的看法，说："看来刘彩琴有点眼力，这小子有点才。"

当然，最高兴的还是刘彩琴。

3.好将良玉种蓝田——咱们结婚吧

就这样，田连元和刘彩琴逐渐确立了恋爱关系，两人约定，五年之内不结婚。他们两人要在这五年中，干出一番成就。刘彩琴的目标是在业务上有新的突破，田连元的目标是要在专业上有新的定位。那时候，年轻人总是把事业放在第一位。

可是，人算不如天算，计划没有变化快。一个普通人在这个世界上，没有改变历史进程的能力，只能被时代大潮所裹挟，甚至一个小小的变动，都会改变你的一生。

那天是 1960 年的中秋节，田连元和刘彩琴像往常一样，晚七点有演出，田连元总是提前半小时赶到书馆，做好了演出前的准备。

可是，已经七点了，场内已经客满，刘彩琴却仍然没到。

自从田连元和刘彩琴合作以来，这样的情况，从来没有发生过。平时她都是提前十分钟赶到，稍事整理，便登台开书。

田连元心想，怎么回事？是不是出了什么问题？再等等。七点过五分，人没到，七点过十分，人还是没到。观众沉不住气了，有人嚷起来："过点了，刘先生怎么还不来？"

田连元终于沉不住气了，马上让现场服务员把情况向团里汇报，然后快步向刘彩琴家奔去。

刘彩琴家在溪湖北山街的一个山坡上，房子外面是一排木板障子。当田连元转过道口时，就看到刘彩琴家板障子里面围了不少人。

"出啥事了？"田连元心里一惊，加快脚步。

这时，彩琴家的邻居老徐从院内走出来，拦住田连元，说："连元，彩琴家里吵起来了，你别进去，你要进去会更麻烦。你站在这儿，等会儿再说。"

老徐的话，让田连元明白，这事可能因他而起，现在闯进去，可能多有不便，于是停下脚步。

田连元听到彩琴家的吵闹声，其中也夹杂着刘彩琴的声音。田连元正犹豫着去还是不去的时候，就见刘彩琴疾步走出院门。她显然已经化完了妆，但头发却是蓬松着，有一绺头发斜散在面前。刘彩琴左手夹着一床棉被，被角在地上耷拉着。那样子看上去很狼狈，她眼里含着泪水，脸上带着怒气。

当刘彩琴看到田连元的时候，仿佛有了底气，脱口而出，"连元，咱们走。"声音很大，仿佛就是要说给她的家人和邻居们听的。

田连元怔怔地也没敢问怎么回事，便乖乖地接过刘彩琴的被子，一直把彩琴送到曲艺团的女生宿舍。

宿舍里别人还没回来，田连元便问刘彩琴："究竟什么事，闹成这样？"

刘彩琴让自己稍稍平静一下，说："今天我化完妆，准备要走的时候，想起我有件男式料子上衣，中山装，蓝色的，我穿有点大，你穿了肯定合适。可我在柜子里翻，怎么也找不到。我妈问我找什么，我说找我那件料子上衣。我妈说你找它给谁？我说我穿。我妈说，我就知道你是给田连元穿。我说是啊，怎么的？我妈说，你甭找了，我把它收起来了，我还留着给我儿子穿呢！我说你儿子还没长大呢，他穿不了。我妈说，给谁穿也不给那个田连元穿。搞对象应该他给你买衣裳，你倒好，你送衣服给他，倒贴呀！我说你说话怎么这么难听。接着就吵起来了。她说我和你搞对象她不同意，我说婚姻自由。最后越吵越厉害，我说要走去演出，她竟让我把值钱的东西都放下，一把把水晶项链给扯断了。我喊我爸，他也不管。我说我走，他们说，走就永远走，别回这个家。我一气之下就扯过我的那床被子，夹着出来了，出门就碰上你了。"

其实，田连元心里明白，这哪是一件衣服的事儿，这是刘彩琴的父母根本就不同意他们之间恋爱啊。他们早就在阻止他俩接触，不想让他俩走到一起。

彩琴的一席话，一方面让田连元感动得热泪盈眶，另一方面也让田连元心中很不是滋味。他想，彩琴家里发生的一切，都是因为自己，看来彩琴是铁了心地对我好了。可我一个穷小子，一点儿都帮不上她什么，未免心中一阵惭愧。不过，田连元在心中暗暗发誓，彩琴啊彩琴，这一生，我一定用自己的生命来报答你，决不负心。

田连元问彩琴："下一步打算怎么办？"

彩琴回答很干脆："我就在女生宿舍住了，明天继续演出，不能耽误了团里的事，这个家我是不回了，我上食堂吃饭。"

田连元不知该怎样安慰彩琴，说："彩琴，你放心，我会尽全力照顾你。"

第二天，田连元和刘彩琴继续去书场演出。演出结束，田连元送她回女宿舍，田连元心想，事情闹得这么大，又是发生在团里重要演员的身上，团领导肯定会知道，知道了就会有明确态度。

那时候，婚姻的事不仅仅是两个人和两个家庭的事，更是两个单位的事，因为结婚，就涉及房子问题。没有房子，怎么结婚？

可是直到第四天，曲艺团的团长和书记才分别找田连元和刘彩琴谈话，估计这几天他们也是在研究如何处理这件事。

两个领导分别问田连元和刘彩琴，你们相处了多长时间啊？互相印象如何啊？愿不愿意成为一家人啊？当田连元回答"我愿意"的时候，领导便说："愿意你们就结婚吧！由团里出面为你们操办，结了婚就可以专心致志搞业务了！"

田连元解释说："我和彩琴计划五年之后结婚的。"

团长说："我明白你们，为了事业，这很好。可是你们早晚都要结婚的，你看，现在彩琴和家里闹成这样了，她一个大姑娘在外边住单身，各方面也不方便。这样，团里还有新房，你们俩结婚后，给你们一间。"

这么大的事，田连元自己没法定，得听听彩琴的意见。团长说："她也同意，定个日子，你们就结婚吧。"

于是团里领导和彩琴、田连元一起，商定在 10 月 12 日举行婚礼。

事情来得太突然了，本来商定五年后，可是因为彩琴和家里的矛盾、团领导的热情和关照，这个婚事便提前五年到来了。

后来田连元才知道，团领导为什么这么关心他和彩琴的婚事。原来彩琴离家出走，她是公众人物、知名演员，自然引起社会诸多议论，以至宣传部的部长都知道了，便把曲艺团的书记、团长找去，问了情况，批评他们团里出了这么大的事，你们竟然无动于衷，不闻不问。部长说，刘彩琴是你们团的主演，她和田连元相爱，应该尽快促成才是。这是好事，他们俩结了婚，人才就能留下来。不然，刘彩琴要是和外市的人搞了对象，嫁到外市去，你们团多大损失？谁能顶替她？

从这点来说，你们得感谢田连元，他把人才给留下来了。你们抓紧给他们定个日子把结婚这事办了，我们都去参加。

经部长这么一说，团领导也意识到了这事非同小可，于是赶紧找田连元和刘彩琴谈话，定下结婚的日子。

举行婚礼那天，全团演出暂停一天，市文化局和宣传部的领导都来了。田连元请文化局的马科长做司仪，主持婚礼。还买了些瓜子、糖果之类的。那时候时兴的是革命化的婚礼，新郎新娘甚至连套新衣服都没有。田连元是在半路上，被团里的老评书演员李庆一的夫人拽进屋，把李庆一的一套八成新的毛料中山装给田连元穿上。

李庆一说："结婚乃人生大事，岂能穿旧衣服？"

田连元说："没关系，彩琴也没穿新衣服呀。"

李庆一的夫人说："她没穿新的，但她那套也比你的强多了。你这身衣服也太旧了，哪像去结婚，倒像是下地干活的。"

田连元的父亲因为身体不好，这时已回天津咸水沽去了。所以结婚那天，田连元的家人没有一人在场。彩琴的父母呢，经过团里领导做工作，也想通了，再说女儿结婚，一辈子的大事，田连元那孩子也不错，除了家里穷和小五岁，说不出他哪儿不好。既然女儿愿意，也就认了。所以，结婚那天，他们也来参加了。

婚礼在司仪马科长的主持下，搞得既简单又热闹。领导都讲了话，祝贺田连元和刘彩琴新婚快乐，以后在事业上，互帮互助，取得更大的成绩。接着团里的演员还演唱了梅花大鼓和京韵大鼓小段儿。

婚礼结束后，田连元和刘彩琴就被团里的一伙小学员送上了北山坡上的新房。新房是曲艺团新建的几户平房，窗户还没安玻璃，不知是谁在布置新房时，用两块红布挡在窗上，周边用图钉按紧。时已深秋，阵阵秋风吹来，把那红布吹得一鼓一鼓的。墙上挂着两人的结婚照，上面是田连元亲笔写的"患难永恒"四个字。还有的学员从艺术学校借来一张桌子，大家也帮着给抬到新房，这是家里唯一的一件家具。

大家还帮着把刘彩琴在单身宿舍的旧被子也扛来了。办公室陈主任的夫人见田连元和刘彩琴结回婚，连床新被子都没有，便把自家新做的两床缎子被拿来给他们铺上。

三天后，田连元把艺校借来的桌子让人帮着抬回艺校，又把借来的衣服和铺床的新被全都还了回去。

本来就没有什么东西的屋子，这一下子就更空了。但是，有彩琴在，田连元心里特别踏实，甚至很满足。而彩琴也没有因为婚礼简单、清贫而有半句的怨言。

4.秋来处处割愁肠——丧事连连

田连元和刘彩琴结婚了，岳父岳母也接纳了他们，团里的风言风语也消停了。虽然生活艰苦一些，但是两人感情上恩恩爱爱，生活上互相照顾，事业上携手并进，让人好不羡慕。可是，本应该全身心投入事业中的田连元，此时却不得不面临生活的变故。

先是父亲病逝。

结婚前，父亲因身体欠佳回到了天津咸水沽，家人也没有参加上田连元的婚礼。婚后，田连元常常惦记着父亲的病情。可是，就在结婚后不多久，田连元接到家乡发来的一封"父病危，速归"的电报。

让他担心的事终于来了，田连元急忙拿着电报向团里请假、借款、买票，带着彩琴乘火车匆匆赶回天津咸水沽的家中。

父亲在本溪的时候，田连元也曾带他到医院看过，但具体什么病也没有确诊。有说是肝病，老百姓又叫黄病，后来他的肺部也出了问题。回到天津后，父亲也到咸水沽的新华医院去过一次，大夫也未确诊。

那时正值国家三年困难时期，老百姓肚子都吃不饱，何况看病了。就是去了医院，也是缺医少药。父亲的病不断恶化，加之营养不良，身体虚弱得已不能动弹了。

父亲在本溪的时候接触过彩琴，知道她是团里的台柱子，是本溪老百姓喜欢的好演员，也知道她对自己的儿子很好。但他还是极力反对田连元和她处对象，认为儿子配不上她，不让田连元高攀。

他对儿子说："别攀高枝了，人家刘彩琴，没开书，就挂满员牌了，那是角儿。你能弄明白吗？"回到天津后，他当然牵挂儿子的婚事，当他接到儿子和刘彩琴结婚的信，这块石头才落了地。而今天，新婚的儿媳妇第一次登门，老人家别提有多高兴了，他忘了病痛，撑起身，连连招呼着彩琴。田连元的母亲忙着做饭，弟弟妹妹一口一个"嫂子"。田连元心想，要是父亲不病该有多好啊！

田连元是家里的长子，弟弟妹妹年龄尚小，所以家里的事情就全靠田连元张罗。到家后，田连元就忙着给父亲找医生，医生无能为力了就寻偏方，偏方没用了就求神拜佛，一切的努力最终都无济于事。

一天早上，父亲的病好像轻了许多，人也有了精神，居然在床上半坐了起来。他对儿媳说："彩琴哪，给我点根烟。"彩琴急忙点着一根烟，递给了他老人家，他坐在那儿，心情似乎挺好的，一边抽着烟，一边叨念："我这病啊，见轻。"老人家曾在台上给彩琴弹过三天的弦，知道彩琴的唱功，如今这样的角儿成了自己的儿媳，老人心满意足了。

田连元心中暗喜，果然奇迹发生，如果父亲病好了，他们一家就有了依靠了。父亲一根烟抽完，还是觉得浑身无力，便又躺下了。当晚，父亲便陷入昏迷，不断呓语："让那两个穿黑衣的人坐下！"

哪来的黑衣人？没人看见啊。邻居说："白天挺好，怕是回光返照吧。你们得做准备了。"第二天上午，父亲便不省人事，且呼吸急促，大家把他抬到灵板上，母亲赶紧出去给父亲买寿衣。田连元跪扶在旁，看着父亲呼吸一点一点地停止，全家恸哭。母亲买寿衣回来时，父亲已经咽气了，她没能看到父亲最后一眼，哭得极为悲切。

跪在父亲的灵前，二十岁的田连元终于感到，作为长子，家里的担子一下子全压在了他的身上，他也明白了父亲这些年让他学艺的苦心和对他的希望。

田连元的父亲叫田庆瑞，生于 1906 年，去世时年仅五十五岁。在朋友和邻居的帮助下，田连元把父亲葬在了津南小站的一块土地上。

父亲是个老实人，为人忠厚，一辈子少言寡语，有时甚至逆来顺受，委曲求全。

父亲爱抽烟，他的烟袋一尺来长，玉石烟嘴，铜制烟锅。尤其演出回来，总是抽上一袋烟，然后再吃饭，仿佛这烟比饭还重要。田连元忘不了父亲吐烟时微闭双眼那种陶醉的样子。父亲也爱喝酒，但那时条件太差，偶尔与朋友相聚，喝醉了，回家便只是笑，笑得让人莫名其妙，醉得越严重笑得越厉害。

父亲从小随祖父学唱沧州木板大鼓，十几岁便背井离乡到山东济南拜马立元先生为师，是马立元先生的"山东省立书词训练班"的首批学员。父亲的三弦弹得好，业内人都服气，说他的"手音儿"不是练出来的，是天生的，别人学不了。他可以用三弦弹戏，一段《借东风》从头至尾，连伴奏带唱腔外加锣鼓点儿，全能弹出来。可惜他把这绝技带走，连儿子田连元都没学到手。

安葬完父亲，田连元便和彩琴急忙赶回本溪，团里还等他们回来演出呢。如果没有刘彩琴的演出，团里收入减少，大家开支可就成了问题了。

父亲的丧事，让田连元的生活陷入窘境，丧事的操办和两人往来天津的旅费，一下子欠下团里三百多元。在那个年代，这三百多元可是一笔巨款。团里每月从他俩的工资里扣除四十元。好在两人的工资不算低，合起来月收入一百八十元，扣除四十元，还剩一百四十元。

按理说，一对小夫妻一月一百四十元，生活应该不错了。可是，田连元是长子，父亲去世了，他要承担家里的生活费用。每月要给天津的母亲弟妹寄生活费，还要给彩琴的父母生活费，于是就所剩无几了。而恰在此时，彩琴又怀了孕，要补充营养。那时市场上的食品凭票供应，只能买议价的。一下子，田连元的生活就跌入谷底，变得寸步难行了。

转过年，也就是1961年的春节刚过。团里人转给田连元一封电报，收报人写的是田连元父亲田庆瑞的名字，发报地址是河北盐山田家寨。电文是"父病危，速归"。

这是老家发给田连元父亲的电报，是老家的爷爷病危了。可见，他们还不知道田连元的父亲已经病故，还以为他在本溪呢。田连元的父亲是家里的长子，多年流浪在外，爷爷病危之际多想再见他一面。

怎么办？田连元一筹莫展，如果回电报说父已病故，这肯定对爷爷是个沉重的打击，会加重他的病情。田连元想，如果我以孙儿的身份请假回老家探望爷爷，团里能给假吗？父亲病故已是债台高筑，债上加债，领导还能借钱给我吗？但是无论如何，还得向领导汇报一下呀。

谁知田连元刚一张口，团长劈头就是一盆冷水："连元啊，你父亲病逝，请假回家，这是直系亲属，应该的。可是你祖父病危你再请假就有些说不过去了，你一走，团里的收入怎么办？你再借钱，我们也不好批呀！咱们团是集体所有制，账目管理严格，你旧债未清，又借新债，大家会有意见的。家里就没有别人了吗？非得你回去吗？"

此时，田连元真正领会了说书人常说的那句"礼义失于无奈，良心丧于困境"的真正含义了。

田连元正一筹莫展之际，老家又来了电报，这回是"父病故，速归"。田连元知道祖父故去了，只能长叹一声，泪如雨下。

田连元9岁那年曾随父亲回过一次老家，见过爷爷、奶奶，还有二叔。二叔是个驼背的残疾人，一生未娶，在家侍奉父母。在田连元的记忆中，祖父比父亲个子高，留着两撇燕尾胡子，眼珠有点发黄，高高的鼻梁，看上去不像个农村艺人，有点像苏联的大文豪高尔基。爷爷的名字叫田希贵，忙时种地，闲时说书，希望自己能富贵起来，可一辈子都穷困潦倒。

爷爷喜欢田连元这个长孙，曾把他搂在怀里，教他一个鼓曲小段儿《小黑驴儿》：

　　　　二八佳人正青春儿，

　　　　回娘家骑个小黑驴儿。

　　　　说黑驴儿，道黑驴儿，

　　　　小黑驴儿它长得有意思儿。

　　　　黑脑瓜儿，白脑门儿，

　　　　白尾巴梢儿，花肚皮儿，

　　　　雪里站的四个小银蹄儿，

在嘴里衔着铜嚼子儿，

稀里哗啦铜锁子儿。

金鞍子儿，银蹬子儿，

檀香木刻的那个驴轴棍儿。

鞍桥上铺着个花褥子儿，

正中间坐着个小佳人儿。

佳人前梳前挽盘龙髻儿，

后梳后挽水磨鱼儿。

盘龙髻里夹香草儿，

水磨鱼的麝香熏儿。

佳人头发还挽了一座庙儿，

庙里还有三尊神儿。

要问都是哪三个人儿？

刘备、关公、猛张飞儿……

爷爷声音洪亮，吐字清晰。抓着田连元的手，一边教一边拍着节拍。

当初爷爷尚在，他的长子却先他而去，而他的长孙却不能替父尽孝。这让田连元自责了很久。他流着泪，写下这样几句话：

父念子时子念父，

天南地北无相助。

知祖父，思儿切，

孝心丧在无奈处。

惆怅徘徊千百度，

望断云天无归路。

愁苦自责挽结住，

他年故土倾泪诉。

田连元望着苍天，心中默念，爷爷啊，您原谅孙儿吧，以后条件好转，孙儿一定回趟老家，到您坟前拜祭您老人家。

多年以后，老家的堂弟来到本溪，从堂弟的口中田连元得知，三年自然灾害期间，当地老百姓吃不饱饭，爷爷因病和饥饿病倒在床。田连元的堂叔把爷爷奶奶和二叔接到家里，爷爷病逝不久，奶奶也病逝了，再接着二叔也走了。不到半年，田连元家里先后有四口人去世。

四十五年后的 2006 年，田连元带着弟弟、妹妹，还有一大帮儿女，一大家人回到老家拜谒祖父、祖母及二叔之墓。田连元哭拜坟前：

祖父病危，父已先逝，孙儿无能，未能亲至，数十年来，心结挽住，今日坟前，倾泪禀诉，亡魂有知，当会饶恕。

闻者无不落泪。

老家一位长者见了，禁不住说："今天这一拜，这坟头的土都为之颤动啊！"

5.此情可待成追忆——擦肩而过的爱情

田连元是 1960 年结婚，到 1961 年彩琴便怀孕了。产前，田连元偕妻子彩琴一同回天津咸水沽。团里终于给了产假，总不能让人家挺着大肚子上台演出吧。

在咸水沽，田连元每天陪着腆着大肚子的妻子出去散步。彩琴对这地方不熟，田连元便陪着，两人出来进去，不离左右。刘彩琴没多想，可田连元却有一种无形的压力，不自在，甚至有些尴尬。为什么？因为咸水沽，是田连元上学的地方，全班同学里，他结婚最早，人家还都像孩子似的在父母身边玩呢，他却马上就要做爸爸了。尤其此时正值暑假，那些上了大学的同学也都放假回来，有的见了面打个招呼，有的虽没打招呼却站在远处窃窃私语……

于是，再和彩琴一起出门的时候，田连元就尽量躲开电影院、剧院之类的公共场合和人多的地方。但是，田连元携妻回家生子的消息，很快便在这小镇子上传开了。

老同学秦德珍听到这个消息，立刻来田连元家看他，进门第一句话就说："长庚，你不对呀！怎么结了婚也不告诉我一声，让我们也分享一下你的新婚快乐呀！"

如此爽快的秦德珍，一时让田连元不知说啥为好，一阵慌乱后，忙解释说："我们俩结婚很匆忙，没来得及告诉你。"

哪知秦德珍寸步不让："现在都回来生孩子啦，还匆忙吗？"

田连元不知所措。是啊，人家问得对，本来应该跟人家说一声，可是为什么不说？怕她知道？那又为什么怕她知道呢？那种微妙的情感田连元自己也说不清。

秦德珍指着怀孕在身的刘彩琴笑着对田连元说："你把这个大姐早给忘了，你倒给我们介绍介绍呀！"

田连元这才从一脸的窘态中缓过劲来。于是拉着彩琴说："这是我媳妇刘彩琴。"然后指着秦德珍对彩琴说："这是我小学的同学秦德珍。"

彩琴很热情，拉着秦德珍坐下，似乎两人早就认识似的，唠得十分投缘，倒把田连元冷落在了一边。好长时间，田连元才插进话。

秦德珍告诉田连元，她现在正在天津市新华大学读电子仪器，这次暑假回来，听别的同学讲，在电影院门前看到了你和彩琴，快生小孩了，所以就登门来看看你们。

面对秦德珍的嗔怪，田连元直道歉，说结婚时不但没告诉同学，就连家里也没人参加。妈妈也帮着打圆场说："是啊，我们知道得也很晚。"

秦德珍坐了一会儿就告辞了，第二天晚饭后，秦德珍提着一个西瓜来到了田连元家，说是给彩琴解暑的。

咸水沽虽然历史上挺有名，可是直到 20 世纪 60 年代初还没有电灯，家家都点煤油泡子灯。

大伙坐在里屋唠嗑。后来彩琴说太热，就到了外屋。这时，秦德珍从裤兜里掏手绢擦汗的时候，带出一封信来。

田连元顺手捡起来，问："谁的信？"

秦德珍说："李金凤给我的信。早先的。"

田连元说："我看看行吗？"

秦德珍说："愿意看就自个儿看吧!"

田连元领会了，知道这信和他有关。秦德珍走后，等到家人入睡，田连元便在煤油灯下打开了李金凤写给秦德珍的信。

李金凤也是田连元的同班同学，她和秦德珍同桌，是好朋友。去本溪报道之前，田连元曾和秦德珍一起去过她家。

信是这样写的：

德珍你好：

　　这次你与长庚到我家来，使我发现一个小秘密，不知对不对，现说给你。我发现长庚与你关系不错，你是不是有点那个意思？别瞒着我，我看出来了！

　　长庚挺好的，我觉得他聪明、诚实，家庭条件不太好，算不得什么，以后可以改变嘛，我先提前祝贺你们……

金凤

看了这封信，田连元心中一怔。显然这是秦德珍有意向田连元传递出的一个信息，就是说，在田连元去本溪曲艺团前的那天夜晚，和秦德珍想说未说的话，并不是自己的一厢情愿，而是我有情她有意。只是那时的年轻人，对这样的事情，轻易是不肯说出口的。而如今，一切都无法改变了，田连元已娶妻生子，有了自己的家庭。

过了两天，秦德珍又来到田连元家，和母亲、彩琴闲谈，也和田连元谈起班里同学的情况，有的找了工作，有的还在念大学，如此等等。一直坐到天黑，便告辞回家。

彩琴对田连元说："你去送送德珍，外边也没个路灯。"

于是田连元便出来送秦德珍回家。两人走在路上，开始谁都没说话，走得很慢。一年前的那个晚上，两人也是这样走在这条路上。

还是田连元打破沉寂，对秦德珍说："李金凤给你写的信我看了。"

"有什么想法？"她问。

"我觉得，已经晚了。"田连元说。

"不晚也不行。"她突然说了这么一句。

田连元看看她，她又掏出了一封信，递给田连元说："我昨晚一夜没睡，给你写了这封信，自己看看吧！看完烧掉，不要让别人知道。"

田连元接过信，揣在兜里。

田连元把她送到她家的胡同口，便握手告别。

回到家，田连元躺在炕上，翻来覆去，想着她在信上会说些什么。第二天白天，田连元借口说到同学家串门儿，便走出家门，到了一棵大树下，打开了秦德珍的信：

庚弟：

你好！

金凤的信说出了我内心的一些想法，但并非全部，说实在的，我们的相识从青梅竹马到青春年华，心底深处一直有一种好感，但这好感只能是一种好感而已，不会发展成什么样的现实。我曾经仔细想过，因为你在东北，我在天津，专业不同，恐怕少了沟通的语言。不过有时我也曾天真地想过，专业不同，通过互相介绍会扩大知识面的。我也还想到过，我们两个工作单位不在一起也是一种障碍，两个城市的不同单位往一起调转会很麻烦的……不过现在这一切想法都是多余的了。你已经结了婚，带彩琴回来，我也和她见了面。她是一个很好的女人，她比我漂亮，也一定很贤惠，又和你是同行，在业务上肯定会互相帮助共同提高的。有这样一个好女人在你身边，我也就很放心了。

不过，不要忘了我这个曾经帮助你学习过的大姐，我们做一个永远的朋友、纯真的朋友，我们之间要常通信、常联系。我在天津遥向你们祝福，祝你们幸福、快乐！

德珍

看完信，田连元呆坐在那里，愣了半天，好长一段时间脑子都静止了。

田连元明白，德珍一直把自己放在心上，甚至想到和自己结婚，以至于连两地生活的情况都想到了，可是自己却没有理解她对自己的那份心思。自己这次带彩琴回来，对她是一个不小的打击。

可是，生活就是这样，不可以有任何不切实际的浪漫。田连元沉静了一下自己的情绪，他告诉自己，一定要淡出她的生活，让她尽早拥有自己的幸福。

几天后，彩琴生了，是个女儿，秦德珍给这个孩子起名叫田洁。

这时候，团里因有紧急演出任务，催田连元速速回去。田连元不敢耽搁，便留下彩琴和孩子，自己一个人回到了本溪。

现在，父亲不在了，母亲和弟弟妹妹就只能投奔田连元了，所以，在刘彩琴满月之后，彩琴抱着女儿，与母亲、弟弟、妹妹一同来到本溪，全家的户口也由天津迁到本溪。田连元一家从东北逃难，到落脚天津，母亲带着弟弟妹妹在咸水沽，整整生活了十二年。如今，全家告别了天津，只留下父亲的孤坟……

彩琴回来后，告诉田连元，说你走之后，德珍还多次到家里探望，照看她们娘儿俩。孩子满月后，德珍还带着彩琴去天津逛了劝业场。离开咸水沽时，德珍一直把她们送到天津东站，还在东站与彩琴合影留念。

几天后，田连元接到了德珍的一封信，问全家一路情况，是否平安到达。信中还寄来彩琴与她的合影，照片后面写着"彩琴、德珍合影于天津东站"。

田连元知道，秦德珍这样做，还是对他念念不忘，她越是这样，田连元越是不知如何是好。母亲也知道秦德珍的心思，但因为感激人家的帮助，便催着田连元给她回信。田连元只好给她回了。后来她又给田连元写了信，春节还寄了几张贺年片，但田连元再也没有回信。就这样，从1961年到1965年，近五年时间他们没有任何联系。

其实，田连元还是十分珍惜这段感情的，因为这是他从少年时便开始的懵懵懂懂的初恋，很纯真，也很珍贵。虽然已近五年没有联系，但是他并没有把德珍忘记。

1965年，本溪市文化局各剧团进行工资改革，局领导派田连元到天津市红桥区学习剧团工资改革经验。田连元特意住到了南市，重又回到少年时学艺的地方，周边环境都曾是他所熟悉的。如今他已是两个孩子的爸爸了。五年了，也不知德珍现在怎么样，他很想见见她。

田连元想起秦德珍的好友李金凤，他还记得李金凤的家。于是田连元找到了李家，她母亲以为田连元是来看金凤的，说，"金凤已经结婚了，不在家中住了。"田连元便和老太太东拉西扯，打听秦德珍的情况。老太太说她好像听说秦德珍大学毕业后，分配到五金交电公司去了，具体什么部门说不清。恰好这时李金凤的弟弟回来，他说秦德珍是在什么水暖批发部。

有了这个线索，找起来就容易了一些。田连元回到宾馆，借来天津市电话簿查了起来。先查到一个水暖批发部的电话，立即打过去，问有没有秦德珍这个人，对方说"没有"。但旁边有人认识，说她在滨江道门市部，还告诉了滨江道门市部的电话。

田连元立刻打过去。

"喂，请问您找谁？"一位女同志接的电话。

田连元一听就是秦德珍的声音，便故意压低嗓子，用山东话说，"你们那里有位姓秦的叫秦德珍的同志吗？"

"有啊!"

"麻烦给找一下。"

"我就是啊，您有什么事？"

"噢，您就是啊! 请问您是咸水沽镇的吗？"

"是啊!"

"你们家住的是吉祥里3号吗？"

"是啊! 你是谁呀？"

田连元终于忍不住了，"扑哧"一声笑了起来，"德珍大姐，我是长庚啊!"

"我的天! 你在哪儿呀？"知道田连元来天津出差，秦德珍很意外，也很惊喜，当即告诉了他乘车路线。当田连元下车时，她已经等候在那里了。

车站旁不远就是海河公园，他俩找一个凳子坐下，谈起了别后的情况。

田连元似乎有些歉意地对秦德珍解释这几年为什么没有给她写信。秦德珍说："长庚，不要解释了，我都明白，都过去了。"

这几年，秦德珍的生活也发生了很大变化，她也结婚了，丈夫是她大学的同学，还是团支部书记，叫金洪志，人很优秀。巧的是他俩是同年同月同日生，田连元说："这叫天缘。"

德珍也有了孩子，两岁了，是女孩，叫金静，并答应说第二天把孩子带来让田连元看看。问到田连元的情况，田连元告诉她说，彩琴又生了个儿子，叫田平，其他一切如故。

第二天，秦德珍果然带来了她的女儿金静，孩子很可爱。田连元还给孩子买了些罐头、小食品之类的东西。

返回本溪的时候，秦德珍到车站送她，还给田连元的母亲和彩琴买了些天津特产。临别时，秦德珍嘱咐田连元要经常保持联系，别忘了她这个姐姐。

和秦德珍的故事，田连元曾讲给他的朋友范云。范云听后很感慨，他说这和他的故事很相似，他在天津音乐学院学习的时候，有个女同学对他很好，但谁也没说破。后来范云结婚，那位女同学很伤心。但姻缘就是这样，相爱不一定就会成为夫妻，走到一起的才是姻缘。

范云说得有道理，不管是什么缘，世界这么大，人这么多，有缘很不易，有缘很美好，有缘就要珍惜。

从此，田连元对这段少年时的纯真情感，再也不回避了，他和秦德珍的丈夫也成为了好朋友，两个家庭也常来常往，直到晚年。

6.银枪染尘大漠寒——红了彩屯，火了评书

田连元从小就是一个乖孩子，听父母的话，让他学说书，就老老实实地学。可是上学读书后，开阔了眼界，就不想说书了。但是，迫于父亲的压力，只好辍学去学评书。后来说书受挫，一心逃离，但是父亲不允，只好继续去学评书。有

了一点小成就，便被本溪曲艺团看中，以评书演员的资格调进专业团体。本想从此在评书舞台上一展身手，没有想到，却只能给人家说书的弹三弦。

这便是天意吧，虽然没有说书，虽然只是给人伴奏，但他却有了意外的收获，他伴奏的那位说书人，那位漂亮的名角，成了他的夫人，这难道不是老天对他的最大褒奖吗？

俗话说，上帝为你关上一扇门，就会为你打开一扇窗。对田连元来说，眼前的这扇窗，开得可够大的了，开得他意外惊喜，开得他心满意足。他甚至想，就是给她弹一辈子的弦，他都心甘情愿，不会抱怨，不会说一个"不"字。

可是，这想法、这念头，在他心里并没有扎下根。一有机会，说书的念头就会死灰复燃，而且日趋强烈。真的，自己一个大男人，难道这辈子就给老婆伴奏？那还能出息个角儿吗？自己下的苦功，自己的十几年所学，岂不都付之东流？

终于，机会来了。

此时的田连元因为工作出色，被选为团里的宣传委员，负责安排团里街头宣传、下厂下矿等演出事宜。这天团里开会，研究演员的场地安排，出了难题。

什么难题呢？彩屯书场，尤其晚场，派不出人来。彩屯是郊区，也是矿区，有一个很大的煤矿，离市区很远，有二十多里地，晚场演出后，没有公交车，演员只能自己骑自行车回家。如果安排女演员，晚上不安全，安排男演员，能去的不会骑车，会骑车的不能去。结果商量来商量去，无奈，这个晚场就空着吧。

可是田连元动心了，与其场地撂着，不如让我去试试，这可是天赐良机，不可放过。于是田连元毛遂自荐，说："别让场地空着呀！让我去吧，有观众，就给团里创点收，要是没有观众，再停不迟。"

主任陈连文不放心地说："你白天给彩琴伴奏，晚上再去彩屯演出，等于一天两场，顶得住吗？"

田连元想都没想，说："你们放心，没问题，顶得住！"

于是，田连元日场给刘彩琴弹完了弦，马上就骑自行车奔往彩屯书场。他让书场贴出海报："书目：《隋唐演义》。演员：田连元。"

曾在济南被评书名家夸赞的田连元，在本溪市没人知道，在彩屯就更没人晓得了。不过第一天还行，书场里坐了六成观众，田连元很高兴。心想，我只要能把这六成观众保住，就是胜利。

从来到本溪就给刘彩琴弹弦，虽然没机会上台说书，但脑子从没停止过对说书的渴望，也没停止过对说书的思考。他把自己那些年在各地说书的经验，把从小就听的父辈、师傅、名家们说书的特点，作一番总结，来一番比较，哪些受欢迎、哪些遇冷场，都有什么长处、都有哪些短板，哪些应该发扬、哪些应该改进，不时都在他脑子里转悠。

《隋唐演义》这部书，是田连元最熟悉的一部，还给刘彩琴说过书道子。再加上他仔细揣摩，不断完善，七天之后，不但六成观众保住了，这六成观众又口口相传，一下子，本溪评书史上的一个盛况出现了，那叫场场爆满。多年以后，当田连元成为中国最著名的评书艺术家时，彩屯的老百姓常常自豪地提起，"当年在彩屯就听过他的评书，田先生就是从咱彩屯说火的。"

书场的管理员惊喜万分，天天到团里财会那儿去交钱，团里的会计吃了一惊："哟！你们彩屯怎么了？收入不少啊！"

管理员说："田连元在那儿火了！"

田连元想起济南评书大家张立武那句话："这小子将来能成角儿！"看来，他老人家有点眼光。

不过，此刻的田连元并未忘乎所以，还在不断探索和改进。一部《隋唐演义》整整说了三个月，天天都是座无虚席，一票难求。

田连元白天给刘彩琴伴奏，晚上骑自行车二十多里，虽然累了、瘦了，但精神头十足，毫无倦意。

又到了换场地的时间了，彩屯书场的晚场还是找不出人来。怎么办？

"连元，你能不能在那儿接着说？"

"能啊！"只要有书说，什么远不远，什么苦不苦，田连元全不在乎。领导一问，他立刻答应下来。这样的演员哪儿找去，领导能不喜欢吗？

于是，田连元久住"沙家浜"，那里的"沙奶奶""沙爷爷"们也都不愿意让他走啊。

接下来又说起了《大八义》。说这部书，观众不但没有减少，反而更多，甚至有市里的人慕名而来，有时竟出现了在门外站排等座的情况。

"田连元在彩屯红得不得了！"这话，在团里就传开了。而且，田连元在彩屯一年的演出，为团里带来不菲的收入。从此，和刘彩琴一样，田连元也成了团里的台柱子、创收大户了。以后团里每次调整场地，都首先把田连元的书安排妥妥的。

接下来，田连元当上了市人大代表，刘彩琴也当上了政协委员。有一次和市长坐在一起开会，会上让提建议，田连元说，"现在老百姓都喜欢听评书，可是咱们曲艺团在市里没有像样的曲艺厅，能不能在站前那个地方修一处？"

市长听了连声说，"好啊，给你们五百块钱，你们就修一个吧。"

那时的五百块钱真能干件大事。

7.先生恕我拜师迟——王铁夫的"皓月当空"

田连元火了，团里高兴，因为又多了一个经济增长点；陈主任高兴，怎么样？这人才是我从济南带回来的，我有眼光吧；彩琴高兴，我没看走眼，连元是个有才华的青年。可是田连元却并未高兴，火在郊区那算什么火？火在全国那才叫火呢。不过这话他只能装在肚子里，要是让人看出，那不得说你有野心，不自量力了？

1962 年初，国家经济形势有些好转，中央召开了纪念毛主席在延安文艺座谈会上的讲话 20 周年，文艺界掀起了"说新、唱新、演新"的活动，提出要"厚今薄古"，不能抱着"帝王将相、才子佳人"不放，要讴歌新时代，演说革命斗争历史和革命英雄故事。

于是，有关部门把传统书目分为三类：

一类书是《三国演义》《杨家将》《岳飞传》《隋唐演义》等；

二类书是《大五义》《薛家将》《呼家将》《月唐演义》等；

三类书是《三侠剑》《童林传》《大八义》《小八义》《施公案》等。

上面规定，三类书不能上演，二类书不提倡演，一类书可以演。要求评书演员把主要精力放在演现代书上，诸如《林海雪原》《铁道游击队》《平原枪声》《节振国》等书目。

这是一场评书革命，这场革命来得有些突然，对那些老评书艺术家来说，说惯了传统评书，一下子让他们说新书，不会说了，有些犯难了。照原书念，不行，书上的语言和评书的语言有很大的差距。改编新书，他们好多人没有那个文化水平，多年来就是师傅传徒弟，徒弟传徒孙，就这么一代一代地往下传。而且，说古书，你怎么夸张，没事儿，越夸张，观众越爱听，越说你说得好。可是说新书，那就是他们身边的人、身边的事，他们太熟悉了，夸张大了，他不信，不夸张，又不生动、不感人。

本溪曲艺团就有一位老艺人闹出了笑话，他在讲一位革命女英雄的时候，套用了旧评书的词，"长的是柳叶眉、杏核眼，悬胆鼻子樱桃小口……"领导听了直皱眉，说，"你这哪是革命女英雄，分明是资产阶级的娇小姐嘛！"

还有一位老艺人讲一位地下工作者的故事，说他掏出手枪之后，来了个"夜战八方藏刀式……"领导说，"你怎么手枪和单刀分不清了。"

一时间大家都很迷茫，不知这书应该怎么说。

省里大概也发现了这个情况，于是就召开一个"说新书，说好书"的现场交流会，总结和推广一些先进经验。因为这个时候，辽宁出现了几位在全国说新书说出名气的人，比如营口的袁阔成、鞍山的杨田荣、锦州的陈青远。尤其是袁阔成的《野火春风斗古城》和杨田荣的《铁道游击队》，经中央广播电台一播放，立刻引起轰动，可谓家喻户晓。

这个会由省曲协主办，地点在抚顺。省文联副主席、曲协主席王铁夫参加了这个会。他是延安老文艺干部，对曲艺很有研究，在辽宁曲艺界享有很高声望。

会议中有两场汇报演出，一场是"好书选段荟萃"，一场是"新书选段荟萃"。各市都派代表参加，都是大腕名角，只有田连元还是个二十刚出头的毛头小子。田连元没有新书，所以就在"好书选段荟萃"那场，登台说了《隋唐演义》里的《三挡杨林》。

第二天下午开会的时候，田连元来到会场。一看，只有王铁夫同志一个人坐在那里，原来很多人把开会的时间记错了。

看到田连元，王铁夫摆了一下手，说："小田，你过来。"

田连元坐到王铁夫旁边。

王铁夫问："多大了？"

田连元第一次见到省里的领导，又听说是从延安来的，心生敬意，又未免有些拘谨。田连元回答说"二十二了"。

王铁夫说："好岁数！昨天晚上我看了你说的那段《三挡杨林》，说得不错，你把杨林和秦琼这两个人物的个性表现出来了，懂得说人物，这很难得。你看你前边那位叫什么名字我不记得了，他说的《大五义》选段，说到白玉堂在房上一探身形……"说到这儿，王铁夫模仿一下那位演员的动作，"你说，这是白玉堂吗？我看这是个小偷儿。说书可不是个简单的艺术，多少个人物要靠你一个人来表现，你表现得不准确或者不到位，观众就不相信你。搞艺术是个苦差事，你知道什么叫匠人，什么叫艺术家吗？"

田连元如实回答道："不知道。"

王铁夫接着说："匠人，就是会了一门艺术，也很熟练，不断地重复着去演，去再现，去挣钱，去发财，娶媳妇，吃好的，穿好的，就心满意足了，他们的目标很简单啊。艺术家不是这样，艺术家对艺术不单单驾驭了它就万事大吉了，他还要不断地出新、出奇，不断地突破，不断地攀登新的高度，一辈子也不满足、不满意。在艺术家的心里，不是赚钱，也不是发财，而是艺术，他始终把艺术放在第一位。"

田连元全神贯注地听着他对匠人和艺术家的阐述。

王铁夫说着说着，忽然站起来，对田连元说，"比如这句道白'皓月当空'，你说形体上怎么做好？"

"皓月当空"，王铁夫用的是京剧韵白，说得很有韵味，同时还做了个背手抬头的架势。接着他又说了句"皓月当空"，这回他用了个出右手向空中指去，目光也随之望去的姿势；然后他又说了句"皓月当空"，这回他用双手比成一轮明月到头；最后他又说了句"皓月当空"，这一次，他突然来了个"卧鱼儿"的姿势，侧身回望天空。

王铁夫最后这个动作，把田连元吓了一跳，快六十岁的人了，做出这么一个高难动作，没有极高的艺术修养是做不出来的。只是在这样一个严肃的会场，一个省里的大领导，和一个年轻的小艺人，做出这样的身段有些不合时宜。但这就是王铁夫的过人之处，也让人看出了他对艺术挚爱的程度，说到艺术便不顾一切。

做完动作，王铁夫站起身来，对田连元说："一个皓月当空，可以做出四个动作，用四种形体语言表达。如果你再动动脑子，还可以再想出几个。当你再也想不出来的时候，你就可以根据剧情进行筛选，看看哪个动作最合适。这肯定比那个想到一个动作就认定高人一筹好得多。艺术就像是跳高，大家都能跳过去的高度是一般的艺术，少数人才能跳过去的是较高的艺术，只有你自己能跳过去的，那就是独具个人风格的艺术了。"

王铁夫的话，让田连元茅塞顿开。什么是艺术？就是精益求精，就不能浅尝辄止。

会场陆陆续续开始进人了，王铁夫依然谈兴未减。

王铁夫问田连元："你爱读书吗？"

田连元突然觉得自己在面对一个慈祥又学识渊博的老师，自己就像一个小学生，在规规矩矩地回答老师的提问，"爱读。"

王铁夫说："这很好，说书的，首先得是读书，要广览博读才行。"

说到这里，王铁夫拿出一张白纸，放到桌上，对田连元说，"来，你记一下，我告诉你都应该读些什么书！"

田连元赶忙掏出钢笔。

王铁夫想了想说："要读的书有这些，比如《梅兰芳舞台生活四十年》《盖叫天的舞台艺术》，范文澜的《中国通史简编》，艾思奇的《大众哲学》，还有《程砚秋论京剧旦角表演》《萧长华谈京剧丑角艺术》……"

王铁夫如数家珍。然后对田连元说："要想成为一个优秀的评书演员，这些书都要认真读，还要做笔记。书要多看，功夫在书外，思考在书内。你今年二十多岁，等到四十多岁时，艺术上也成熟了。记着，还要走出去，走遍全国，拜访名家，交流技艺，开阔眼界。"

说要多读书，这好办，回去就把这些书都买了，没事就看。可是要遍访名家，这可就难了，旅费花不起不说，团里也不会给你假呀。不过这话田连元只是在心里说。

王铁夫接着说："当你五十多岁的时候，你就可以回到家里著书立说了，总结自己的艺术经验，整理自己的艺术作品，要成大说书家、理论家。"

王铁夫的话虽然有的可以做到，有的根本做不到，但是倒给田连元开阔了眼界，知道了怎样做才能成为一个优秀的评书演员，甚至自己一生的艺术道路究竟应该怎么走，他都给你说得清清楚楚。也就是说，这位王铁夫主席给田连元的人生设计了一条路线图。有了这张路线图，田连元对发展目标、如何去实现这个目标，心中就有数了。而且，王铁夫的关心，也给了田连元鼓了劲。

可是就在第二年的"辽宁省说新座谈会"上，田连元却没有再见到王铁夫，一打听，才知道王铁夫同志不久前已经去世了。

这次"说新座谈会"，还有一个"说新唱新"的汇报演出。全省各市曲艺界同仁齐聚一堂，省委宣传部副部长安波主持，主管文教的省委副书记周桓到会讲话。周桓是个了不起的大人物，老红军，开国上将，大家都很敬重他。

在这次汇报演出中，著名的评书演员袁阔成说的是《许云峰赴宴》，陈青远说的是《肖飞买药》，杨田荣说的是《烈火金刚》中的一个选段《桥头镇》。田连元也准备了一个评书小段，是《战斗的青春》中的一段节选《虎穴锄奸》。

为了说好这段新书，田连元功夫没少下。表演完，自己也不知道效果如何。怎么办？田连元想起去年王铁夫主席的话："多向名家请教。"于是便特地去找袁阔成先生，请教说，"袁老师，您看我这段书说得怎么样？您给提提意见。"袁阔成比田连元大一轮，田连元当时 23 岁，袁阔成 35 岁。论辈分，袁阔成是田连元的师叔。而且，此时的袁阔成已是评书名家，说新书的闯将，他在中央人民广播电台录制了《红岩》《烈火金刚》《赤胆忠心》《暴风骤雨》等好几部新书，为说新书闯出了一条新路，成为评书界的一面旗帜，一个领军人物。而田连元在省里还是小字辈，初出茅庐。

袁阔成先生比较矜持，轻易不当面表扬人，但对田连元还是说了自己对新评书的一些想法。那意思就是说，现在说新书，无论语言还是表演，和传统书不一样，原来的大都用不上了，必须重新思考、重新设计，要琢磨用新词，老词不能再用了。

虽然袁阔成话不多，但对田连元也是一个启发。

看到说《肖飞买药》的陈青远先生，田连元也赶紧上前，向先生讨教。陈青远年龄比袁阔成略大，不到五十。陈青远先生说，"爷们儿，以你的年龄能说成这样，从我们评书界来说，那可算是凤毛麟角了。"

听到先生夸奖，田连元忙说，"陈先生，您过奖了，我是想让您给提提意见，我哪个地方不足？"

陈先生不客气地说："爷们儿，我说的凤毛麟角，是指在你这个年龄。从今往后你要加倍努力，如果再过二十年，你说的还这样，那你就不是凤毛麟角了。"

田连元明白，陈先生是说现在和同年龄段的比还不错，如果不努力，以后就是大路货了，这是让他继续努力的意思。

这些评书名家，轻易不会当面夸奖一个人的。不过，在会后，省曲协一位同志对田连元说，那些老艺术家在一起讨论的时候，对你的评价不错。还有沈阳曲艺团的老演员郝艳芳也在讨论会上说，"哎，这回来的那个小田，评书说得不错。"因为这都是背后的赞扬，应该是真话。

专家的认同，让田连元很高兴，也增加了信心。

8.一夜吹香过石桥——评书《追车回电》

省里对"说新唱新"越来越重视了，1965 年，省曲协又搞了一次全省范围的大规模"说新唱新"曲艺大汇演。各市曲艺团都精心准备了新创作的节目，演员就住在沈阳的省委党校院内。

本溪曲艺团带的几个节目中，有田连元新创作的评书《追车回电》，还有妹妹田素珍的单出头《小梅除草》和其他几个节目。

父亲去世后，家人随刘彩琴来到本溪，妹妹经考试，也进了曲艺团。妹妹很有艺术天赋，小的时候，随父亲学了一点儿鼓书。父亲生病，从本溪回天津那段时间，又悉心教了她一些。后来到了本溪，嫂子刘彩琴又对她进行了一些指点。

田连元《追车回电》这段评书的创作，纯属偶然。有一天，田连元无意中扫了一眼桌上的旧报纸，是《辽宁日报》。上面的一个标题吸引了他，叫《追车回电》，也就三百来字，讲的是发生在从丹东开往北京的 28 次特快列车上的一个故事：

一个老太太去成都找女儿，从本溪上车。半路上，发现写有女儿地址的信封忘了带，怎么办？老太太年老体弱，行动不便。如果下车回本溪拿信封，很麻烦不说，票也作废。于是列车长在沿途站点，通过铁路专线电话找到本溪站，让本溪站的工作人员去老太太家找这个信封，再通过铁路电话把地址传到车上，最后老太太没下车就拿到了地址，顺利到达成都找到了女儿。

看到这个报道，田连元觉得这个故事有点意思，既反映了新时代、新风尚，又有悬念，吸引人，可以改成一段评书。怎么改？他对铁路不熟，不能仅凭这一篇报道就编出故事来呀，得去体验一下生活。于是田连元就拿着单位开的介绍信，找到 28 次列车的列车长。

列车长姓郭，听田连元说明来意，他立刻表示欢迎。他安排田连元做了临时列车员，从本溪一路跟到山海关，然后坐上返回的列车回到本溪。那时的田连元年轻，既勤快又机灵，扫地、倒水，帮乘客拿东西、唠家常。一路上虽然很辛苦，但收获不小。不仅详细了解了帮老太太找回地址的细节，还听到了很多铁路上发生的好人好事。

当时正是全国上下掀起学雷锋的热潮，各条战线的雷锋式人物纷纷涌现。而这个故事，正和时代相吻合。于是，田连元就根据采访到的细节，把这个故事写了出来，名字还叫《追车回电》，意思是追着列车打电话。

这个段子写出来之后，团里审了一下，都说不错，就同意把这个段子拿到这次全省曲艺汇演上。

在这次汇演中，全省各市都铆足了劲，名家荟萃，大腕云集。袁阔成先生说的是《赤道战鼓》，陈青远先生说的是《门和找门和》，杨田荣先生是评书专场《小闯将》。每个节目都非常精彩。

几位名家演出结束后，有人就说，几位名家的评书都演完了，评书这块儿就差不多了，也不会有更好的了。不如接下来就看看二人转、东北大鼓什么的。

由于本溪和朝阳两个市的节目比较少，无法演出专场，于是大会组委会就把这两个市合成一场，本溪上半场，朝阳下半场。

说心里话，评书名家演完之后，人们对评书也就不再有什么期待了。田连元也不对自己抱多大希望，他的想法很简单，既来之，则安之，来参演，尽人事，听天命，不求有功，但求无过。演出时别出错、别忘词就行。不过田连元是个认真的人，别人不当回事，自己不能不当回事。所以这几天他也没干别的，天天在党校的院子里背词，设计动作。

这天，演出按部就班地进行着。轮到田连元上台了，他按照准备好的词儿便开说起来，没想到，刚说了没几句，包袱就响了。田连元来了精神，因为台下的观众都是各市曲艺团的，都是内行人，能让他们乐，说明这节目还行。田连元心里有了底，于是就踏实地往下说。该响的包袱一个一个都响了，最后一句："列车一声长鸣——呜——空空空空空——北京到了！"

话音刚落，台下便是热烈的掌声。这掌声，出乎田连元的意料。

田连元鞠了躬，走向后台，掌声仍然不断。田连元从来没碰到这样的情况，不知所措。这时舞台监督忙对田连元说："快，上去再返一个。"

"再返一个"是舞台行话，就是返回舞台再来一个段子。田连元此次参演，就这一个段子，没别的。他两手一摊，如实地对舞台监督说："没了。"

舞台监督有些失望，说："那就上去鞠个躬，谢个幕吧。"

于是田连元急忙返场，向观众慌慌张张地鞠了一个躬。跑下去的时候，又听到台下的掌声和笑声。

中场休息的时候，中国曲协的秘书长张克夫在省曲协主席张裴军的陪同下，来到后台看望演员。见到田连元，张克夫一边握手一边拍拍田连元的肩膀，说："说得好哇！"张裴军也表扬了田连元。吃午饭的时候，田连元一进食堂，就感觉各桌的人都向他投来赞许的目光，有些人还窃窃私语："是他，《追车回电》就是他说的。"

田连元意识到，自己成功了。

接下来，很多报社、杂志社都来找田连元采访他，左一拨，右一拨。第一次面对这些记者的采访，田连元脑子都有些乱了。有一位部队杂志的记者采访时问田连元："小田同志，你这个段子写得很有特点啊，你通过这个故事塑造出一群社会主义英雄形象，你当时是怎么想的？"

田连元说："怎么想的？也没怎么想啊，在报纸上看到这个故事挺感人，就把它写出来了。"

记者让他说得再具体一点儿。于是田连元就把如何看到一张旧报纸，如何到火车上体验生活，如何从列车员做起，如何与乘客打交道，如何创作，详详细细、从头到尾，说了一遍。本以为记者没耐心听他啰唆，没想到那记者倒听得津津有味。

紧接着，《辽宁日报》把这个段子全文发表了。再接着，中央人民广播电台把这个段子播出了。再后来，这个段子被当作经典收入了《中国新文艺大系》（曲艺卷）中。

《追车回电》一炮打响，很多人都知道了青年评书演员田连元。

这时，辽宁人民广播电台找到田连元，说请他录一部长篇广播评书《欧阳海之歌》。编辑说，这是作家金敬迈刚刚发表的长篇小说，郭沫若题写的书名，陈毅元帅给予很高评价，小说在社会上反响很大。

电台的编辑征求田连元的意见，能上电台录长篇评书，对田连元来说，正是求之不得的，哪会不同意呢？

于是田连元就来到了辽宁人民广播电台，住在台里的招待所。编辑叫张广多，他对田连元强调了这部评书的重要性，目的是加深田连元对这部书的认识。

拿到《欧阳海之歌》后，田连元反复阅读，逐章改编。就在录制的过程中，中央人民广播电台也来了一位同志，是负责长篇评书的资深编辑，叫田维贤。田编辑一见田连元就说，"我们中央电台也想录制《欧阳海之歌》，但我们不想用辽台的。你先在这儿录，录完了，请你到中央电台重新录制这部小说。"

说完，他又拿出一部小说《渔岛怒潮》，说："这是一部反映福建沿海民兵和儿童对敌斗争的小说。也不错。到中央电台，这两部书一起录。"

过去田连元就曾梦想过，啥时也能到电台录一部书。如今，这梦想正一步步变成现实。而且不是一部，是两部。田连元希望自己也能成为袁阔成、杨田荣这样的评书大家。

辽宁广播电台有一位音乐编辑，叫邢莱廷，常到招待所看田连元。邢莱廷是个作家，笔名木青，20 世纪 60 年有一首著名的歌曲《哈瓦那的孩子》："美丽的哈瓦那，那里有我的家……"就是由他作词，劫夫作曲的，学校的孩子没有不会唱的。

邢莱廷很健谈，当他得知中央人民广播电台要给田连元录制两部评书时，很替田连元高兴，他说，"你小子这回要火呀，能在中央台连录两部书，面对全国听众播出，你这一下子可就上去了，祝贺你！"

邢莱廷的提前祝贺让田连元很高兴，是啊，默默无闻的日子就要过去了，以后中央广播电台的评书一播出，那就是全国知名了。看来，济南评书大家张立武先生的话就要应验了。此刻的田连元，似乎眼前一片光明。

中央电台的田维贤编辑，和田连元把上北京录评书的事儿敲定下来，就回北京去了。走的那天，田连元到沈阳火车站送他。车开的时候，田维贤从窗口伸出手，一边向田连元挥手一边说："10 月 1 日北京见！"田连元也一边挥手一边说："北京见！"

辽宁广播电台的评书《欧阳海之歌》录制得很顺利，一共录了 40 集。录完，田连元就回到本溪。当时已经是 1966 年 5 月，只要再等上 5 个月，田连元就要去北京录制那两部长篇评书了。

长篇评书《欧阳海之歌》在辽宁电台正式播出了，社会反响非常好。那时候，观众时兴给自己喜欢的演员写信。听了田连元的评书，许多听众便写信给辽台编辑部，然后由编辑部转给田连元。信封上都写着"《欧阳海之歌》的播讲者田连元同志收"，信的内容多是溢美之词，信件多来自高中生、大学生。

不过也有想见见田连元的，其中有一个女孩儿在信中写道："田连元先生，听了您的评书，我很感动，您讲得太好了。很想跟您见面，不知您有没有时间，如果您有时间，周六可以到中山公园见一面吗？"

一看落款，就知道是个女生。这对田连元来说，是人生第一次碰到，不知应该如何处理。演员尊重观众，这是必须的，但对一个女孩儿，还是不见为好，让人风言风语，就不好了。田连元没敢回信，更没敢到沈阳的中山公园和这个女孩子见面。

那时候的文艺界，人们都很谨慎，自律性也都很强，领导也常常把"三关"放在嘴上：第一关，把住生活作风关，不能犯生活错误；第二关，把住金钱关，不能犯经济错误；第三关，把住团结关，不能犯宗派错误。只要遵从这三条原则，就能立于不败之地。

田连元说，"这三关也是我的准则，是红线，是雷池，不能越雷池半步。"

此刻的田连元不敢分心，一心准备着中央广播电台的那两部长篇评书，就等着10月1日进京录制，那他就一定会大红大紫起来。而现在这点小名气，不算什么，不过是"小荷才露尖尖角"而已。

第四章

辽东山人

————

1.山雨欲来风满楼——在那史无前例的日子

理想和现实有时就是一步之遥，可是就这一步，来得那么难。

田连元在辽宁电台录评书那段日子，有如世外桃源，完全沉浸在《欧阳海之歌》的氛围中，不知道外面的世界正在发生着翻天覆地的变化。

5月底，田连元回到本溪。

很快，"文化大革命"便席卷山城的每一个角落。红卫兵走上街头破四旧立四新，"云山照相馆"改成"红太阳照相馆"，"得利饭店"改成"东方红饭店"，"双合堂药店"改成"全无敌药店"……街头的大字报让田连元有一种"山雨欲来风满楼"的预感。但是，他无论如何也想不到，这场风雨，会降临到他的头上。

当时的田连元是本溪市曲艺团的业务团长。他是怎么当上这个团长的呢？那还得从两年前的1964年说起。当时本溪曲艺团的团长黄桐鳌因病去世了，文化局在研究新团长的时候，一位领导提出田连元业务能力强，为人谦虚，适合做这个团长，结果局领导班子一致同意。

其实当时曲艺团的老同志并不少，业务能力强的也很多，想当团长的也大有人在，但是文化局还是从曲艺团的长远发展出发，选择了年轻的田连元。

任命一公布，团里震动不小。有人说，"田连元才23岁，年轻，没经验，能当好这个团长吗？"也有人说，"是不是因为他爱人是主演？"当然也有人说，"田连元年轻有为，局里这个人选得不错。"

田连元自己也没信心，领导找他谈话时，动员他，他就推辞说，"我当不了这个团长，人微言轻，我怕那些老同志不听我的。"

局领导说，"你放心，局里支持你，团里的同志也会支持你，你就大胆地干，干中学嘛！"

有领导的鼓励和支持，田连元心想，"那就试试吧。"

于是田连元就接过这个团长的职位，不懂的地方，就多向老同志请教。

有人说，能在剧团当团长，就能在大企业当厂长，在部队里当军长。为什么？因为剧团虽然人不多，但个个都把自己当成腕儿，都是老戏骨，复杂，多变，真假难辨。有资历的当团长，人家可能听你的，没资历的谁把你放在眼里啊。

不过田连元觉得，剧团也不像人们说的那么复杂，也是这个世界的组成部分，除了业务不同，其他没什么两样。只要自己以诚相待，出以公心，公平公正，就一定能得到大家的认可。

所以，当上团长的田连元受了委屈，就忍一忍；碰上误会，就耐心解释解释；有了利益，就让给别人；碰上困难，就自己先冲上去。得了稿费，不往自己腰包里揣，拿到团里，给大家买象棋、羽毛球、乒乓球，让大家在演出之余，也娱乐娱乐。于是大家都挺认可田连元的，说这个小团长当得还不错，挺有集体意识。

可是，田连元从沈阳回来后，"文化大革命"也随之而来了。各单位都开始抓"党内走资本主义路线的当权派"，田连元虽不是党员，但是团长，一团之长，你不是走资派谁是？

于是在曲艺团里，田连元的大字报便上了墙，内容是执行资产阶级文艺黑线。团里所有演出的段子，只要被认为是大毒草，田连元都脱离不了干系，自然就被夺了权，靠边站了。

田连元有些想不通，点儿这么背，才当团长就成了走资派了。再说，曲艺团从成立以来，大家都这么干的，上面也是这么抓的，怎么到了自己，就走资本主义路线了？什么是资本主义？

接着上级派来了工作组，对田连元进行审查。审查的结果，田连元这个当权派除了"执行资产阶级文艺黑线"之外，历史、出身都没问题。于是就召开全团大会，宣布田连元解放了，并吸收进曲艺团的"文革小组"。

那时候，不知怎么就刮起了大串联的风，全国的红卫兵、造反派，都到北京去，叫大串联，美其名曰"学习革命造反经验"。而且坐车、吃饭、住宿都不用花钱，有人接待。运气好的话，还能赶上毛主席在天安门广场接见。于是各地造反派都千方百计涌进北京。

这样一来，本溪的几个文艺团体也选出群众代表，组成一个进京学习的团队，田连元和曲艺团的几位同志也入选其中。

他们乘火车来到北京，此刻的北京让人热血沸腾，大街上到处是戴着袖标的红卫兵，他们高举着红旗，列着队，喊着震人心魄的口号。田连元他们找到接待站，拿出介绍信，被安排住在文化部副部长徐平羽的办公室，徐平羽此时已不知去向，也有人说徐部长被关进了监狱。

田连元他们进到部长办公室，屋里乱糟糟的，报纸材料丢了一地，一片狼藉。勉强住了两天，就又被安排到了地质部文工团宿舍。既然是学习嘛，就要深入了解首都的"文化大革命"是如何开展的。于是他们几个人就到北大、清华等院校抄大字报。北大当时是造反派的革命圣地，被毛主席称赞的"第一张马列主义大字报"就是北大的聂元梓写的，这个人已经闻名全国。

让田连元惊异的是，无论北大还是清华，这里的学生胆子真大，无所畏惧，谁的大字报都敢写，什么帽子都敢扣。其中还有一些"文革"小组领导的讲话，大家兴致勃勃地抄着，一切都是那么新鲜。

他们还参加了北京工人体育场召开的批判大会，批判的是"彭罗陆杨"，这四个人是彭德怀、罗瑞卿、陆定一、杨尚昆。这四个人怎么被捆绑到了一起，谁也不清楚。田连元有些不解，这些中央的大领导，怎么忽然一下子就成了反革命修正主义分子了呢？

批判会上，有人提出派工作组是资产阶级反动路线，是压制群众运动。接着就听有人喊，"现场就有人是工作组的，这样的人立即滚出去！"别说，果然有人就开始离开会场。田连元吓一跳，自己也是工作组的成员啊，走还是不走？想想还是没走，反正自己不说也没人知道，于是便一直坐到大会结束。

不过，这事还是让田连元心里犯嘀咕，没当团长的时候，动员我当团长，结果成了走资本主义道路的当权派了。好不容易被解放了，又让我进工作组，现在这工作组又是压制群众运动的工具，罪大恶极了。自己怎么这么倒霉，步步没踩到好点子上。我没想当团长啊，我没想进工作组啊，是你们信任我、动员我，怎么又错了呢？

田连元怎么也想不明白。

这天，田连元他们接到通知，说是周总理、江青等中央领导要在人民大会堂接见全国各地赴京的文艺界造反派，还发了入场券。给本溪团发票的是市图书馆的一位同志，他对田连元说，"给你楼下主会场的票，看领导看得清楚一些。我们图书馆的一位女同志也和你坐一起。"

田连元看了一下票，是前面十几排的，心想这么好的座位给我了，刚想说谢谢，图书馆的同志又小声对田连元说，"我们图书馆的这位女同志，就麻烦你照顾一下，她精神不太好，就怕她看见领导一激动，可能会犯病。如果真的犯病了，你得赶紧把她稳住。"

田连元心想，原来你把这么好的座位让给我，是别有用心啊。想拒绝已经来不及了，便只好在心里默念，她可千万别犯病啊。开会前，田连元便不时和她聊聊天，分散一下她的注意力，同时也观察一下她有没有什么异常情况。

这时，灯光点亮，音乐响起，中央领导人依次走上主席台，周总理、江青、叶剑英、陈毅、陈伯达……江青穿一身合体的军装，高腰皮靴，戴眼镜，满脸笑容，跟大家招手。会议由周总理主持，江青讲话，讲话中，江青还点了赵燕侠、齐燕铭等人的名。田连元心想，这些被点名的人肯定完了。会议结束时，周总理站在台前，指挥大家高唱《大海航行靠舵手》。周总理在舞台上神采奕奕的形象，给田连元留下深刻印象。

谢天谢地，田连元庆幸身边的那位女同志一切正常。

在北京串联的日期到了，田连元和几位同志就一起回到了本溪。

可是，一回到本溪，田连元便发觉情况有些不对，他办公桌的抽屉被人拿封条给封了。团里也发生了变化，群众组织成立了，而且团里还有一个组织跟社会上一个大的群众组织联系在一起，起名叫"保卫毛主席红卫兵尖兵战斗队"，这个战斗队直接把矛头指向了田连元。

本来是上北京学习如何革命的，哪想刚回来就被别人革了命。

"尖兵战斗队"的队长也是说评书的，原本是一位挺老实的人，见人三分笑，对田连元也是客客气气，田团长长、田团长短地叫着。谁也想不到他会摇身一变，成为一个吆五喝六、风风火火、斗志昂扬的造反派队长了，真是"等闲变却故人心，却道故人心易变"啊。

这位队长时刻关注"文革"的动向，当他听说"文革小组"是资产阶级反动路线的代表时，立即带人把田连元办公室的抽屉给封上了，说里面有整群众的黑材料。田连元一回来，就宣布让田连元交代问题，向群众作检查，开他的批斗会。

"尖兵战斗队"里的一个老同志，偷偷地把这个消息透给了田连元，说，"田团长，你要有点精神准备，他们研究了，明天要在本溪曲艺团站前曲艺厅批斗你和书记。如果检查不深刻，态度不老实，就要给你们戴高帽，让你们在家附近走几圈，羞辱你们。"

站前的那个能容纳400多人的曲艺厅，就是田连元找市长批了500元钱修起来的。

听到这个消息，田连元如雷轰顶。

要知道，这个时候，辽宁电台还在播着他的《欧阳海之歌》呢，每天都有无数的人在听这部书。他住的那个楼里就有很多孩子，每次看见田连元下班回来，就冲他喊："田连元，田连元，《欧阳海之歌》。"如果戴个纸糊的高帽子，在那儿走上几圈，还有何面目见"江东父老"？

前段时间，因为睡眠不好，田连元常到药店买点安眠药。这安眠药可不是随便卖的，好在田连元常去买，所以药店的售货员认识他，便卖他一瓶。

田连元家的前面是座小山，叫"头道岗子"，头道岗子过去，是二道岗子。

二道岗子是山地，没人家。田连元想，如果真给我戴上纸帽子，让我在家周围游一圈，那我就带着这瓶安眠药，再带上一水壶的水，到二道岗子，了此一生算了。

家人也知道了田连元要被批斗游街的事，弟弟妹妹愤愤不平，刘彩琴急得直流泪。妈妈劝田连元要忍，别把事儿弄大，免得带来更大的祸患。老母亲赶紧上街给田连元买了一件棉大衣，说是怕游街挨冻，就是被打了，疼得也会差些。

第二天，造反派果然来了通知，说，"田连元，明天上午你到站前曲艺厅去，向革命群众作全面检查，包括你是如何执行资产阶级反动路线和文艺黑线的罪行，必须把你的问题交代清楚。否则，革命群众是不会答应的！"

田连元只好遵命，找出稿纸，拿出钢笔，想想，写写，写写，想想，一共写了四十多页检查。

1月10日下午，田连元忐忐忑忑来到了站前曲艺厅，等待命运的安排。

此时的曲艺厅里，已经满满地坐了一屋子人，"尖兵队长"不但带着自己的队伍，还从社会上拉来一支战斗队以壮声势。"尖兵队长"端坐在主席台上，喊了一声"把田连元带上来！"接着田连元被带上台，曲艺团的书记也被拉了上来，他是来陪斗的，主席台旁边放着两个糊好的纸帽子。

"尖兵队长"厉声对喝道，"看见没？这是给你们两个准备的。"他又拎起那个比较大的纸帽子对田连元说，"这个是你的，你脑袋大。你们要是检查不好，就给你们戴上游街！"

什么叫检查好，什么叫检查不好，还不是你说了算？此刻的田连元只能在心里想。

于是，田连元开始作检查。他文笔好，使劲地给自己上纲上线，整整检查了三个小时。这三个小时中，会场鸦雀无声。"尖兵队长"拉来的那个战斗队，也不了解曲艺团的情况，还认为田连元的检查很深刻。

"尖兵队长"一看形势对他不利，便站起来煽动群众，说，"你们知道吗？这曲艺团是谁的天下？田连元自己是团长，他老婆是主要演员，小姨子是青年演员中的主要演员，他妹妹是学员演员中的主要演员，出名得利的事，都是他们家的，还有别人的事吗？我们大家如此受欺压，怎么行呢？"

田连元的妹妹田素珍虽然进了曲艺团，但此时还算是学员演员，刘彩琴的妹妹刘凤琴是曲艺团的青年演员，人家也是多才多艺，早就被曲艺团录取的，和田连元无关。而且，从旧社会过来的艺人，大都是以家庭为单位，父亲搞曲艺，一家人都搞曲艺，国家成立剧团，到处网罗人才，也都是一家一家地被吸收进来，这很正常，不存在什么走后门的事。

可是，经"尖兵队长"这么一煽动，台下几个事先串通好的人，也跟着喊起来，"田连元想蒙混过关，坚决不答应！""群众的眼睛是雪亮的！"

会场躁动起来。

田连元明白，他们的目的就是要罢他的官，给他戴上这顶高帽子。

果然，"尖兵队长"安排的人站出来，振臂高呼："给田连元戴上高帽子，大家同意吗？"

"尖兵队长"的战斗队和他拉来的战斗队，立刻都跟着喊起来："同意！给他戴上，给他戴上！"于是，就有人拿着高帽子要给田连元戴。

但是，会场里，也有别的战斗队的人，这些人也站起来喊，"不同意！中央有指示，戴高帽子是武斗！要文斗不要武斗！"

"尖兵队长"想把这些人压住，声嘶力竭地喊道："戴高帽子是文斗，不是武斗！"

会场一片混乱。

当时，田连元的妹妹田素珍和小姨子刘凤琴也都在会场上。刘凤琴平时像个大家闺秀，这时不知哪来的勇气，跳到台上和他们辩论。

这时台下有人高喊，"她是田连元的小姨子，把帽子给她戴上！"

听到这一声喊，刘凤琴怒不可遏，三把两把就把纸帽子给撕了。

会场大乱，一些人冲上主席台要打刘凤琴，而另一些人则冲上台来保护刘凤琴和田连元。双方动起手来，打斗中难免有人受伤。

这场"高帽事件"被称为本溪"文革"史上有名的"110武斗事件"。

会场上，造反派没占到便宜，便闹到了文化局，迫于造反派的压力，田连元被免去了本溪市曲艺团团长的职务。

　　从此，田连元赋闲在家，成了"文革"中的逍遥派，班也不用上了，每天看看书，还在邻居那儿学会了打麻将，没事偷偷麻两圈。

　　做逍遥派，其实也不容易。那时候凡写大字报，为了显示罪大恶极、人神共愤，都找很多人共同签名。

　　团里有一个同志，叫吴贵信，是个右派，人非常有才华。他创作的鼓词、二人转，可以说在辽宁省首屈一指。田连元做业务团长的时候，对他非常重视，有人曾对田连元说，"吴贵信是右派，他写的东西你要慎重。"田连元反驳道："右派怎么了？他是个人才，写得好，就可以用。"

　　"文革"中有人给吴贵信写大字报，团里许多人都在大字报的后面签了名，有人找到田连元，被田连元拒绝了。他认为，吴贵信写的东西是自己审查同意的，现在翻脸不认账，批判人家，那还是人吗？

　　吴贵信这个人很有性格，对"文革"中写他大字报的人和签名的人，他都记在心里。"文革"后，对这些人，他理都不理，嫉恶如仇。而见到田连元则拱手相谢。田连元曾劝他："算了吧，都过去的事情了，他们也是无奈。"吴贵信不肯，他固执地说，"无奈？谁不无奈？你不就没签吗？"

　　的确如此，田连元对那些无稽之谈的大字报，非常反感。但是那是运动，谁敢公开说个"不"字？但是，如果你们来找我签名，对不起，坚决不签。

2.别有人间行路难——差点成了反革命

　　"文革"中，形势总是变幻莫测。

　　一会儿说"打倒走资本主义道路的当权派"，于是各单位的领导被罢官的罢官，被批斗的批斗。一会儿又说要"抓革命，促生产"，原来的当权派如果没有什么大问题，要解放出来，让他们去抓生产。

　　曲艺团的造反派实在找不出田连元什么问题，于是只好再次解放了他，让他回到了团里。

　　这时候，驻辽宁的部队出了两个先进人物，一个是沈阳军区的叫周祥，讲述"毛主席丰功伟绩"，把中国共产党的斗争历史从头到尾讲述一遍，录音有六到七个小时，拿到全省各地放给广大群众听，效果非常好。

　　另一个是辽阳炮校叫侯克的军人，也讲"毛主席丰功伟绩"，不光讲革命历史斗争题材，还一直讲到"文化大革命"。

　　因为他们讲得都很好，所以全省各地都组织群众收听。

　　在本溪支左的军分区司令丁有年大校，是个老红军，他听了之后突发奇想，问道："本溪有没有能宣讲毛主席丰功伟绩的人？"有人向他推荐说，"有啊，本溪曲艺团的青年演员田连元就可以说。"

　　丁司令听了很高兴，就派人把田连元请到他办公室，问田连元："周祥和侯克宣讲的毛主席丰功伟绩，你听过吗？"

　　田连元说："听过。"

　　"如果你也按照那种方式讲，能不能行啊？"

　　田连元没有丝毫犹豫，说："行啊。"

　　支左的司令员亲自找他，让他讲述"毛主席丰功伟绩"，这是对他最大的信任！看到没，我不是走资派，我是革命派！田连元有信心，不但能讲好，还能超过他们！因为他是评书演员。他想，讲毛主席丰功伟绩虽然不是评书，但要是把评书的元素加进去，一定会吸引观众。

　　接受任务之后，田连元就到市图书馆借来一套《星火燎原》，又找来一套《红旗飘飘》，再找来一些革命回忆录。他一口气把这些材料读完，列出了大事年表，再把毛主席三十二首诗词背景加以考证贯穿其中。田连元胸有成竹，他认为效果一定会非常之好。

　　准备妥当之后，便开始试讲。第一次试讲是在本溪县中层干部学习班上，田连元用了两个小时，讲了第一段《井冈山斗争》。"文革"中，人民群众的业余文化生活非常贫乏，除了样板戏，其他一无所有。所以田连元的"毛主席丰功伟绩"讲座，又一次引起轰动，其效果远超周祥和侯克。

　　丁司令员很高兴，他对田连元说："你好好准备，有机会派你到韶山去，沿着革命斗争这条路走到天安门，还可以到全国各地去宣讲。"

田连元受宠若惊，这可是一项重大的历史任务啊。于是田连元抓紧准备，一共八个小时，分成四个部分，每部分两小时。第一段是《井冈山斗争》，第二段是《长征》，第三段是《抗日战争》，第四段是《解放战争》，总的标题是《从井冈山到天安门》。

这个大讲座开讲后，本溪市几乎所有的学校、厂矿、机关事业单位、各级革命委员会，纷纷邀请田连元，桌上的介绍信，一摞一摞的。每天早晨，田连元只要来到曲艺团，门口保证都停着一辆吉普车，接田连元去讲"毛主席丰功伟绩"。

那时的讲座没有报酬，但纪念品少不了。每次讲完人家都热情地拿出红宝书、毛主席像章，赠送给田连元。所以，那阵子，毛主席像章和红宝书，田连元收了不少。

就这样，田连元马不停蹄地讲到了 1968 年，突然就不让讲了。因为本溪成立"战校"，文艺界要进行"斗批改"。本溪文艺界的人几乎一网打尽，全都进了"战校"。

所谓"战校"，其实就是"五七"干校。这个学校的来历，源自当年毛主席在 1966 年 5 月 7 日写的一封信。在这封信中，毛主席要求全国各行业都要办成"一个大学校"，在这个大学校里，要"学政治、学军事、学文化，又能从事农副业生产，又能办一些中小工厂，生产自己需要的若干产品和国家等价交换的产品……又能从事群众工作，参加工厂、农村的社会主义教育运动……又要随时参加批判资产阶级的文化革命斗争"。初衷是好的，但是后来演变成了领导干部下放劳动，"惩前毖后，治病救人"的场所，即所谓的"牛棚"。

在本溪，"五七干校"被命名为"五七战校"，因为这个名字更具战斗性、斗争性。

田连元被分配在"五七战校"三大队，刘彩琴也进了战校。战校里男的住男宿舍，女的住女宿舍，女同志即便有吃奶孩子也得抱着孩子进战校。田连元小儿子田昱当时还未满十个月，无奈之下，刘彩琴只好抱着田昱住进战校。

到了战校之后，一切都从头开始。原先在各自单位所进行的斗批改全都不算数，只有在战校里的工宣队、军宣队双重领导下的斗批改，才算是真正的斗批改。

经过一番审查、外调，田连元又一次得到解放。

田连元前前后后算一下，从"文革"开始，他就被打倒，然后被解放，再被打倒，再被解放。如果算战校这次，已经是第三次了，可谓三起三落。他心想，但愿这次解放是最后一次解放吧。

解放后的田连元被安排在斗批改小组，写写材料，打打零杂。表面上看，似乎没什么问题了，但不一定什么时候风云突变，就又成为敌对分子了。所以，在战校这段时间，大家每天都提心吊胆，工宣队和军宣队也经常敲打他们，"要时刻不忘阶级斗争！""阶级斗争要紧抓不放！""文艺界里是有大鲨鱼的，文艺界里的大鲨鱼隐藏得很深！"

每天听着这些话，谁能不胆战心惊？不知道哪一天，不知道哪个人，就成了阶级敌人。特别是那些历史有污点的人，比如在旧社会参加过三青团的，参加过国民党的，伪满时干过什么的，这些人就更是提心吊胆、风声鹤唳了。因为战校把这些人列为重点对象，对他们的历史进行全面审查，甚至对他们的祖宗三代都要彻底挖上一遍。

这回，田连元倒没怎么担心，自己的历史是清白的，旧社会时自己年纪还小，就是一个说书的穷人，祖宗三代都如此。至于文艺界的大鲨鱼，无论如何也派不到自己头上吧。论职务，就是一个小小的曲艺团团长；论业务，刚刚有点起色，还排不到全国水平。所以，无论如何大鲨鱼和自己无关。

一天，省革委会来了两个人，通过战校的领导，找到田连元，开门见山便问："听说你讲过毛主席的丰功伟绩？"

田连元莫名其妙，如实回答说："对。"

他们又问："你根据什么讲的？"

田连元回答："根据周祥的讲演稿，再加上回忆录，《星火燎原》《红旗飘飘》，等等。"

"你有录音吗？"

"没有。"

"有讲稿吗？"

"也没有。"

两人互相看了一眼，不相信，"没有？那你怎么能记住那么多呢？"

田连元说："我是说评书的，说评书的都这样，讲究的就是用脑子记。"

听了田连元的话，两人对了一下眼神，对田连元说："好吧。"说完，两个人就走了。

过后，大家纷纷议论，有人说，"小田，这回你行了，看来省革委会要请你，让你到全省去宣讲。"

田连元也纳闷，这两个人看上去挺严肃，不像请他去宣讲的样子，也不知是福是祸，田连元心里不免有些忐忑。

半个多月过去了，没有啥回音。田连元也不敢问，也没人跟他说。有一天中午在食堂吃饭，田连元碰上工宣队的一位领导，实在忍不住，便上前问道："前段时间省革委会来的两个人，问我讲毛主席丰功伟绩的事，您知道吗？"

工宣队的领导说："啊，知道，没事儿，都过去了。"

田连元问："都过去了？到底什么事儿啊？"

领导说："说了你不要有什么负担。是这样的，不是有周祥、侯克讲毛主席丰功伟绩嘛，省革委会有个领导知道后很生气，说毛主席丰功伟绩怎么可能几个小时就讲完呢？这是我们路线斗争觉悟不高的表现，他一面向中央请罪，一面把周祥和侯克抓了起来。后来听说本溪也有个讲毛主席丰功伟绩的，就派人来调查。那两个人见你没录音，也没文字稿，无据可查。而且又是革委会主任丁有年司令的指示，你的个人背景是贫下中农，没历史问题，这事就不了了之了。"

田连元吓出了一身冷汗，"我的天哪！"他想，"今后可得接受教训，再也不敢乱讲了，这是祸从口出啊！"

田连元接受了这次教训，以后连说话都小心翼翼了。

但是，战校阶级斗争的弦绷得还是很紧，尤其工宣队里那些从工厂来的工人师傅，他们怀着对党的一片忠诚，把眼前的这些文艺工作者，都视为阶级斗争的对象。他们认为虽然不能说战校这些人都是坏人，但是坏人肯定在这些人中。所以，他们每天都用异样的眼光盯着战校这些人。

有一天，正熟睡的田连元被一阵紧急集合的哨声惊醒，急忙爬起来，和大家一起，跑到战校门口毛主席语录牌下站好。这是战校大门口最显眼的大批判栏，上面贴着很多大字报，还有很多漫画。栏头处是毛主席语录，借着灯光，田连元看到毛主席语录下半截被撕掉了一大块。

工宣队队长愤怒中夹杂着惊恐："树欲静而风不止，阶级斗争就摆在我们面前，阶级敌人从来没有停止过他们的行动。你们看，大批判栏的毛主席语录竟然被撕去一截，这是丧心病狂的阶级敌人公然向我们挑战！谁干的？谁干的？各个连队回去集中检查举报，一定要查个水落石出！"

田连元也吓一跳，心想，"这人准是不想活了，胆子这么大！"

这一晚上，觉就别睡了，各连队开始对照检查：晚上谁回家了，谁请假了，谁半夜外出了……查了个人人担心，个个起疑。

可是，没过两天，大批判栏的毛主席语录又被撕掉一块。工宣队长气急败坏了，在大会上暴跳如雷："看见没有，阶级敌人在向我们叫板、宣战！这一仗打不赢，我们决不收兵！"

可两天后，工宣队再也不提不念了，田连元他们也不用开会相互检举揭发了。

田连元纳闷，怎么回事啊？来时汹汹，去时无声。过了半个多月，田连元无意中碰到工宣队的王师傅，这人挺朴实，对人还算挺客气。田连元就问他："王师傅，案子破了没有？怎么没动静了呢？"

王师傅笑笑说："早就过去了，你猜咋的，语录不是糨糊贴的吗？食堂养的猪饿了，半夜出来给拱的……"

原来如此。田连元心想，"唉，这事给闹的，好在没冤枉着谁。"

3.雪拥蓝关马不前——落户梨树沟

这时，又有新的政策发下来了，根据中央的"文艺六条"规定，凡"集体所有制剧团如果不能演出样板戏，就要安排到新建厂矿企事业单位，或者到农村接受贫下中农再教育"。

这条政策很明确，演样板戏的留下，不演样板戏的下去。很显然，样板戏只有京剧和舞剧，没有曲艺呀。更何况，田连元所在的曲艺团就是集体所有制。怎么办？没合计，下去。至于下到哪，就是军宣队和工宣队乃至市革委会说了算了。不过大家还抱一线希望，因为文件说了，"安排到新建厂矿企事业单位"，或"到农村接受贫下中农再教育"。本溪的"厂矿企事业单位"那么多，总不至于让我们下乡到农村去吧？

大家都在等待，等待上天垂怜，等待着命运的安排，是工厂？还是农村？谁也不清楚。但大家清楚的是，工厂和农村，命运将会大不相同。

命运终于揭晓了，本溪市曲艺团每一个团员，一个不落地都要下放到农村，接受贫下中农再教育。而且这个农村，不是什么近郊，而是本溪最偏远、交通最不方便、生活最贫穷的桓仁县。带户口，率全家，永远扎根在农村。

田连元不理解，他找到工宣队，质问："文件中不是说主要分配到新建厂矿企事业单位去吗？然后才是'或'呀，'或'的意思是工厂安排不了才安排到农村。为什么不按照'主要'的这条，而要按照'或'的那条呢？"

工宣队的回答冠冕堂皇："这是市革委会领导的决定，让你们曲艺团的人到桓仁去，是为了加强农村的文化力量，这是对你们的信任，也是你们接受贫下中农再教育，改造世界观的最好的机会。"

很多时候，即便是最坏的决定也有上、中、下的多种选择，下放曲艺团，可以到工厂，可以到农村，他们选择了农村；可以到近郊，可以到偏远，他们选择了偏远；可以条件好些，可以条件差些，他们选择了最差。就是说，他们把最差条件中的最差，安排给了这些肩不能担担、手不能提篮的文艺工作者。

争辩是没有用的，而且你也不敢。想不通，也得服从。

很快，打前站的人从桓仁回来了，本溪市曲艺团的全体演职人员已经被安置完毕，只等人员到位了。

工宣队长景师傅亲自找田连元谈话，说："这次下乡，对曲艺团的文艺工作者来说，是一次脱胎换骨，在灵魂深处闹革命的大好时机。"

田连元心想，这么好的机会为什么你不去？

景师傅换了种语气，关切地说："小田啊，你们这次到桓仁县下乡，要踏踏实实地接受贫下中农再教育，本来我们研究想把你们家留下来，但又怕别的同志跟你们攀比，留下你，别人也不下了。这样，你们先下去，然后根据工作需要再把你们调回来。你要经常给战校的领导写写思想汇报，汇报你们下乡的体会。"

这话听起来，好像在宽慰田连元，意思好像是告诉田连元，你下去是权宜之计，随时都可能因工作需要被调回来。但是田连元并不相信他的话，田连元明白，回来是不可能的，这是让他带头下乡。这些人只要需要，什么话都能说出来，而且并不对自己的话负责。他们只负责安排你下乡，只要你下去了，至于能否回来，就不是他们要负责的事了。

田连元无奈地答道，"好吧，下去一定好好干！"

明知是命运捉弄，但你却无可奈何。

这一天，是田连元和曲艺团同志一生难忘的日子，也是他们人生的一个重大的转折。从这一天开始，他们从一个自豪的新中国文艺工作者，变为一个中国偏远农村的农民了；从这一天开始，那个活跃在工厂、矿区、街道，给无数人带来欢乐的曲艺团也将不复存在了。

这天是 1969 年 4 月 5 日，载有田连元他们这些远赴桓仁的搬家车队，在战校门前排成一列，那些尚留在"五七战校"的其他剧团的同志站在门口列队，热烈欢送这些昔日战友。也许此刻他们还在庆幸，因为下乡的是曲艺团而不是自己，尽管留在"战校"里的日子也并不好过。

出发前，军代表发表了一番慷慨激昂的演讲，仿佛田连元他们不是下乡，而是奔赴新的战场，迎接一个光荣而伟大的任务。

他们甚至言之凿凿地对曲艺团的同志说："你们就放心地到桓仁去吧，我们把你们的生活已经安排得妥妥当当，锅里有米，灶下有柴。贫下中农早已做好了准备，敲锣打鼓，打着彩旗，列着队欢迎你们！……"

为了追求这次下乡的声势，军宣队和工宣队头天就把车安排到每户人家，要求必须把车装好，然后拉到战校。甚至家属也都不能在自己家里住了，因为从那一刻起，房子已经不是你的了，他们已经把钥匙收走。田连元和曲艺团的所有演职员，包括他们的家属，当天晚上都住在战校里。

母亲心里惶惶不安，对田连元说："长庚啊，咱能不能不下？"田连元苦笑着对母亲说："妈，这怎么行呢？咱是组织上的人，和过去流浪艺人不一样了，得听组织的。"

那时候，每家每户都有户口和粮食关系。安排你下乡，就把你的户口和粮食关系起出来。如果你硬赖在市里不走，那你就没有了户口，没有了粮食，没有了工资，就只能饿死。所以，对曲艺团的每个人来说，别无选择。

其实，听说田连元他们要下放到桓仁，本溪市郊区有一个条件挺好的公社，那里的领导对田连元说，"你到我们公社来吧，我们给你落户。"田连元也想争取一下，可是军宣队一下就给否了。想想也是，市里的一次大规模的集体安排，怎能容许你有个人的选择呢？

为了帮助搬家，已是下乡知青的弟弟田长连，也从建昌赶了回来。他是去年，也就是1968年的第一批下乡知青。

田连元家里真的挺寒酸，七口之家，把所有的破烂都装上车，也就刚刚一车而已，甚至还包括煤和黄土。有人说，黄土有什么用？当时的本溪，烧煤的时候要掺上黄土才行，一个起到黏结作用，一个也是节省煤。所以，黄土也是必不可少的生活必需品。

车队终于出发了，四月的天气还有些阴冷，不时落下雪花和雨滴。

车队行驶在路上的时候，田连元看到路上有抬着花圈到烈士陵园祭扫烈士墓的学生。他忽然想起，今天是清明节呀！这些天，田连元心情压抑，全家忙乱，把这个日子忘记了。他想起了已经去世的父亲，在心里念叨着，父亲啊，你的愿望就是要我说好评书，调到本溪曲艺团，你看到我走上说书的舞台，这是你最大的安慰。可是现在，我不能不告诉你，这一切都结束了，从此我就到一个从未去过的偏远农村，当一辈子农民了。不过你放心，我不会放弃说书，只要有机会，我还要重登舞台。

车队离开本溪，向桓仁一路驶去。

　　桓仁虽然从行政区划上隶属本溪，但从地理位置上和本溪差别很大，在文化上也有一些差异。本溪属太子河流域，太子河由北向南汇入辽河而入渤海。桓仁属浑江流域，由北向东南流入鸭绿江而入黄海。在本溪县和桓仁县的交界处，有两座大山挡住本溪和桓仁的往来。尤其八盘岭，盘山公路曲折蜿蜒，从上岭到下山，汽车要行驶两个小时。而此时天上又下起了小雪，车上的人，又饥又寒，小儿子田昱一路上不停哭闹，夫人刘彩琴急得流泪，母亲无奈只能叹气。

　　车行一天才到达桓仁境内的铧尖子，晚上就住在那儿。第二天一早，车队继续前行。拉田连元家的是本溪市交通运输队的车。好不容易，车到了桓仁，这是县城，没有停；继续开，车到了普乐堡，这是公社所在地，车还是没有停；车继续向深山沟里开，爬过了好几道岭，蹚过了好几道河，路越走越窄，人越走越少，心越走越凉。

　　终于到了目的地——桓仁县普乐堡公社胜利大队梨树沟小队，这里距县城四十多公里，距大队还有八公里。

　　田连元被安置在沟口的第一户人家。和田连元一起下放的还有一位曲艺团的老先生，叫李起亭，他也是一个评书演员，他的车还要往沟里走。

　　眼前就是田连元的家了。

　　这是一个坐北朝南的三间草房，西边的一间腾出来给田连元一家。屋里有一铺炕，窗子上没有窗户纸，靠窗有棵大梨树，风吹来梨树哗哗作响。沟里没有电，只能点油灯。田连元苦笑着，当年陶渊明"守拙归园田"也不是这样啊，人家至少是"方宅十余亩，草屋八九间"吧，可自己呢，只有这一间风雨飘摇的小屋啊。

　　田连元的心彻底凉了，他不明白为什么要把他们下放到这个地方，这和古时候的犯人流放有什么区别呢？

　　说好的灶里有柴，柴呢？说好的锅里有米，米呢？说好的贫下中农列队欢迎，人呢？田连元有一种上当受骗的感觉。

　　田连元不知哪来的勇气，他豁出去了，他对家人说，不卸车，坚决不卸车，或者给我换地方，否则回本溪！

　　司机是天津人，一路上和田连元唠了很多天津老家的事，他很同情田连元。

他对田连元说，"这地方没法待。你要是决定不卸，我就拉你们回去。"

和田连元一起来的那位李起亭先生，车一到地儿就把东西卸了下来，司机马上开车走了。当他听说田连元不肯卸车，还要拉回去，后悔得直拍大腿。

一连三天，田连元坚持着，就是不卸车。晚上，田连元还领着家人，先学了一段毛主席语录："我们共产党人好比种子……"可是学归学，田连元还是不肯在这里生根发芽。他们一家人坐下来反复商量，权衡利弊，下一步怎么办？

可是，商量来商量去，也没有商量出一个结果来。户口粮食关系都在兜里，如果回去，往哪落？哪个单位敢接收你？落不上户口，就等于没工作、没饭吃。不服从安排，就是反对上山下乡的政策，给你扣个帽子，反革命、坏分子，够你吃一壶的了。

听说田连元坚决不卸车，还想把家拉回去，军宣队的同志立刻赶过来，在田连元家那昏暗的油灯下，做起了田连元的思想工作，话里软中带硬："老田啊，你让我很失望啊！你是我们依靠的人，是我们相信的人，本想你能起到一个带头的作用，没想到你竟然做出这样的举动，造成很坏的影响。你想，如果你想回去，别人怎么办？因为你一个人，动摇了军心，这个责任你担得起吗？竟然三天了都不卸车？这地方不好吗？你怕艰苦吗？看看这里的贫下中农，他们祖祖辈辈生活在这里，哪个不幸福？哪个不快乐？哪个要离开？你要克服你的小资产阶级思想，不能图城市里的安逸生活。看来，中央的决定是正确的，就应该让你们到艰苦的地方，接受贫下中农的再教育，好好改造自己的思想。"

军宣队长越说越激动，小屋虽然很黑，但油灯下的田连元依然能看见他那双威严的眼神，"田连元，你要知道，你脚下的这块土地，是革命先烈抛头颅、洒热血换来的。可是你对它却没有一点感情，你对得起那些革命烈士吗？"

一番话，说得田连元哑口无言。他的心理防线一点一点地崩溃了，他对军宣队长说，"好吧，我卸车。"

一年以后田连元又见到这位满嘴革命、境界高尚的军宣队长，他大概忘了当时在梨树沟油灯下和田连元说的那番话了，竟对田连元诉说起心中的烦恼来。他说他马上就要转业了，可是到哪儿去呢？现在有三个地方可供他选择，广州、沈阳、北京。他一时拿不定主意，广州太热，北京熟人太少，最好是留在沈阳，战友多，将来办事也方便，也不知道最后能否如愿。

田连元心想，你怎么不去梨树沟呢？怎么不去接受贫下中农的再教育呢？怎么不"哪里艰苦哪里去呢"？你教育我的那些话怎么都忘了？难道你不知道祖国的每一块土地，都是革命先烈抛头颅、洒热血换来的吗？你怎么还挑来挑去呢？田连元最讨厌这种口是心非的人。

说来也巧，田连元住的那家房东也姓田，天下田姓，五百年前是一家，一笔写不出两个田字。这位田大爷很热情，见田连元愁眉不展，十分不解，便上前跟田连元说，"我也姓田，500年前是一家啊。卸车吧，咱这儿还不错，地里有吃的，山上有烧的，饿不着你们。"

田大爷的两个孩子也跟田连元说，"是啊，咱这儿可好了，春天有山菜，秋天山里有蘑菇、葡萄，可好逮了！"桓仁管吃叫逮，好逮就是好吃。

田连元向他们笑笑，表示感谢。大家七手八脚，把车卸了。

司机长出一口气，马上就把车开走了。田连元望着车的背影，问自己，难道从今往后，我就要在这山沟里了此一生？

晚上，田大爷过来看田连元，田大爷的热情，让田连元把他当成了亲人，心想，今后生活还得靠田大爷啊。

田连元翻出茶叶，沏了壶茶水，给田大爷倒了一杯，"田大爷，您尝尝，这茶叶怎么样？"

田大爷端过茶杯来看了看，问田连元："这是什么？"

田连元说："这是茶，好茶，您尝尝。"

田大爷端过茶杯又看了看，尝了一口，眉头一皱，"哎哟，好苦！不好喝，不好喝。"

田连元不解，问田大爷，"您平时不喝茶吗？"

田大爷摇摇头，说："谁喝那破玩意儿。在家渴了，缸里有水。要是在外头，泉眼到处都是，咕嘟几口就完了。"

老人问起田连元，"你们从本溪来的，远吗？"

田连元说："远，到这儿，汽车跑两天。"

田连元问，"您都去过哪，大爷？"

老人说："我就这儿生这儿长的，60多岁了，没离开过这山沟。听说本溪有火车，你们都经常坐吧？那东西是不是老大劲了？"

田连元不免心生感慨。老人家60多岁，没见过火车，没喝过茶，反倒生活得挺满足，没有一点儿怨言。自己之所以不愿卸车，还想回城市，不就是见过世面，走的地方多了，怕艰苦。人哪，知道的事越多，期望值越高，心里的要求就会越高，心里的矛盾就会越多。田大爷在山里生活了这么多年，没见过世面，也不和任何人攀比，不也活得挺快乐吗？

他劝自己，别烦恼了，还是想想明天的事儿吧。

4.此心安处是吾乡——天无绝人之路

田连元从一个流浪艺人，到有组织的文艺工作者，如今又成了一个农民，生活可谓瞬息万变。生产队给他分了自留地，从此就可以"三分土地一头牛，老婆孩子热炕头"，过起"采菊东篱下，悠然见南山"的田园生活了。

可是事实并非如此。

田连元从小在城市长大，舞台才是他的生存之地。离开舞台，他什么也不会。正像当时批判的那样，他"肩不能担担，手不能提篮"，没有农村生活的经验，根本不会种地。

但是，人走到这一步了，就得忘记自己，忘记舞台。什么评书，什么掌声，什么中央电台录节目，这些统统放到一边，生存才是第一位的。

田连元向田大爷请教，田大爷手把手地教他如何削土豆栽子，怎么栽到地里。种芸豆的时候，田大爷就帮他种，芸豆长出来了，田连元不知道芸豆是爬藤的植物，田大爷就把自家的架棍拿来给他支上。田大爷还教他如何把那块自留地合理利用起来，什么季节种什么，保证每个季节都有菜吃。

　　田大爷的善良让田连元深为感动，他想将来有机会回本溪，一定要请田大爷到市里去一趟，让他坐趟火车，请他到本溪最好的饭店吃一顿。

　　但是田连元不敢保证这个愿望能实现，因为他不知道自己啥时能回到本溪，也不知道自己这辈子能否回到本溪。后来田连元搬到了离县城近一些的生产队，还时常给这位恩人捎点吃的东西。但是后来听说田大爷得了胆囊炎，因无钱看病，悄无声息地离开了这个世界，葬在了他生活六十多年的那块土地上。

　　田连元刚下乡的时候，头三个月国家还给发工资。但是三个月后，就没有任何收入了，只能像农民一样，靠挣工分过日子。

　　农村没有烧煤的，家家都烧大柴。好不容易从本溪拉来的黄土和煤只好丢掉了。生产队长也是一个善良的人，他对田连元说："看样子你也没砍过柴，我陪你上山吧。"田连元听说山上有蛇，就提前买了蛇药，打上绑腿，背着书包，带上一个灌满开水的军用水壶，带上绳子、斧头，全副武装地上了山。村民见了，免不了笑着指指点点。

　　田连元原以为砍柴是个力气活，其实不全是，干了才知道，其中也很有技术含量。不然，自己忙活一天累得够呛，手都磨起了泡，只砍了几枝树棵子。可是人家生产队长，玩似的，没看怎么累，就砍了很多柴火。

　　农村的活就是这样，看人家轻轻松松，可你一上手，便知此事并非等闲。

　　田连元参加水库劳动也是这样。修水库要运石料，运石料的车是独轮车。田连元哪里推过这种车，胳膊没力量，掌握不了平衡。装了石头，没走几步，呼啦一下车子倒了，一车的石头扣在路上。还是农民老乡热心指点，告诉他，"推独轮车不能着急，车要装匀了，端起车把的时候，要先站稳，腰上使劲，腿上较劲，找准了窍门，走几趟就好了。"

　　田连元先仔细看看他是怎么推的，然后照他说的去做，果然，小车平稳了，走起来也不东摇西晃了。

　　在水库干活，除了推车，还有抡锤、扶钎儿。这既需要胆量，也要技术，不小心就会砸到手上。农民老乡教田连元，抡锤子不能一锤接一锤，要打一锤之后，锤子在钎子上轻点一下，这叫找点。找准了点，然后重重的一锤下去，然后再找下一点。

按照这个农民老乡说的，田连元试了几下，果然锤子下去既准又狠。他乐了，心想，这和弹三弦也有相似之处，要心无旁骛，讲究节奏，要有轻重缓急。

在山坡地上栽地瓜秧的时候，山上没有水，得从山下把水挑到山坡上，一瓢一瓢地往秧子上浇。一挑子水浇不了几棵地瓜秧。从山下挑水，这可是力气活。田连元一天挑 50 担，就等于山上山下爬 100 个来回。就是空着手，走这 100 趟也受不了，何况挑着两桶水呢。田连元累得腰酸腿疼，肩膀都麻了。他鼓励自己：坚持，这就是你的生活，这就是你的人生，你无法逃避。

到了插秧的季节，脚踏水田，弯腰弓背，把秧苗一簇一簇插到水里。这个活儿从早干到晚，腰酸腿疼不说，脸都控肿了。几天下来，田连元不但眼睛肿了，连手指甲都泡软了，吃饭只能半躺着吃。后来生产队长生了怜悯之心，分配田连元去挑秧苗。从育秧池把秧苗连土铲起，装到筐里，然后挑到插秧的水田。一挑秧苗差不多 130 斤，田连元挑着秧苗，从早到晚跑几十个来回。有时天下雨了，地埂滑，一不留神摔个屁墩儿，摔得浑身都是泥，爬起来，扶起挑子接着走。田连元心想，都说大米好吃，可是谁知道种大米的人付出多少辛苦啊！

他想起古诗中的那首《悯农》诗来："锄禾日当午，汗滴禾下土。谁知盘中餐，粒粒皆辛苦。"这首诗说的是旱地，不是水田，而水田的劳作更苦。于是田连元在心里给续了一首《插秧诗》：

> 水田插秧苗，
>
> 弓背又弯腰。
>
> 谁知大米香，
>
> 全靠汗水浇。

有一回，弟弟田长连从建昌赶回来，帮助哥哥上山砍柴。长连是早一年从学校下乡的知青。哥哥在本溪，他的家就在本溪，哥哥在桓仁，他的家也就在桓仁了。

田连元带着弟弟上山了，他发现山道边有棵树，不太粗，心想那棵树离山道近，砍倒后，往山下运也方便，于是便和弟弟砍起来。没想到这棵树非常坚硬，比石头软不了多少，一斧子下去，只砍掉一块小树皮。又砍了几下，斧刃根本砍不进去。弟弟力气比哥哥大，不服气，便使劲砍起来。

田连元想放弃，可是又不甘心，既然已经砍了，就一直砍下去吧，只要功夫深，铁杵磨成针。田连元学过的那些励志故事，这时派上了用场。于是哥儿俩一起努力，用了差不多一天的时间，终于把这棵树砍倒了，可他俩也累得筋疲力尽。

然后，哥俩又把树枝修理一下，再把这棵大树拦腰砍为两截。等要从山道往下拽的时候，天已经黑了。弟弟拽粗的下半截，田连元拽稍微细一些的上半截。可是，即便这细一些的上半截，田连元也很难拽动。田连元看着渐渐黑下来的天空，摸摸已经冻得硬邦邦的窝头，拍拍饿得咕咕直响的肚子，咬着牙，心想，如果我连这棵树都拽不回家，我还怎么养活这一大家子人呢？他想起爸爸早年逼他学艺，冬练三九，夏练三伏，付出了那么多，可是现在，这一切都毫无用处。莫不如当年就去扛活，练出一身力气，也不至于今天这样狼狈啊。

田连元拽着这棵树，在乱树窠儿里左拽右突，艰难前行。身上的汗已经出尽了，眼前一阵阵发黑。好不容易到了半山腰，他感到四肢无力，气都喘不上来了。

这时，弟弟已经到了山根底下，冲着他大喊，"哥，你怎么样了？"

田连元有力无气地回答，"还在半山腰呢！"

弟弟接着喊："别弄了，明天再说吧！"

田连元无可奈何，只好放弃，顺着山道摇摇晃晃地下山了。

到了山根底下，田连元眼前发黑，一下子倒在地上。弟弟吓得直喊："哥，你怎么了？"

好一阵子，田连元睁开眼。他看不清弟弟的脸，却看到满天的繁星。

田连元摇摇头，对弟弟说："我没事，歇会儿就好了。"

到家后，田连元一口饭也吃不下，只是一个劲儿呕吐，家人不知所措。田大爷看了，说，"没事儿，这是累过头了。"

后来有一个木匠师傅看了田连元砍的那棵树，笑了，他说："田师傅，一看你就不识树。这是刺榆，不能烧火，点不着啊，我们木匠拿它做刨子行。这样吧，给你四捆柴火，换你这棵刺榆树，你看行吗？"

田连元急忙说："行，行。"

说学艺苦，学艺累，可是当个农民更苦，更累啊。

田连元明白了，古人回归田园，赞美草堂，那是因为他们是官员，是文人雅士，他们有钱，地是别人给他们种的，柴是别人给他们砍的，所以他们才有那么多的闲情雅致啊。

后来，田连元家搬到了上古城，生产队长看田连元干活实惠，从不偷懒，人也老实，就说："老田啊，大伙儿都说你这人不错的，你看桃园去吧。"

生产队靠北碇子底下有300多棵桃树，每年结桃子的时候，村里都有人趁看桃人不备，过来偷桃子。农村亲戚套亲戚，都是三叔二大爷、七大姑八大姨的，也不愿往深了究，只能睁一眼闭一眼的。所以当桃子熟的时候，也就没剩下几个了。

田连元是外乡人，没有三厚俩薄，能抹开面子，不怕得罪人，所以队长就选了田连元，让他去看桃园。

和农活比起来，看桃园是个俏活儿。早上一起身，田连元就扛着锄头，戴着草帽，夹着一本书到了桃园。听说桃园蛇多，田连元就格外小心。果然，一上山就看到前面不远处有一条蛇，还抬起半个身看着田连元，那意思是想看看这位新来的看桃人长得什么样。田连元吓一跳，没敢动。心想，你要是过来，我就用锄头砸死你。蛇见田连元站住没动，便转身钻进草窠里了。

田连元想，要是把所有的草都铲净，看你还往哪儿藏身。于是，当下第一要务，就是先把杂草铲光。

用了几天的时间，田连元就把草铲完了。铲完了草，田连元就无事可做了，便坐下来看看书，甚至胡思乱想。你猜他都想些什么？他想到古往今来，凡看桃园的人都不简单，孙膑在云梦山随鬼谷子学艺的时候看过桃园，齐天大圣孙悟空在天上给王母娘娘看过桃园。在古人眼里，桃园都是神圣和美好的地方，三国时刘关张桃园三结义，陶渊明曾写下《桃花源记》，住在武陵源中的人，都快乐似神仙。

田连元忽然想起白居易咏桃花的一首诗，其中有一句是"不是闲人岂得知"。是的，这种快乐，只有经过艰难困苦的劳作之后，身子闲下来了，才能体会到啊！

你看，眼前的这片桃林，处在一片黑色的山碇子下面，林子边上就是一条弯弯曲曲的小溪，清澈见底。小溪旁的杂草长得旺盛，有的开着细碎的小花，有紫色的，有纷色的，蜻蜓和蝴蝶一会儿落在上面，一会儿又飞走了。山林里蝉的鸣叫声很响，不知它们在诉说着什么。

田连元常常在桃园里溜达，看看桃树，望望天空，时而也忍不住亮亮嗓，唱上几句。可是，一开口就是《智取威虎山》李勇奇的那段唱，"三十年，作牛马，天日不见，抚着这条条伤痕，处处伤疤，挣扎在无底深渊……"

田连元明白，之所以一张口就冒出这两句，是因为心里苦啊。前段时间，因为太累，没有精神头去回味。现在看桃园，人闲下来了，心里想的就多起来。他问自己，我怎么会在这里呢？舞台上的我和看桃园的我，哪个才是真正的我？难道人生真的如庄子梦蝶一般，"不知周之梦为蝴蝶与？蝴蝶之梦为周与？"

感慨之余，田连元写诗一首：

南柯黄粱无尽时，

半世明白一时痴。

领导豪言飞黄鹤，

亲人壮语落深池。

苗苗已为移枯萎，

病树复加迁落枝。

携儿扶妪度日月，

警梦每辙枕畔湿。

吟罢，忍不住眼泪流了下来……

5.字正腔圆韵味香——从刁德一到温其久

都说机会是给有准备的人准备的。

田连元一身才艺，却让他老老实实当农民，日出而作，日落而息，他会心甘情愿吗？当年刘备屈居吕布之下，关羽张飞不满，刘备安慰他们说："屈身守分，以待天时，不可与命争也。"

机会不来，争也徒劳。只能以待天时，等待时机。

等待中的田连元，终于，机会来了。

此时正是"文化大革命"轰轰烈烈开展的时候，样板戏大行其道，而且上面要求，要在全国普及革命样板戏。于是各地办起了样板戏学习班，不少地方也都成立了剧团，排练起了样板戏。

农村哪有样板戏的人才啊？桓仁有，因为继本溪市曲艺团下放桓仁之后，本溪市的京剧团、话剧团也下放农村，桓仁来了不少，而且桓仁还有很多大连等地的知青。

一天，生产队长找到田连元，说是省里有个通知，要搞一个样板戏学习班，县里落实到公社，公社落实给大队，大队便点名让田连元到公社报到去。

没想到，田连元到了公社，公社的文教助理对田连元说："老田，县领导说你都会了，不用再去参加培训了。"

后来才知道，原来有人说田连元是旧文艺黑线上的人，不能再从事革命文艺工作，还说这是上面的文件要求。这等于给田连元判了死刑，从此就与文艺绝缘了。这让田连元无法承受，我怎么成了旧文艺黑线上的人呢？我认识他们谁呀？

田连元深感无奈，他觉得头上总有一只无形的手，在主宰着自己，做什么不做什么，都不是以自己的意志为转移，他总是在被动地接受。不愿意也好，愿意也罢，都是别人在安排。他想，什么时候能够自己说了算，自己来安排自己，干自己愿意干的事呢？

样板戏学习班去不成了，田连元只好又回到生产队干活去了。

一天，生产队长找他说，"七一了，党的生日，大队要搞台节目，让你去给说段评书去。"

田连元想，去不了省城，那就退而求其次，上大队去演出也行啊。

可是演出那天，嗓子出了意外。那天他说的评书是《宝书映红心》，说到一半时，嗓子有点哑，说到最后，发不出声了。虽然这不是什么重大演出，可是在田连元看来，这也是他演出生涯中的一次重大事故，心里很懊恼。

接下来大队又有一次演出，还是让他说段评书，他说的是《誓死保卫祖国》，说的是抗美援越的故事。刚说了十几句，嗓子彻底失声。观众愣住了，不知怎么回事。田连元懊恼至极，连连鞠躬致歉，遗憾地走下台去。

接连两次在大队为贫下中农演出，嗓子都出现了问题，真对不住他们。然而更让他担心的是，如果嗓子出了问题，自己的艺术生命是否就此终结？

田连元不敢往下想，他搞不清是什么原因，好在后来嗓子渐渐地好了。多年以后，他曾咨询一位专家，专家说，"这是因为过于劳累、焦躁、上火造成的急性咽炎。"

去上面演出的机会被堵死了，为最基层的农民演出嗓子又不行了，艺术这条路，田连元算是走到头了。他劝慰自己，"田园将芜，胡不归？"老老实实地回家种地去吧。尽管"草盛豆苗稀"，但毕竟还可以"悠然见南山"啊。

世间的事，就这么折磨人。你刚刚露出一点儿希望，就会节外生枝把你的希望扑灭。当你彻底失望，心如死灰，偏偏又给你露点曙光，让你"贼心不死"，又跃跃欲试。

这不，县里要排演样板戏《沙家浜》了，本来没有田连元什么事，阿庆嫂、郭建光、胡传魁这几个主要演员都选好了，偏偏刁德一这个演员迟迟没有合适的。也是，阿庆嫂、郭建光是正面人物，只要扮相好就行，胡传魁粗人一个，只要五大三粗就行。刁德一的要求可就高了，既要狡猾，还要阴险，还得文质彬彬。若是刁德一这个演员选不好，整个戏就没戏了。

于是有人想到了田连元，田连元身材不高，瘦瘦的，若饰演刁德一，那是不二人选。于是县里赶紧派县文化馆馆长去请田连元。

说心里话，去演戏，那是田连元求之不得的事。可是他们对自己招之即来、挥之即去，也让田连元心里很不舒服。于是他对那位文化馆馆长说："让我去演戏？我行吗？不是有文件不让我这样的人演戏吗？"

馆长连连说："一时一个令，现在不按那个办了。行了，你尽快去县里报到吧。"

田连元最担心的是他的嗓子，两次演出，两次出问题。如果真的演起样板戏来，这嗓子再出问题怎么办？没想到，到了县里的样板戏剧组，一吊嗓子，大家连连叫好。别说，这嗓子还真争气，没出问题。

田连元虽然没有真正学过京剧，但他从小就接触京剧。在天津南市的时候，他就经常去看戏，当时天津的几位京剧名家厉慧良、张世麟、小盛春、赵松樵、王则昭等人的戏，田连元都去听过，而且还边看边模仿。尤其在南市蕙联公寓住的时候，同楼就住着很多京剧演员，如叶盛章、白玉昆、孙震霖，田连元还跟他们一起练过功，压腿、踢腿、劈叉、下腰。还有赵麟童，他演唱的《林冲夜奔》挺有名，而且武功也好，能在桌子上翻二十个小翻。他看田连元喜爱京剧，想收他为徒，还要把他带走，父亲没答应。赵麟童曾对田连元的父亲说，"这孩子长乎脸，戴上口，会很好看的。可以出息个文武老生。"所以田连元一进样板戏剧组，几天工夫，便成了大家公认的"大腕儿"。

接着县剧团又到外地学了一段时间，回来后，经过排练，便在桓仁县城俱乐部里演出了。然后又到各个公社、部队，这一演就是一年。

1971年的秋天，省委第一书记、省革委会主任、开国少将李伯秋来桓仁视察，县里给他安排了一场革命样板戏《沙家浜》。桓仁县第一次有这样的大领导来，所以格外重视，演出前开了动员会，反复强调了这场演出的重要性。没想到搞得大家很紧张，演出失误连连。第一场，演阿庆嫂的一上场鞋就掉了；第四场，"春来茶馆"的牌子忘挂了；最后一场，战士翻着跟头过墙时，一个演员撞上墙掉下来了……

演出结束后，大家自然要挨顿批评。不过没听到省领导有什么不满意，人家大概也没把县里演的样板戏太当回事，出些纰漏也就无所谓了。

《沙家浜》在桓仁县各乡镇公社大队都巡回演出了一遍，没什么地方再演了。怎么办？如果不再演了，那就只有一条路——解散。可是，如果解散，实在可惜，这些演员通过《沙家浜》的历练，已经个个都是京剧好手了。

再说，县里有这样一个成型的剧团，也是县里的光荣。所以县领导提出，能不能再排一部新剧？而且他还得到一个消息，说北京有个京剧团，正在排练一个新的样板戏，叫《杜鹃山》，你们也可以排嘛。

一部尚未公演的戏，如何才能学到手？没有剧本，没有曲谱，怎么排？而且桓仁县是一个偏远山区，山高皇帝远，两眼一抹黑，找谁呢？

真是天下无难事，只怕有心人。通过调研，发现一条线索：北京市宣武区公安局的支左部队，是本溪市的驻军六十四军。于是，县里联系到六十四军，然后由六十四军的支左干部，找到宣武区公安局，再由宣武区公安局找到北京京剧团《杜鹃山》剧组。

接上了关系，田连元和县样板戏学习班的主要演员，大概将近十个人，从桓仁马不停蹄，坐汽车，坐火车，直奔北京。

当时京剧《杜鹃山》刚刚排练出来，名字还不叫《杜鹃山》，而是叫《杜泉山》，后来才改成《杜鹃山》的。演柯湘的女演员很年轻，是从上海京剧团调来的。剧组经过一年多时间的封闭排练，在北京宣武区虎坊桥工人俱乐部演出，这还只是内部演出。

如果直接和人家要剧本和总谱，人家是不会给的，怎么办？京剧中不是有一段"蓝脸的窦尔敦盗御马"吗？人家不给就"盗"啊。怎样才能把戏"盗"出来呢？

六十四军的支左同志要求北京市公安局宣武区分局的人想办法，于是他们通过京剧团内部的关系，把《杜鹃山》的剧本和总谱偷偷拿了出来。田连元他们一起来的那十来个人，用了整整一夜时间，把剧本和总谱全部抄写完毕。然后赶紧把剧本和总谱给人家原样奉还，完璧归赵。然后又偷偷地看了人家几场演出，把舞美和演员的表演都熟记在心。

回到桓仁县，剧团就抓紧排练，田连元自然是扮演温其久这个反面角色了。和《沙家浜》中的刁德一相比，《杜鹃山》中的温其久，戏份比刁德一多一些，表演难度也比刁德一大。因为《杜鹃山》这出戏，强化了矛盾冲突，使剧情更为曲折。特别是第五场《中流砥柱》，队长雷刚下山后的那场戏，矛盾冲突一个接一个：先是温其久以救雷刚为名，要带赤卫队员下山，被柯湘制止；接着温其久用"骨肉之情"再次煽动战士下山，又被柯湘拦住；接着，温其久利用杜小山救奶奶的急切心情，推波助澜，杜小山拔出匕首，冲上隘口，战士们也随之涌动，在这紧急关头，柯湘又劝止了小山的盲动；最后，温其久狗急跳墙，将矛头直指柯湘，恶意挑拨她与群众的关系，遭到柯湘严厉驳斥。这四个矛盾冲突一波未平，一波又起，不仅将柯湘推向矛盾的顶点，也将温其久的表演推向极致。从温其久耍阴谋，施诡计，到最后暴露叛徒嘴脸，铤而走险，真是嘴脸多变。特别是那眼神，闪闪烁烁，表演起来难度极大。但是田连元硬是把一个温其久给演活了。

这出戏，在京剧样板戏中，是最成功也是最受欢迎的一出戏，无论剧情、舞美、唱腔还是演员的表演，都达到一个新的高度。后来，北京京剧团的《杜鹃山》被拍成电影。看过桓仁的《杜鹃山》，再看电影的《杜鹃山》，人们忍不住夸赞田连元说："田连元演的温其久，和电影里的温其久，就像一个人似的。"

面对夸奖，田连元只能苦笑。剧中温其久的那句唱词"山穷水尽被围困"，和田连元此刻的处境何其相似乃尔，他也是山穷水尽啊。

在县城这段时间，田连元和县城里的几位有名气的诗人多有往来，一起谈论古典诗词以及新诗创作。这些人经常在《本溪日报》和《辽宁日报》上发表诗歌作品。田连元受到感染，也开始学着写诗了。后来写了两首诗投稿给《辽宁日报》，本来是因为好奇，想试试，过去在小站的时候，就给报刊投过稿，但都石沉大海，没想到这次居然发表了。其中的一首是这样写的：

夜战

座钟刚打一点，

公鸡叫了头遍。

大娘翻身起，

"这公鸡！为啥半夜叫唤？"

身旁看，秀梅的被窝还空着，

"团员会咋散的这么晚？"

出门瞧，

繁星撒满天，

秋风扑人面。

风送村头马达鸣，

场院灯光闪。

"啊，小秀梅，又把妈妈骗，

怕我去夜战，

谎报去开会，

还把钟拨慢。"

过着今天的好日子，

怎能忘过去的苦难。

骗子想让俺走回头路，

娘更得去砌那万座金山。

大娘急转身，

披起棉袄奔场院，

场院里，笑语十里传……

这首诗虽然语言鲜活，却有着那个时代的鲜明烙印。没办法，当时的诗风就是如此。

6.屋漏偏逢连夜雨——从拮据走向绝境

刚下乡的时候，国家规定，给田连元他们这些人三个月的工资，算做安家费。到了农村，田连元在城里的生活习惯一时难以改变。再说了，农村生活和城市不一样，城市的东西到农村用不上，农村用的东西他没有。所以，缺什么就得赶紧买，很快，三个月的工资全花光了。

后来县里成立了毛泽东思想宣传队，田连元经常被县里借调，帮着写歌词，表演、创作曲艺作品等。但因为田连元住的梨树沟距离县城几十里路，实在不方便，于是经过县市两级革委会反复沟通，同意田连元把户口迁到六合公社上古城大队。

一般来说，条件好一点的公社，不希望增加外来人口，因为多一张口，他们就要少吃一口，影响他们的收入。但是，田连元拿的是县里的介绍信，他们又不能不执行，所以只好照办，把田连元一家安排到上古城大队第四小队。

由于县里经常借调田连元去搞创作，田连元成了所谓的"四五干部"。什么叫四五干部呢？其实就是临时工，按照规定，工作一天县里给九毛钱，其中五毛钱是个人的生活补助，四毛钱交回生产队算一天的工分。

上古城大队算是不错的大队，一天的工分差不多值八毛钱。田连元拿回四毛钱交给生产队，生产队等于赔进去四毛钱，人家当然不愿意做这种的赔本买卖。所以当田连元把四毛钱拿回来下工分的时候，生产队的会计很客气地对田连元说："老田啊，这钱你就自己带着吧，你一个人在外也不见得富余。"表面上，这话听起来是对田连元的关心，而实际上是生产队不给田连元下工分了。不给下工分就要带来一系列的问题，秋天生产队分口粮，你就得额外掏钱。

这样一来，田连元每天的九毛钱，带在身上一不留神就花了出去。可是，田连元家里的经济状况却急转直下。田连元也找过县领导，县里主管文化的领导安慰他说："老田，你先干着吧，以后我们会给你想办法的。"

说是说了，可是问题总没解决。生产队秋后分口粮，人家都有工分顶着，田连元没有工分，又没有钱，只能欠账。三年下来，累计欠生产队的钱已经二百多元了。现在看起来，二百块钱算啥？可那时候，二百块钱可是一笔巨款啊。

春节的时候，田连元的弟弟从建昌回家过年，走的时候田连元连路费都拿不出来，田连元急得东拼西凑，只凑得一半的路费。弟弟说："哥，没关系，那一半儿我自己想办法。"后来，弟弟回到建昌给来信，田连元才知道，弟弟只买了半程车票，另一半的路程愣是逃票回去的。

多年以后，已经从辽阳市人大常委会副主任位置上退下来的弟弟，提起当年逃票的经历，他直摇头，说往事不堪回首。

生活实在捉襟见肘，怎么办？家里值钱的东西只有两块手表了。田连元的表是上海牌的，买的时候是一百五十元，要一百二十元也没人买。最后好容易找到一个买主，谈好八十元，临交钱的时候，只给了七十元。

排演《杜鹃山》的时候，县领导为照顾田连元，让刘彩琴也来到样板戏剧组，负责打幻灯字幕，每天给一块钱的补助，这总算给田连元一点儿帮助。但是不长时间，因为精减人员，刘彩琴又被退了回去，这一块钱的补助就没了。

俗话说"屋漏偏逢连夜雨，船迟又遇顶头风"，这话对田连元来说，真是再贴切不过了。在本溪的时候，被子、褥子都好好的，可是下乡后，不是太旧了就是破了。而且今天不是碗打破了，就是后天锅漏了，日子没有消停的时候。手头拮据，日子艰难，打酱油、买咸盐都得靠自家养的鸡下的蛋来维持。

住的房子就更不用说了，外面下大雨，屋里下小雨，盆了碗了，摆了一屋子，接雨啊。没钱，换不起房顶，刘彩琴就在屋里用塑料搭起个棚子，睡觉时抱着最小的孩子田昱，往塑料棚里一钻。

此时的田连元无能为力，真正体会到了杜甫的《茅屋为秋风所破歌》中的那句"布衾多年冷似铁，娇儿恶卧踏里裂。床头屋漏无干处，雨脚如麻未断绝"。当年读这句诗时，他可怜杜甫，可现在，他开始可怜自己了。

样板戏剧组的同志实在看不下去了，就把《沙家浜》第二场的舞台布景——画着大柳树的那块塑料布送给田连元。田连元拉回家，盖在房顶上，用石头压上，以此来遮风挡雨。如果不是排《杜鹃山》这块布景用不上了，还真不能给他呢。

房子上盖了块大布景，成了小山村的一大风景，如果有人来这沟里找田连元，就会有农民笑着告诉他，"进沟门，房顶有棵大柳树那个就是他家！"闻者还纳闷呢，"怎么？房顶还有棵大柳树？"

田连元家里有一只大公鸡，深得田连元喜爱，当时母亲是当成母鸡买的，没想到，却长成一只漂亮的大公鸡。这只大公鸡，非同一般，锯齿般的鸡冠，缎子般的红色颈羽，全身红光闪亮，黑色尾翎高高翘起，粗壮的鸡腿和超大的双爪显示出它壮硕的体魄。大公鸡嗓音洪亮，威风凛凛，傲视一切，除了田连元家人，外人及外禽均不敢靠近。

可是有一天，这只大公鸡闯祸了。村里刘木匠的女儿，才4岁，不知怎么走到田连元家来玩，被这只大公鸡看到，立刻扑上去，不仅扑倒了孩子，吓得她哇哇直哭，还把孩子的脸叨破了。这只鸡闯祸不是一次两次了，前不久，田连元的妻妹带着儿子从普乐堡公社过来探望大姐，那公鸡还径直扑向她儿子，把妻妹的儿子吓得直哭。

田连元赶紧到刘木匠家道了歉，回来就把这只公鸡杀掉了。第二天早晨，听到别人家的公鸡啼叫，田连元心里很不好受，这只漂亮的大公鸡把田连元的家当成了自己的家，兢兢业业勤勤恳恳地看家护院，结果却落得这样的下场。

田连元心里好不难过，为这只鸡写下四句话：

你本无过，

主人投错。

忍痛杀你，

恐有后祸。

一只忠于主人的鸡，却落个被杀的下场，田连元既悔又愧……

看到田连元的生活如此艰难，一天，县领导对田连元说："老田，这样长期下去不是个事儿啊，得想个办法，要不就把你调到县里，重新采用？但是这样的话，你就亏了点儿，每月只有三十三块六毛六。你看一下，要是行的话，你回去跟公社商量一下，把你家的户口也迁到县里来。"

领导的话，对田连元来说是莫大的喜事，虽然三十三块六毛六在当时是最低工资，但毕竟脱离了农民身份，而且家属也可以把户口一起迁到县城啊。

好事就要快办，一拖就有变数。

县里负责文化的主管干部马上给田连元开了张条子，这个条子是征求意见的条子，说是县里准备把田连元全家的户口迁到县城，征求公社意见。

田连元拿着尚方宝剑，来到公社，见了户籍助理，助理又打电话征求大队的意见。大队很爽快，"同意，没意见。"于是就给田连元开了户口迁移证和粮食关系，一并交给田连元。田连元心里挺高兴，原来户口迁移这么简单，没见过办事效率这么高的。

可是来到县里，情况有变。

领导见了田连元递上来的户口和粮食关系，皱起了眉头，说，"你这也不合手续呀！我们给你开的是征求意见函，公社同意之后，再开个同意户口迁移的函。然后县公安局看到这个同意的函，再开出准迁证，你拿那个准迁证才能回公社起户口啊。得，你赶紧落回去。"

田连元这才意识到问题的严重性。

于是马不停蹄地返回公社，对公社的户籍助理说："县里说，正式的准迁证还没办下来，户口得麻烦你给我落回去。"

公社的人看了看田连元，仿佛不认识似的："户口的事，可不是想起就起、想落就落的呀。你们大队的人说了，你整天在外面唱样板戏不在队里上班，还欠了生产队里那么多钱。县里既然同意把你们的户口迁走，你还是去找县里吧，我们不能再给你落回来了。"

田连元知道问题严重了，又赶紧跑回县里。县里说："我们也不好办啊，这得按规定走程序，不然县里也落不了啊。你还得回公社，把户口落回去。"

田连元着急了："户口不给我落，我们全家人马上就没饭吃了啊！"

领导也没办法，说，"要不，你就到市里去问问吧，当初是他们把你放下来的，他们总该有解决的办法吧？"

田连元的人生走到了绝路。

家里的粮食眼看就没了，做饭的烧柴也没了。田连元就把院子里的障子一根一根拔出来烧火。障子烧完了，老百姓讲话儿，烧大腿吧。好在田连元还不至于烧大腿，他把从市里带出来的书一本一本点着了，烧火做饭……

田连元一生最喜爱的就是书，家从市里搬农村，能扔的都扔了，唯独舍不得的就是书。可是，书有何用？烧火做饭，让它也发一次光吧！

田连元明白，现在，他已经走上了绝路，县里的领导也帮不了他，公社和大队巴不得他这个无用之人早些离开生产队，怎么可能再让他把户口落回去呢？

田连元的心中之苦，没人诉说，在母亲和妻子儿女面前，他还得挺起胸膛，给他们希望，如果自己颓萎了，别人就活不下去了。可坚强的外表下面，也是一颗脆弱的心啊!

他写信给天津小站时的朋友,叫张凤祥。田连元和父亲在小站说评书的时候,就住在张凤祥的家,两人年纪相仿,没差几岁,于是就成了志同道合的朋友。田连元本来是向张凤祥诉说一下心中的烦恼,没想到,张凤祥给他寄来了 10 元钱。后来又给田连元寄来 10 元钱。那时候,张凤祥的工资也就 30 多元钱,这 10 元钱可是他半个月的工资。田连元知道,他也要养家糊口啊。还有两个桓仁的朋友,一个叫李白亚,一个叫郝春样,每人各自送田连元 50 斤粮票和 30 元钱。患难见真情,田连元一生都忘不了他们。还有很多朋友对田连元的遭遇不公愤愤不平,他们劝田连元说:"车到山前必有路,千万不要寻短见啊。"

田连元给此刻的自己概括为"五没户",即:没户口、没粮食关系、没工作、没工资、没住处,在中华人民共和国的人口统计中,没有了那个曾经是中华人民共和国公民的田连元。

走投无路的田连元,只有孤注一掷了,回本溪,不解决就绝食!连社会最底层的农民都不是了,还怕什么呢?他下定决心,回本溪,饿死也要回本溪,坚决不在桓仁待下去了。

于是田连元和妻子刘彩芹商量,说:"如果我活着,虽然上有老下有小,民政部门也不会管。如果我死了,家里没有了主要劳动力,民政部门会救济。等那个时候,老人、孩子就全靠你了……"

刘彩琴明白,田连元这是在托付后事,不免潸然泪下。她说:"当年照结婚照的时候,人家都写幸福美满,你偏写患难永恒,这回真的患难了……"

于是田连元开始收拾东西,找到车,就搬家。

田连元要搬家的消息传到了生产队长的耳朵里。得知消息,生产队长急忙赶到田连元家,进门就说:"老田呀,要搬家了?你还欠生产队的钱呢!这个钱无论如何你得还,那是贫下中农的钱,你说说,什么时候还?"

贫下中农从来都是直来直去,一点都不会婉转客气。

田连元说:"欠的钱,你放心,我会还的。事情是这样,我的户口也没地方落了,我得回市里找领导啊,他们得给我个答复。"

生产队长说："这样吧，你实在要走，我们也不拦你，你怎么也得给生产队押点东西。等你还了钱，就把东西还给你，不然我也不好向贫下中农交代呀！"

田连元说："这几年，生活困难，值钱的东西像手表什么的，我都卖了。"

生产队长环视一下屋子，说："不是还有缝纫机吗？"

田连元知道，这台缝纫机无论如何不能给他们留下，一大家子的缝缝补补全靠这台机器。便和队长商量着说："要不这样吧，我找几件衣服，给你押在这儿吧，这衣服也都挺贵的。"

队长看了看那几件衣服，点点头说，"那好吧，你跟我到队里拿收条。"

到了生产队队部，会计看了看衣服，拿出笔，写了张收条：

证明

　　兹有田连元同志，原系我队社员，自 1969 年冬季来我队，后借调到县文宣队工作，该同志在我队期间，生活很困难，两年多时间欠生产队三百多元，公社给予补助一百五十元，尚欠一百六十九元三角二分。该同志于 1971 年 10 月户口起往桓仁东关，如今即将搬家，所欠款事，不能全部还清。经大队、小队与该同志研究，将该同志如下衣物留押作证：

　　栗色呢子面，黑色绸里，男式上衣　　　　　　　　一件。

　　灰色毛料裤（男式）　　　　　　　　　　　　　　一件。

　　米色呢子面，绿斜纹绸里女式大衣　　　　　　　　一件。

　　熊猫图案线毯（方形）　　　　　　　　　　　　　一条。

　　以上衣物由第四生产队保管，存期一年。于此期间，该同志还回欠款，衣物原样退回。逾期不还，生产队有权处理。

　　特此证明。

桓仁县六河公社上古城大队

上古城大队第四生产队队长　张　怀

田连元

1972 年 10 月 2 日

上面有生产队的公章，有田连元按的手印。

按手印的一刹那，田连元感觉自己就像杨白劳一样。

田连元是搭一辆邮车回的本溪。那时候，他真穷得连买车票的钱都没有。那时从桓仁到本溪的汽车票多少钱？二块六毛钱，可是，就这二块六毛钱，田连元也拿不出来。正好他小姨子的对象在本溪市邮局，开往返本溪至桓仁的邮车。于是田连元搭上邮车，披上一件大衣，直奔本溪，一路上心情沉重。

回到本溪市，田连元直接去了市文化局，径直闯进秦局长办公室。

秦局长见到田连元，愣了一下，没等田连元开口，第一句话便问道："你怎么回来了？"

田连元满肚子的苦水，这回该全部倾倒出来了："我怎么回来了？我活不下去了……"

说着田连元把户口、粮食关系掏出来，拍到秦局长桌子上，把这三年半下乡的遭遇，一口气全说了出来，整整说了一个半小时，几乎就是声泪俱下，像一个受了委屈的孩子。

秦局长倒也挺有耐心，听完田连元的诉说，又问了一句："谁让你来的？"

田连元心想："谁让我来的，怎么？还要追查背后的支持者？"田连元气哼哼地说："没人让我来，是我的肚子让我来。再不来，就活不下去了。"

秦局长笑了，说："你消消气。你呀，来得正好，我们正要找你呢！"

田连元心想："是不是桓仁告状告到了文化局？"

秦局长接着说："是这样，局里正准备调你回来呢。"

天哪，秦局长的话，如晴天霹雳，田连元脑子"嗡"的一下。心想，"本来是准备回来绝食，以死相争。没想到，还没有等我争，却要调我回来？"

田连元问："真的，局长？"

"真的，没错。"

"我全家都一起回来？"

秦局长说："先一步一步来嘛。你呢，先回来，到样板戏学习班歌舞排上班。你家里人得再缓一步。你呢，想办法把他们的户口再落回去，先把粮食关系问题解决了。"

田连元一听，这怎么行？上有老，下有小，老娘身体多病，我一个人在市里上班，把他们扔在农村，于心何忍？两地相隔五百里，他们怎么生活？

田连元说："这不行，再说人家根本不肯给我们落户口啊。"

秦局长两手一摊，语气非常肯定地说："现在的政策只能这么办，没有别的办法，你回去如果落不上，市里派人去帮你落。"

没有半点商量的余地了，田连元只好答应下来。因为如果再争，领导一不高兴，那算了，你就别回来了，岂不更糟？

告别秦局长，田连元立刻找电话打给刘彩琴，和她商量对策。商量来商量去，田连元也不知哪来的勇气，决定孤注一掷，户口不落了，全家搬回本溪市。至于后果如何，不管它了。

可是，房子怎么办呢？刘彩琴想了想说，她妹妹原来在本溪郊区彩北生产队租的房子刚好闲置下来，咱们可以先住进去，然后再慢慢找房子。

事情就这样定下来了。可是，搬家的事也让人发愁，从五百里外的桓仁搬回本溪，到哪儿去找车啊？

天无绝人之路。

没几天，刘彩琴来电话，说搬家的车有了！原来，有一天，刘彩琴出门，路上恰巧碰上本溪桥梁工程队的一位卡车司机，叫刘德洁，在桓仁施工。他以前常到书馆听刘彩琴说书，没想到能在桓仁见到了这位他仰慕的明星。说话间，听说刘彩琴要往市里搬家，忙说，"太巧了，明天我就要回市里，正好空车，我给你搬家。"

于是第二天刘德洁早早把车开到田连元家门口，刘彩琴和母亲就把家里的东西往车上装，东西也不打包，直接就扔到车上。两个箱子，一个卷柜，衣服被褥用绳子稍微捆一下。什么鸡、鸭子还要它干吗，都送给了邻居。然后全家上车，一口气开回本溪。

上古城的贫下中农都传开了，"田连元一家突然消失了，也不知道去了哪里……"

第五章

重出江湖

────

1.春色满园关不住——东山再起

田连元擅自把家从桓仁搬回了本溪，这事，不能不对领导说呀。

安顿好了之后，田连元便来到文化局，向秦局长汇报此事。

秦局长对田连元这种先斩后奏的做法很不满意，说，"你这不是给局里施加压力吗？先斩后奏！"

田连元心中暗暗自得意，这是他人生中最果断的一次决定，也是最坚决的一次自我意志的体现。反正已经回来了，无论什么情况，再也不走了。他说："我哪敢给领导施加压力？你想，我们一家迟早得团聚吧？我不能把他们扔在农村不管啊。"

生米做成了熟饭，秦局长再不会做人，也不会把田连元的老母亲和老婆孩子再赶回农村。秦局长想了想，说："那就想想办法，看能不能把你们家的户口落到彩北那儿吧。"

还好，彩北生产队接收了田连元一家。虽然还是农民，但田连元却前进了一大步，因为他从一个偏远的深山沟里的农民，成为本溪市郊区近郊的农民。

田连元被安排到了本溪市歌舞团，因为原来曲艺团的人全体下到农村，曲艺团已经不复存在了。为什么局领导突发奇想，要把他从桓仁调回来呢？原来省内某市正在筹备恢复曲艺团，由于以前多次在省里汇演，他们对田连元非常熟悉，得知田连元仍在桓仁农村时，便派人到本溪革委会文化领导小组商议，说，"田连元这个人如果你们不用，就支援我们吧。我们要恢复曲艺团，正需要这样的人才。"

本溪革委会的领导一听，马上说，"谁说我们不用，我们正考虑要调他回来呢。"就这样，由于外力的推动，幸运之神降临到了田连元的身上。田连元后来知道这个内情后，心想，我真得好好感谢人家呢，否则，自己就被遗忘在桓仁山沟里了。

本溪没有曲艺团，那田连元回来做什么呢？没关系，让他到歌舞团，排样板戏去。当时的本溪市歌舞团不叫歌舞团，而是按部队建制，叫歌舞排。

由于户口在郊区，田连元实际上还是农民。不过，和桓仁农民不同的是，他的工资比在桓仁时多了十五元，每月四十五元了。所以家里的生活有了好转，手头也宽裕了一些。

经过了"战校"斗批改和下放，本溪文艺界的"老人儿"各奔东西，所以歌舞排里大部分都是新人了，田连元认识的不多，领导仍然是工宣队和军宣队。

田连元来歌舞排报到的时候，接待他的是军宣队董科长。

董科长问："你原来是曲艺团的？"

"是。"

"你会什么？"

"评书，还说过山东快书，说过相声，弹过三弦……"

董科长听了，说："这样吧，正好民乐队里没有弹拨乐，你就到民乐队去弹三弦吧。"

从济南来本溪的时候，田连元就提出过："我是说评书的，不是弹三弦的。"可是来到本溪，不让说评书，偏让弹三弦。后来好不容易说评书了，偏要你下乡，说不了评书，也弹不了三弦，倒演起了京剧来了。现在从农村回来了，又说不成评书，还是让你弹三弦。

田连元想，难道我就是弹三弦的命？

田连元极力安慰自己，还挑挑拣拣什么呢？能让你弹三弦已经是照顾你了，曲艺团那么多人，还都在农村种地，你就知足吧你呀！

临近春节了，按惯例，每年春节前，市里的文艺团体都要到部队去慰问演出，军民鱼水情嘛。于是，歌舞排夜以继日地开始了排练。

当时排练的有舞蹈《女民兵》《闪闪的红星》等，还有一些歌曲。因为新成立的，领导也没经验，节目安排也有些盲目，等最后把这些节目拢到一起，一算时间，才刚刚够半台晚会。

领导着急了，半台晚会怎么上部队演出呢？

这时，董科长想起那个叫田连元的人来，他当时进歌舞排的时候，不是说自己是说评书的，还会说相声嘛，于是就赶紧找田连元。

董科长问道，"你说过相声是吧？"

田连元说："是啊。"

"还会说评书？"

"没错。"

"有没有适合上部队演出的评书小段？"

田连元想了想说："过去倒有一个，是讲军民关系的，叫《没演完的戏》。"

董科长赶紧说："这样，你演一段我们看看。"

于是歌舞排的领导们都来了，坐了一排。田连元开始表演。

《没演完的戏》这个段子是田连元的拿手好活，不长，人物鲜活，包袱不断，加上田连元使出浑身解数，说得现场的几位领导眼睛发亮。田连元说完，董科长一脸的惊喜，连连称赞："这个段子不错，嗯，不错，下部队就拿这个，就这么定了。"

于是又算了一下时间，还是不够，还得加节目。有了评书，要是再有段相声，就完美了，春节慰问，最少不了的就是笑声。可是，哪有现成的相声啊？

田连元建议说："有一个新出的相声叫《挖宝》，如果把这相声加进去，效果一定好。"

《挖宝》这个相声，是"文革"后期中国的第一个相声，比马季的《友谊颂》

还要早。这个相声是天津的著名相声演员常宝霆和王佩元深入工厂，体验生活三个月创作出来的，一经演出，立刻引起轰动。常宝霆是田连元师叔，而王佩元的父亲王起胜是田连元的师傅。

可是，到哪儿去找这个本子呢？有人听说鞍山曲艺团也正在排这个节目，于是领导便派田连元赶紧去鞍山曲艺团，通过关系，借出了这个本子。

相声本子拿来后，田连元便和团里的一位叫柏永安的演员搭档。柏永安是北京人，原是话剧团的演员，中央戏剧学院表演系毕业的，他对相声也很爱好。田连元的评书再加上这段相声，差不多就够一台晚会了。

出乎意料，到部队首场演出，便大获成功。尤其田连元的评书和相声，特受欢迎。"文革"期间，只有八个样板戏，评书和相声早已绝迹，而现在突然拿出来，效果特别好，观众觉得新鲜，包袱全响，掌声热烈，笑声不断。

一场演出下来，歌舞排的领导终于认识到了评书的威力。一台大戏，如果没有田连元的评书，那这台戏就撑不起来，观众也没情绪。

于是领导对田连元说："你别弹三弦了，乐队不缺你这一个，今后你就说评书，说相声吧……"

终于，田连元的艺术人生又峰回路转，回到了本来的轨道。

恰在此时，辽宁省下发一个全省文艺汇演的通知，这个汇演分成东、西两片。东片有丹东、本溪、辽阳、沈阳、铁岭，演出地点在本溪。西片有营口、大连、锦州等其他的城市。这次汇演，省里和各市都非常重视，因为这是对省内各市文艺团体的一次大检阅，文艺汇演的要求是创作新的、反映时代生活的文艺作品。

东片演出地点设在本溪，这给本溪带来不小的压力，不仅要做好汇演的组织服务工作，更重要的是得拿出像样的原创作品。

这个任务，领导就交给了田连元，说你必须写一段新评书，再写一段新相声。

领导可真是相信田连元，把这两项任务都交给了他。

田连元愉快地接受了任务，一个是他对评书和相声的创作颇感兴趣，另一个就是他要抓住这个机会好好表现。因为此时的他，还是一个农民，在歌舞排还属于借用。所以，别无选择，只能用实力说话。如果演好了，他就可以脱离农民的身份，成为一个名副其实的文艺工作者了。

答应是答应了，可是要创作，就得体验生活，找素材呀。田连元听说本溪市有一个先进单位，是溪湖区的一个药店，被称作"雷锋式药店"。于是，他就去这家药店待了一段时间，每天和店员、顾客打交道，看到了不少的好人好事，也有了不少体会。回来就写了一个相声段子，叫《雷锋药店》。

相声有了，还差一个评书呢。

创作评书，关键得有故事。上哪去找故事呢？这时，田连元想起桓仁县城有个汽车司机，是学雷锋的先进人物。有一天，他开着汽车去向阳岭，车走到半路上，碰到一个朝鲜族的老大爷抱着一个小女孩儿，把汽车给拦住了。原来小女孩儿不小心被豆粒卡到嗓子，堵住了气管。那时候没有救护车，公社卫生站给老大爷带了一个氧气袋，让他带着孩子马上到县医院去做手术。司机听到这个情况，征求了全车人的同意之后，马上调头返回了县医院，使这个朝鲜族小女孩儿得到及时的抢救，保住了生命，然后他才拉着一车人又奔往了向阳岭。

这件事报纸报道过，田连元在桓仁时也听别人讲过，当时就有把这件事写成评书的想法。现在机会来了，就以这件事为素材吧。

经过一番构思，田连元给这个故事重新设计了一番，说这个司机准备要结婚，婚礼举办的时候，司机找不到了，他替别人加班去了。后来才知道，他为了抢救朝鲜族小女孩，开车去了县医院。评书的名字就叫《特殊的婚礼》，挺好的标题，有悬念。

谁知领导审查的时候，认为先进人物，结婚不够严肃，不符合革命要求，要把结婚的情节去掉。听了领导的意见，田连元有些犯难了。多好的构思，就这么给枪毙了。

这时董科长给出了个主意，他问田连元，"你不写结婚，把它改成记者采访如何？"

一句话，让田连元茅塞顿开，"对呀，就用记者采访的方式切入，也是不错的主意。"于是田连元就把这段评书，改写成了《新的采访》。这回领导看了之后都说不错，于是就通过了。

　　汇演的时候到了，各个地区的专业文艺团体齐聚本溪市。此时的本溪歌舞排已经正式更名为本溪歌舞团了。在这场全省的汇报演出中，本溪是一台独立的演出，自己一台戏，压轴的便是田连元的评书《新的采访》。

　　从演出一开始，田连元就感觉到了这个评书效果一定不错，台下掌声不断、笑声不绝。演出一结束，台下立刻报以雷鸣般的掌声。在观众的要求下，田连元又返场演了一个评书小段《没演完的戏》。两个节目演完，观众依然不让下台，掌声如潮。但是因时间的关系，田连元不能再返场了，只能让最后一个节目强行登台。

　　演出的成功，让田连元激动不已。他知道，他不仅可以重返舞台，而且，他的评书时代即将来临，可以大展身手了。

　　就在汇演结束后不久，沈阳曲艺团的郝赫悄悄来到本溪，找到田连元，他是带着使命来的。

　　原来，他是来游说田连元的。

　　郝赫是沈阳曲艺团的评书演员，后来改行做了编剧。和田连元相识，那还是七八年前的事。在 1965 年的那场全省曲艺汇演中，田连元的《追车回电》大火，在省内可谓名声大震，用郝赫的话说当时的田连元简直红得"山崩地裂"。

　　那天，田连元演出刚结束，郝赫便赶紧去田连元的房间，一是想要拜访一下田连元，向他学习《追车回电》这段评书的创作体会；再一个想法就是想要一下田连元的演出本子，如果能拿到这个本子，以后他也可以演。

　　走到门口，郝赫看见那么多的记者挤在房间里，他根本没机会。等汇演结束后，省里又挑选了一批优秀节目，在辽南地区巡演，一共演了 40 多场。用郝赫的话说，"田连元是演一场火一场。"

　　郝赫比田连元小一岁，1942 年出生，本来也是说评书的，因为当时倡导说新书，郝赫因为念过书，沈阳曲艺团又急需新书创作人员，就让郝赫改行搞创作。创作是一个非常辛苦的活儿，郝赫不愿意干。于是他多次找领导，要求重返舞台，干自己的老本行。领导看看他，问道："你自己掂量掂量，你能说过田连元吗？你这个岁数，能熬到田连元退休吗？"郝赫喃喃地回答"不能"。领导说，"田连元跟你岁数差不多，有他在就没你的份儿！别说书了，安心搞创作去吧。"

郝赫无话可说了，因为领导说得对呀。不过在创作上，郝赫后来还真的成了全国著名的曲艺大家，他的作品一稿难求。多年后郝赫还说："那次汇演，田连元就说了《追车回电》。我们是各自团里最年轻的演员，我23岁，他24岁。他红得山崩地裂。我以前觉得我还行，看了他的演出，才知道我是真不行！"

一转眼，将近10年过去了，田连元重出江湖，又是名声大震。于是沈阳曲艺团对田连元有想法了，派郝赫偷偷来到本溪，希望能游说田连元，加入沈阳曲艺团。

两人很熟，所以说话就单刀直入。郝赫对田连元说："我跟你讲啊，我们沈阳曲艺团，想调进来两个人，一个是杨振华。杨振华现在在兰州炼油厂，我们已经派一个人到那儿去调他了。再一个就是你，团里让我来找你，是因为我跟你熟，到这里来先跟你秘密商量一下。跟你商量的目的就是：第一，你愿不愿意到沈阳曲艺团去？第二，我们共同商量一个运作的办法，看怎么样才能顺利地把你调过去……"

田连元一听，挺高兴，这是好事啊。于是就对郝赫说："这个事啊，简直太简单了。实不相瞒，我是农民，在本溪歌舞团是借用，不是正式职工，我户口就在本溪郊区彩北生产队。你们想要我，我也没什么高的要求，你们就在沈阳郊区找一个工分高一点的生产队，把我家的户口落过去，我就去你那儿报到去。"

郝赫一听乐了，大腿一拍说："咱俩说定了，我回去马上就给你办。"

这次全省汇演结束后，省里又选了一些优秀节目，组织了一台节目，在辽宁省内各市巡回演出。田连元自然被选入其中，便跟着演出团在省内各市巡演。

田连元对沈阳曲艺团调转的事很上心，演出每到一市，只要一到宾馆，第一件事就是赶紧和郝赫电话联系。

很快，郝赫告诉田连元，一切安排妥当，户口可以落在沈阳的苏家屯朝鲜族生产队。他还向田连元透露，从沈阳市所属的郊区来看，苏家屯是最好的选择，一是朝鲜族专种水稻，有大米吃，那是细粮；二是收入高，十个工分合一块八毛多；三是离沈阳近。

田连元一听，如此好的条件，还有啥可说的，十个工分比桓仁多出一块钱，哪儿找去？当即表示："谢谢你啊郝赫。等我巡回演出一结束，回去我马上办。"

可是，人生很多事情就是人算不如天算，冥冥之中总有一只手，在主宰着你的命运。就在田连元准备把这个好消息告诉爱人刘彩琴的时候，刘彩琴来电话了。此时田连元演出到了铁岭，刘彩琴在电话里高兴地对田连元说："告诉你一个好消息，歌舞团给你转正了，是市领导特批的，而且还让我也到歌舞团去上班了。"

听到这个消息，田连元一边替自己高兴，也替刘彩琴高兴。可是，沈阳还去不去了呢？权衡之下，留在本溪，利多弊少，一个是自己彻底脱离了农民身份，又成为本溪市的市民了，家人也都跟着改回城市户口，另外彩琴也有了工作。田连元叹了口气，看来我就只能是本溪人了，一到调转，保证节外生枝。既然命运替你安排好了，你就服从便是了。

田连元这次转正，是本溪市革委会副主任梁生光特批的，不仅恢复田连元原来在曲艺团的工资 62 元，还把田连元在曲艺团的工龄也一并恢复了。

终于，田连元从一个农民，又成了城里人了。

2.忽忆人生两不同——游园惊梦

田连元的评书《新的采访》在辽宁省东片汇演中，一炮打响，在辽宁省文艺界可谓出了名了。转过年，也就是 1974 年，在了庆祝中华人民共和国成立二十五周年之际，国家文化部搞了一次四省市文艺调演。

这四个省市有广西、湖南、上海、辽宁。田连元的评书《新的采访》，作为辽宁重点节目参加了这次调演。

来到北京，田连元不免心生感慨，中央人民广播电台曾在 1966 年 10 月请他来北京录制长篇评书《欧阳海之歌》，可是因为"文化大革命"，评书没录成，弹指一挥间，八年过去了。

汇演开始之前，评审团对彩排中的节目逐一进行审查，作最后的把关。评审团的人一个个非常严肃，皱着眉头，就是要从鸡蛋里挑出骨头来。就是久经舞台考验的老演员，也免不了有些紧张。

田连元登台表演了评书《新的采访》。表演完，评审团的一个人看着田连元，想了想说："你的这个《新的采访》哪儿都不错，就是没有阶级斗争。都是好人？这不行！毛主席说，千万不要忘记阶级斗争，你这没有阶级斗争怎么行啊？你得改一改。"

没有阶级斗争？这可不是小事，田连元吓了一跳。自己脑子里就缺这根弦，创作的时候以为学雷锋、做好事，就忘了阶级斗争。而且，进京后组委会首先对他们进行的就是阶级斗争教育，还组织他们观看了电影《园丁之歌》，之后就组织大伙进行批判，说这部电影是大毒草。看来，作品里不讲阶级斗争是真不行啊！

可是节目已经成型，做大的改动肯定是来不及了。怎么办？一时间急得田连元团团转。上一次市里审查的时候说先进模范人物不能说结婚，改成了采访。现在上面审查又说没有阶级斗争，这回怎么改呢？突然间，田连元想起京剧样板戏《智取威虎山》参谋长少剑波"定计"那场戏中，少剑波的那段西皮快板："相信你定能够完成重任，这件事关系大举足轻重。还要开支委会讨论决定，用集体的智慧战胜敌人。"虽然没看到他们开会，但仅这一句话，就体现出了党的领导。田连元茅塞顿开，便在评书里面加了一句话，"司机赵大兴曾看到一个投机倒把分子倒卖稻米，就毫不客气地把他扭送到公安机关去了。"这不就是阶级斗争吗？

在进行第二次彩排的时候，田连元就把这句话加了进去。演出结束后，辽宁团带队的领导是省委的宣传部长，叫刘敬之，这个人别看是老干部，但对文艺很在行，他是丹东人，担任过《辽东日报》《吉林日报》的社长、总编辑，东北局宣传部副部长，辽宁省委宣传部部长，后来还担任了吉林省委书记。

第一次彩排的时候，刘部长听了田连元的这个评书，十分赞赏。待第二次彩排的时候，听到这个故事加了"倒卖大米"这段话之后，就觉得很生硬，也很别扭。田连元一下来他就问："连元啊，你这个评书里怎么又弄出个投机倒把分子来啊？"

田连元不得不如实回答，说："昨天评审团的同志说我的评书里没有阶级斗争，所以就加了这么个细节。"

　　刘部长说："你觉得加了这个内容，和整个故事结合得怎么样？格格不入啊。从艺术创作上来讲，这不是画蛇添足吗？"

　　田连元无奈地说："是啊，刘部长，我觉得也有些画蛇添足。可是人家说了，不能没有阶级斗争啊。"

　　刘部长态度坚决地说："你还按原来的说，有什么事我负责。"

　　有了刘部长这句话，田连元顾虑全消。

　　第一次公演的场地在北京"二七"剧场。出乎田连元意料的是，北京演出的效果竟然比在辽宁的演出更火，热烈掌声中，田连元又返场说了《没演完的戏》。一下台，就有《中国文学》的英文版编辑找到田连元，向他讨要《新的采访》和《没演完的戏》两个本子。他们把这两个作品以革命故事的名义在《中国文学》英文版上译载海外。

　　而且，上海代表团的同志也来拜访田连元，说："上海现在正在开展大讲革命故事活动，但像你这样的讲法，我们还是头一次见到，很生动啊。等你有时间，请你到上海给我们传经送宝，指导指导。"

　　人家的热情邀请，田连元不能不答应。可是口头答应着，心里却在想，"我哪有机会去上海呀！"

　　还有煤矿文工团的瞿弦和，当时刚从青海调回北京，也慕名来找田连元，向田连元学习评书《新的采访》。

　　四省市调演办公室的同志听说田连元的评书节目相当精彩，便专门要了一辆车来到剧场，欣赏田连元的这段评书，田连元演完，他们就乐呵呵地回去了。

　　接着中央戏剧学院也来请田连元去给他们上一课，讲讲革命故事的创作和表演。请他的那位老师叫张筠英，是瞿弦和的夫人，大概她听了瞿弦和的介绍，慕名而请的吧。那次讲座，不但有中央戏剧学院的学生，还有全国导演进修班的导演们。

　　演出结束后，文化部决定把辽宁团的曲艺队留下来，参加北京的国庆游园演出活动。

　　这一年，是中华人民共和国成立二十五周年，庆祝活动比往年要隆重一些，除组织游园活动外，还要放焰火，举办大型国庆招待会等。

在那个特殊的年代，演出被看成是严肃的政治任务，能参加北京的国庆游园文艺演出，比现在上"春晚"还高兴。演出之前主办单位给全体演职员开了动员会，领导提出的要求是："以饱满的政治热情，把最好的激情表演献给首都观众。"

辽宁代表团的演出场地在天坛公园。

1974年10月1日，早晨五点多钟，田连元的团队就从西苑大旅社出发了。很快到了天坛公园，那里的工作人早已开始了工作，估计是昨晚一夜没睡。公园里装点得繁花似锦，色彩缤纷。

上午九时，游园开始，游客如潮，鱼贯而入。舞台下摆了些小板凳，但因为人多，后面的观众只能站着观看。上午十点，演出开始，演员们按照领导的要求，激情、认真、严肃地表演着每一个节目。所谓游客，其实都不是普通市民，而是经过精心挑选的各行各业的先进模范人物，很多人还穿着民族服装，五颜六色。

轮到田连元的节目了，他一上场，就发现台下的观众座位上，有不少的外国人。那时候，在东北极少能看到外国人，所以台下的外国人很显眼。

评书演员和其他演员的最大不同就是，别的剧种演员更多的是在自我陶醉，而评书演员必须用眼神和观众互动，时刻关注观众的情绪变化。田连元一边演出，一边看着台下那些外国人的反应。从他们的表情，田连元看出来了，他们根本听不懂自己的评书，不是坐那儿发愣，就是莫名其妙地看着其他观众大笑。不过其中也有几个会汉语的外国学生，情绪偶尔会有些变化，可能听懂了几句。不过，中国的观众还是反应热烈的，田连元段子中的每一个包袱，甚至每一个细微之处，都能引起他们的哄堂大笑。

上午的演出结束后，演员和工作人员就在天坛公园演出现场吃盒饭。可以说，田连元他们大概是文艺工作者中吃盒饭比较早的那批人吧。

直到下午五点，游园才告结束。主办方把田连元他们拉回宾馆，赶紧吃饭。吃完饭，也没休息，就赶到工人体育场，和中央领导一起看焰火。辽宁和上海这两个团，紧邻主席台。

偌大的体育场，比本溪的那个体育馆可大多了，要是在这样的大体育场里说场评书，不知是什么效果。

　　来体育场观看焰火的领导可真不少，田连元向主席台望去，因为离得很近，所以看得很清楚，中央领导有江青、王洪文、朱德、叶剑英……还有西哈努克亲王夫妇、宾努亲王夫妇等，还有一些其他外国贵宾，田连元叫不上名字。

　　焰火燃放之前，有一场足球赛，是中国青年队对吉林足球队。这是一场表演赛，友谊第一，比赛第二。虽然不是十分激烈，但田连元毕竟第一次看足球比赛，尽管不懂比赛规则，但看场上的队员跑来跑去，还是很兴奋。

　　中场休息的时候，开始了第一轮焰火的燃放。

　　有人告诫说，看焰火的时候要戴上眼镜，以免碎屑迷了眼睛，于是田连元把眼镜戴上。这时礼花燃放起来了，只听"腾"的一声，礼花升空，然后在空中炸开，五颜六色，形态万端……

　　焰火放完，接着比赛。比赛结束再放焰火，然后是少儿团体操，还有自行车表演，四千米男子团体赛，二千米女子组赛，四千米男子淘汰赛……这样的一场大杂烩表演，虽然不是十分精彩，倒也十分热闹。

　　田连元是个爱联想的人，他望着空中绽放的礼花，免不了想起两年前在桓仁那个令人心碎的国庆节。那天，走投无路的田连元准备离开桓仁去市里绝食，被生产队长堵在家里要他还债，好不容易从柜子里找出几件衣服抵押给了生产队。那时，做梦也不会想到，两年后，自己会在首都工人体育场，观看国庆焰火。

　　人生之路，如此变幻莫测，就像天上的焰火，时而灿烂如花，瞬间身影全无。想到此，田连元感慨万千，随手写诗一首：

> 金星银星红绿星，
> 万紫千红闹太空。
> 惊雷震破银河系，
> 星雨洒满不夜城。
> 不夜城中不眠人，
> 忽忆人生两不同。

不同犹如礼花放，

蓦地升天蓦地空。

"忽忆人生两不同"的田连元，游园之际，仿佛突然之间，对这个世界和人生又多了许多领悟。

3.男儿到此是豪雄——奔赴地震灾区

时光转眼到了 1975 年，1 月召开的全国四届人大代表会议提出了四个现代化的宏伟目标，邓小平当选第一副总理。会议一结束，全国便掀起学习四届人大会议精神的热潮。人们隐约感到，这次大会以后，中国可能要把工作重心转移到经济建设上来了。所以，人们备受鼓舞，精神也振奋起来。而且春节将至，本溪歌舞团正紧张地排一台新的晚会。

然而就在这几天，市地震局传来消息，说是最近可能有地震发生，并散发了预防地震的小册子。对地震，人们过去没太注意，现在传出地震消息，而且是官方，人们难免有些慌张。但慌张也没用，什么时候震，震中在哪里，谁也说不清，只能等候上天的安排了。

不过田连元倒没太在意，小时候在天津咸水沽镇读书的时候，他就经历过几次地震，但那不过是轻微的小震。至于真正的地震具有什么样的破坏力，他也不知道。

1975 年 2 月 4 日晚上七点多钟，田连元和乐队正在歌舞团二楼小排练场排练西河大鼓《好心人》，忽然觉得一股沉雷般的声音，从地下的一个方向向另一个方向滚动前进，轰隆隆……随着声音的临近，歌舞团的楼体，整个都晃动起来，楼房的水泥横梁发出"嘎嘎"的声响。瞬间，窗户上的玻璃都差点儿震碎了。

"地震！"有人喊了一声。

天天念叨的地震，真的来了，来得这么突然、这么恐怖。

　　大家慌乱地往外跑，有的乐手还拿着乐器。田连元还算镇静，他没有随大家往楼下跑，而是迅速地站到屋角的一个横梁下。一会儿工夫，楼房停止了晃动，田连元看到附近的居民都跑到了大街上。人们议论纷纷，谈论这场突发的地震。只要有人说话，大家就赶紧围上去，希望能听到更多的消息。其实谁也不知道震中在哪里，伤亡情况怎么样，谁也不敢回屋。这一晚，大家就在惶恐中度过。

　　第二天，消息不断传过来，大家了解到这次地震的震中在辽南的海城。地震已经造成海城、营口通信中断，海城火车站已塌，海城招待所的那座三层楼也塌了。接下来，小道消息就越传越悬了，说那边有个地方大地忽然裂开，恰好有一辆马车经过，人和车一起落入地缝之中，而裂开的地缝瞬间又合到一起，人和车就埋在里面了。还有的说，有一个公社放了地炮，把地表崩开，喷出的泥浆形成了一个沙丘。"放地炮"的意思就是说那个地方泥浆往外喷涌的时候，一声震响，像放炮一样。

　　这些传闻让本溪的老百姓更加人心惶惶，每晚不敢回家睡觉。市政府广场成了群众自动集会的场所和避震之处，天天晚上聚满了人。春节前的本溪，正是最冷的时候，到了下半夜的时候，人们实在扛不住，就渐渐散去，回去睡觉了。因为生活还得继续，工作还得继续。但这觉，是睡不踏实的。

　　地震过后的第五天，市歌舞团接到通知，要求组织两个小分队，奔赴海城地震灾区。歌舞团领导马上召开全团动员大会，宣布三条：一、立即组成两个小分队奔赴海城地震灾区，每个小队十一人；二、奔赴灾区的人员要求思想过硬，业务过硬，身体素质良好；三、采取自愿申请报名的原则。

　　还别说，歌舞团的团员们关键时刻还真冲得上去。动员大会一结束，全团人立刻都写了申请。于是经过组织筛选，最后确定了二十二人。田连元名列其中，被分配在了第一小分队，并被任命为副队长，队长是一位歌唱演员，叫毕克。

　　听说儿子要到海城地震灾区去慰问演出，母亲难免担心，她对田连元说："听说那地方天塌地陷，死了不少人，太危险了，能不能不去？"

　　田连元笑着安慰母亲说："别听大伙瞎议论，没那么严重。再说都定我了，就得去，这是纪律。养兵千日，用兵一时，灾区现在正需要人。都是阶级弟兄，你想，要是咱们这边地震了，不也需要有人来帮助吗？我们去就是演出，别的也不用你，没危险。听说还是市委书记带队呢，没事的，放心吧！"

妻子刘彩琴啥话也没说，她也参加了团里的动员会，知道当时的情况，没有不写申请的，她都写了呢，就是定了让她去，她也是不说二话。尽管她不会拖丈夫的后腿，但还是有些担心。彩琴默默地为田连元准备换洗的衣物，收拾好行李，嘱咐他注意安全。

第二天下午，田连元他们上了一辆中巴车。团里的其他同志和家属们都到歌舞团门口送行。田连元的母亲和彩琴也来了。开车的时候，好多家属都掉了泪。

其实这是一次很严重的地震，强度是里氏 7.3 级。但由于中国科学家对这次地震进行了准确预测并及时发布了地震预报，老百姓得以及时撤离，所以死亡人数降到了最低。尽管如此，震中也有很多人死亡。

在田连元的心里，现在的文艺团体和过去的流浪艺人不一样，现在是国家养你们，那就像军队一样，军队的天职就是打仗，关键时刻就要去冲锋陷阵。文艺工作者也是这样，在国家和人民需要你的时候，责无旁贷，必须冲上去，否则，国家为什么还要成立歌舞团呢？如果怕危险、打退堂鼓，那你就不要加入这个团队了。战争年代就不用说了，仅抗美援朝，就有多少文艺工作者奔赴朝鲜战场，为志愿军战士演出。他的师叔，相声演员常宝堃，艺名"小蘑菇"，就牺牲在朝鲜战场上。说实话，和朝鲜战场那枪林弹雨比起来，地震灾区没什么可怕的。

歌舞团的车下午从本溪出发，经过辽阳的时候，就可以看到街上的群众为防震在街上搭的一些简易帐篷。车过鞍山，沿途震后的情形就越发明显了，可以看到有些开裂的房屋。进入了海城，虽然天色已晚，但从车灯下可以看见道路两侧的房屋有的已经倒塌，有的塌了一角，有的虽然未倒，但却可以看到墙上的裂缝。

晚上十点左右，车到了海城县的马风公社，这里距县城还有大约三十里地。本溪市委的钱副书记和建委的副主任，还有海城县和马风公社的领导早已在此等候。

公社的院子里搭起了两顶军用帐篷，一顶公社办公用，一顶留给歌舞团的同志。寒暄几句后，马风公社的副书记便向本溪的同志介绍地震的情况，他说："海城县内伤亡人数比较少，这是一个奇迹。因为在地震前，出现了一些异常现象，像井水陡涨，老鼠搬家，骡马嘶叫……再加上地震局的监测预报，领导果断决定，立刻动员大家离开房屋，到山上去。其实工作不是那么好做的，很多人不相信会有大地震，不肯离家，怕东西丢了。好在干部做了工作，大多数群众这才转移到山上，没想到晚上真的震了。当时的感觉，就像是颠簸箕一样，先是上下颠，然后是左右晃。电也断了，灯也灭了，漆黑一片。不过大家都服了，地震局太厉害了，报的真准，奇迹！"书记一边说一边伸出大拇指。

　　书记还详细描绘了地震时的情景，他说，地震时，地上有光，还有隆隆的声响，像闷雷似的，从地下滚过去。田连元想，这声音就和他们那天晚上听到的声音一样。

　　当晚，歌舞团的同志就住进那顶军用帐篷里。田连元小分队十一名演员中，有男也有女，因为就一顶帐篷，所以也就没法分男女了。于是男的住一面，女的住一面。没有床，地下铺一层苞米秆子，苞米秆子上面再铺上一层稻草，稻草上面蒙上席子，这就是床了。大家把自己带的行李卷打开，铺好被褥。几个女演员的地铺前，拉上一条绳，挂上一个床单，算是男女有别吧。

　　地铺当中支了一个炉子，帐篷有一个小窗户，炉筒从这个小窗通到外面。天太冷，炉子必须有人守着，要不断地往里续煤，不然炉子灭了，人就没法睡了。田连元是副队长，自告奋勇地说，"你们都休息吧，第一晚值班就是我了。"

　　大家刚要就寝，忽然觉得地下轰隆一声，帐篷抖动起来。田连元愣了一下，不知谁喊了声："地震！"大家都挺镇定，一是心里都清楚，帐篷里是最安全的，除非地陷。二是坐了一天的车，都累了，所以躺下后谁也没动。田连元笑着对大家说："这才叫雷打不动呢！"

　　不一会儿，只听外面又轰隆一声，似乎有一面墙倒了。田连元赶紧跑出去，一看，是公社食堂的山墙倒下来。公社的一位同志对田连元说："没事儿，没伤着人。"

　　田连元回到帐篷里，对大家说："没事儿，是墙倒了。你看，又是地震，又是塌墙，这是欢迎咱们呢，大家睡吧。"

　　田连元一夜未眠，他把炉火生得旺旺的，这冰天雪地的，外面零下二十多摄氏度，他生怕同志们冻感冒了。

第二天就是农历除夕，老百姓的大年三十了。用什么形式给灾区的老百姓慰问演出呢？领导提议说，既然来了，我们就到老百姓的家里去演出，这样和老百姓心贴心，体现党的关怀和温暖。电影呢，就到学校的操场上去放。

田连元想了想说："现在余震不断，大家都集中到屋子里，万一地震来了，不好疏散。能不能这样，咱们都集中到操场上，先演节目，后放电影。再说，到老百姓家里，大过年的，人家招待你没心情，不招待你又显得太冷落。"

领导一听，马上同意，说："这样也好。但是我们不能不到老百姓家里走访啊！这样，我们分头去，先走访，然后演出放电影。"

就这样，田连元带着几个人，下午先到贩马大队，走访了两户人家，一户是军属，房子没倒，但山墙已裂，他们仍然若无其事地在屋里住着。田连元他们进屋后，也若无其事地和他们唠着。这位军属说："地震这东西不能老震，老震百姓受得了吗？"不一会儿，公社给这户军属送来了帐篷，田连元他们帮助把帐篷安好。

另一户是残疾人，是一位老人，腿不能动，只能躺在炕上，院里有帐篷，他却不去，说："我残疾几十年了，早就想死，老天不让我死。现在地震来了，谁怕我也不怕。我从小就在这院里长大的，真要把这房震塌了，我就埋在这儿，也省事了。"

老人说得坦荡自然，毫无惧色。田连元他们只能苦口婆心，好言相劝。甚至说，我们知道你不怕死，可是人托生一回，怎么说也不能选这么个死法啊。再说了，你是这个村的人，村干部得对你负责，你要是出点事儿，他得担责任啊。你不为自己想，是不是也该为他们想想？

这些话说得既实在又到位，老人最后无话可说，"好吧，你们也不容易，不是闹地震，大年三十的，就是八抬大轿请你们，你们都来不了啊，谁不想在家团圆。感谢你们这片好心，我想死也不死了！行，你们把我抬到帐篷里去，放心吧！谢谢啦！"

老人把生死看淡，对生命竟没有一点儿的留恋，让田连元非常感慨。

　　傍晚，老百姓陆陆续续来到学校的操场。虽然地震很严重，但老百姓看上去神态还很轻松，有的还有说有笑。小分队在操场上演了几个小节目，有男女声独唱，田连元说了个评书小段，逗得大家哈哈大笑。

　　节目演完，田连元他们马不停蹄，又坐车奔赴三十里外的东岭大队。在这里仍然是演节目、放电影，老百姓看得津津有味。演完已是半夜，大队的周书记早已准备好了饭菜，酸菜炖猪肉，大米饭。周书记说："今天是大年三十，本来应该吃饺子，可刚闹完地震，你们就随便吃一口吧，这是咱灾区人民的心意。"

　　大年三十，能在灾区吃上一顿热乎乎的酸菜猪肉大米饭，也算不错了。

　　就这样，田连元他们每天到各个生产队去演出和放电影。正月十五那天，直升机还给灾区送来了元宵。

　　田连元他们在海城灾区慰问演出，一直持续到3月7日。从来地震灾区到撤回本溪，他们一共在灾区慰问演出了一个月的时间。

　　这一个月里，条件非常艰苦，每天和衣而睡，天太冷，薄薄的帐篷根本抵御不了外面的寒风，半夜常常冻醒。洗衣服、洗澡就更别想了，没那条件。有的同志感冒了，就吃片药，照样参加演出。田连元想，自己这几年下乡，苦没白吃，这一个月摸爬滚打，风里来，雪里去，竟然啥毛病也没有。

　　告别那天，公社送给小分队一面锦旗。公社书记非常感谢，说："你们在我们公社，一顶帐篷，十几个人，住了一个月，走了十几个大队，演了几十场节目，放了几十场电影，陪伴贫下中农一个月的时间，为我们带来了欢乐。我们既感谢又感动。说实在的，领导们来了，待了两天就回去了，他们不能老在这儿。你们来了，就没走，你们就是为救灾这一个事儿来的。希望你们今后多来，你们演的节目我们还没看够呢……"

　　田连元想，这位公社书记的讲话还真有点水平。

　　吃完饭，田连元他们便收拾行李。当卷起席子，收起苞米秸时才发现，地铺下面是一层坚硬的冰，他们就是在这冰上睡了三十多天。

　　田连元心里很满足，他看到了自身的价值，在人民需要的时候，作为一个文艺工作者，虽然上不了主战场，但他们依然可以给人民群众带来欢乐，带来安慰。

在回去的路上，他真的有一种凯旋的感觉。

4.等闲平地起波澜——一个莫须有的人命案

海城地震的第二年，也就是 1976 年 7 月 28 日，中国又发生了惨烈的唐山大地震。不到一分钟的时间，唐山便被夷为废墟，24 万人罹难。

但是，更让世界震惊的是中国政坛的大地震：

1976 年 1 月周恩来总理逝世，7 月朱德委员长逝世，9 月毛泽东主席逝世，10 月粉碎"四人帮"。历时十年的"文化大革命"终于结束了，全国人民热烈庆祝，欢欣鼓舞。尤其被压抑了多年的文艺界，终于扬眉吐气，一大批过去被批判、被定为毒草的优秀文艺作品，纷纷被重新搬上舞台，真正呈现出百花齐放的繁荣景象。

在这样的形势下，本溪歌舞团人人精神振奋，个个摩拳擦掌，准备为文艺的春天，为自己的艺术事业大拼一场。

本溪歌舞团不再满足于小打小闹了，提出要排练歌剧《江姐》。《江姐》这出歌剧，是中国民族歌剧的经典，尤其其中的唱段，没有一定的歌唱功底是难以驾驭的，像本溪这样的市级歌舞团，组建时间又不太长，能把这样的歌剧排好吗？

其实大家不必担心，当年的本溪市歌舞团真的是人才济济，完全具备这个实力。他们首先通过关系找到《江姐》的剧本和总谱，又到沈阳数次观摩沈阳歌舞团排演的《江姐》。还有一个有利的条件就是，本溪歌舞团导演丁彦臣原先就在空政歌舞团工作，曾参与了歌剧《江姐》的排练，"文化大革命"中从北京下放到本溪歌舞团。

丁彦臣接下任务便开始搭班子、选演员。让人意想不到的是，丁彦臣竟然提议让田连元给他做副导演，而且歌舞团的领导居然毫不犹豫地就同意了。

对此，田连元不能不有压力了。毕竟，他是说评书的，曲艺范畴的事，他可以当仁不让，可是戏剧范畴的事，毕竟还是外行啊，这不是赶鸭子上架吗？尽管在桓仁下乡的时候演过样板戏，但那也只是当个演员而已。不过话又说回来，你说你不行，那你说谁行？排练歌剧《江姐》，对本溪歌舞团的每一个人来说，都是第一次。既然都是第一次，那就大家一起来探索，一起来学习。

领导支持他，导演信任他，田连元没法推辞。他喜欢挑战，愿学新事物，敢闯新领域。但是，他知道，迎接挑战，不是蛮干，不是胡干，不是乱来，那么就要学习。

田连元做事，从来都是扎扎实实，不打无准备之仗。上任伊始，他便收集和借阅有关戏剧尤其是歌剧方面的书。特别是像文艺界最推崇的《布莱希特选集》、狄德罗的《论戏剧艺术》等，这方面的论著和文章，他都认真阅读，还做了大量的笔记。

因为同在一个城市，田连元也常常接触本溪话剧团的那些演员，那些人常把"斯坦尼斯拉夫斯基"挂在嘴上，神圣得不得了。田连元想，我何不也把"斯坦尼斯拉夫斯基"这位大神请出来，看看他的体系究竟是什么"货色"？

于是他到图书馆找来《斯坦尼斯拉夫斯基全集》，厚厚的四大本。淡绿色的书皮，淡雅而大气的装帧，一看就令人肃然起敬。别看田连元小学没毕业，但他硬是把这部被文艺界视为最高权威的体系啃了下来。读过之后他感觉，这个体系也没那么神秘呀。

在西方的戏剧体系中，他们把艺术表演分成了"体验派"和"表现派"，田连元大不以为然，他觉得评书不能这么分，评书艺术必须两者兼而有之，既要有"体验"，又要有"表现"，体验为了真实，表现为了生动。说书人和小说家相似，和演戏不同。一部戏里，演员只要演好一个人就行。作家不行，他要把书中的所有人物都写活了。李默然在电影《甲午风云》中，把邓世昌演活就行。曹雪芹在《红楼梦》里得把几百个人物都写活才行。说书人在一部书中，上至帝王将相、王公大臣，下至黎民百姓、贩夫走卒、流氓恶棍，都得认真研究，每个人的功课都得做到，既得有体验，也得有表现，缺一不可。

田连元还把当年王铁夫给他列的那几本书找出来，像《梅兰芳舞台生活四十年》《盖叫天的京剧艺术》《程砚秋论京剧旦角表演》《萧长华谈京剧丑角艺术》

等书，重温一遍，有了这些理论垫底，田连元的底气便足了。

田连元密切配合导演丁彦臣，而且还把自己多年来的舞台经验传授给青年演员。他很注重细节，到前进歌舞团学习的时候，别人都注意自己的角色，而田连元不但把握宏观，更注重每一个演员表演的细节，而且把这些细节，恰当地用在了指导本团的演员身上，使得这出戏更加完美。

《江姐》排出来了，在本溪市人民文化宫连演了五十场，场场爆满，可谓盛况空前。人们对本溪歌舞团能排出这样高水平的大型歌剧赞不绝口。

《江姐》演完，原班人马又投入了《小二黑结婚》的紧张排练中。田连元依然是副导演。

这时，由于歌剧《江姐》的成功，田连元觉得，自己正在艺术的道路上成功转型，似乎今后就可以不用再说评书了，转行当导演也不错，而且在导演《小二黑结婚》的时候，他已经轻车熟路了。

然而导演的这条路，却因为又一场意外事件而没能让他继续走下去。

怎么回事呢？

原来，"文革"虽然结束了，但是不能让那些在"文革"中犯下罪行的人逍遥法外，也不能让那些在"文革"中受到迫害的人没有任何说法。出来混，总是要还的。

所以，在1978年的时候，上上下下搞了一个"文化大革命""还原会"。这个"还原会"和后来的清理"三种人"还不一样。所谓的"还原会"，就是把"文化大革命"期间发生的重大事件，重新搬出来，捋清脉络，谁是打砸抢分子，谁坑了人、谁害了人，分清责任，得出结论，严肃处理。

本溪曲艺团在"文革"中发生了一件大事，死了人。田连元是当时曲艺团的团长，于是便有人揭发说，这死人的事和田连元有关系，但也有人说没关系。那么究竟有关系还是没关系，这事儿就得在"还原会"上搞清楚，把当时的情景一样一样还原了、再现了，绝不冤枉一个好人，也不放过一个坏人。

这死人的事儿是怎么回事呢？事情是这样的。

在"文化大革命"早期，本溪市曲艺团有一位急先锋，他成立的战斗队叫"尖兵战斗队"，隶属于一个大一点儿的造反派组织"保卫毛主席红卫兵"。因为背后势力比较大，所以他们不但夺了曲艺团的权，还夺了市文化局的权。其实这位"尖兵队长"也是说评书的，平时此人挺老实，少言寡语，但"运动"改变人，他一反常态，从一个极端走向另一个极端。在站前曲艺厅批斗田连元，要给田连元戴高帽游街的就是他。

但是世事多变，后来他的那个"尖兵战斗队"成了反革命组织。至于为什么，谁也不清楚，都是上面定的。于是他作为"尖兵战斗队"的头儿，就被看管起来，接受审查，接受批判。没过几天，又把他放了，恢复了他的自由。

1968 年农历七月，正是盛夏时节，天气炎热，酷暑难耐。也许被关了几天，身上难受，出来后，"尖兵队长"便一个人来到太子河洗澡。他把衣服脱在岸边，手表也摘下来放在那儿，便向河里走去。走到及腰深时，一个猛子扎下去，再冒一下头就又下去了。后来岸边有人发现他没上来，知道事情不好，便开始喊人救人，最后在下游的桥下把他的尸体打捞上来。

当时田连元和曲艺团的书记正在文化局举办的中层干部学习班学习，地点就在儿童乐园里那座小红楼的楼上。

听到这个消息，田连元和书记赶紧坐车赶回曲艺团，接着又赶到了医院，看到了"尖兵队长"的尸体。于是田连元就跟两派造反派组织说："死了人不是小事，赶紧到公安局报案。"

但是当时的两派组织谁也不想插手这件事，他们说："是他自己洗澡淹死的，我们管这个事干吗？"但是在田连元的坚持下，两派组织各出了一个人，和田连元一起到太子河边做一些实地调查，又找了几个证人，做了笔录。晚上回到家里，田连元还把这件事原原本本地记在日记里，这是他多年养成的好习惯。

转眼十年过去了，谁也想不到会旧事重提，而且不是按照事情本来的真相提出来的，完全是杜撰的。

事情的起因是这样，"尖兵队长"的儿子在"文革"中也是造反派，后来被关进了监狱，对他父亲的死因，他并不了解。出狱后，听到有些人的挑唆，便认为自己的父亲死得不明不白。开展"还原会"的时候，在某些人的撺掇下，上访到市文化局，说他的父亲在 1968 年被曲艺团的当权派挟嫌报复，一顿毒打之后，被逼跳了河。

人命关天，市文化局对这件事十分重视，立即成立了专案组，把田连元和当年曲艺团的相关人员召回来，开起了"还原会"。

其实在"文革"中，造反派中派系复杂，恩恩怨怨扯不断、理还乱，召集来的人全是"尖兵队长"那派的，而站在田连元立场上的人根本没找。"尖兵队长"那派的几个人一口咬定说，"尖兵队长"是在关押期间被某些人毒打了，而且打得遍体鳞伤，最后忍无可忍跳河自杀。因此，作为曲艺团的领导，田连元必须负责任。

对此，田连元非常气愤，这简直是罔顾事实，胡说八道。他反驳说，谁都知道，"尖兵队长"是会游泳的，还参加过游泳救护队。按常理，会游冰的人想要在水里自杀，几乎是不可能的。而且，他死的时候，田连元到医院看过，他身上根本没有伤痕，怎么能说遍体鳞伤呢？

但是，那派组织的几个人像事先商量好了似的，一口咬定，他的身上就是有伤。田连元有口难辩，他想起当年岳飞那"莫须有"的罪名，真是欲加之罪，何患无辞！

"还原会"一连开了好几天，那阵势，好像这件事不在田连元身上坐实誓不罢休。

委屈和愤怒，让田连元无法解脱，也无人述说。每天开完会，回到家里就喝闷酒，借酒浇愁，以酒泄怒。田连元问自己，难道自己的人生又一次陷入绝境？本来和自己毫无关系的事情，却硬要扣到自己的头上，这回他明白了什么叫无妄之灾，什么叫飞来横祸。人生啊，为什么这样难？你只想干业务，不想整别人，可是别人却来整你；你一心只想走艺术之路，可偏偏这艺术道路充满了坎坷；你已经小心翼翼了，可还是会节外生枝！

他想起父亲那一辈老艺人，他们多好啊，只要说好自己的评书，没有任何人与人之间的瓜葛，没有那么多的麻烦。田连元向往那种平平淡淡简简单单的生活。

苦闷中的田连元在家里翻看自己的日记，突然他想起来，十年前"尖兵队长"死的那天，他曾详细记下那天的所有情况。这十年中，田连元经历了太多太多的事情，从下乡到回城，几次搬家，烧掉了很多东西，也丢掉了很多东西，但是这些日记却一直保存完好，一页都没有丢。

于是田连元赶紧找出那一年那一天的日记。瞬间，他如释重负，这篇日记不但记得非常详细，而且还有证人的姓名和证人的住址。

找到日记，田连元心里有底了，他没有急于展示，而是沉着镇定地把它带在包里。既然那些人极力想把这台龌龊的戏按照他们的想法演下去，那就让他们再继续表演一段吧！

接下来，"还原会"又开了两三天，就在专案组对那些伪证信以为真的关键时刻，田连元出示了自己的日记。他对专案组的同志说："我的这篇日记是当年记的，不是伪造的，经得起科学验证，经得起时间考验。它可以证明我的清白！"说完，田连元当场宣读了这篇日记。读完之后，整个会场哑然无声。

这篇日记让那些人措手不及，他们没想到田连元会拿出这么个杀手锏。会议的风向立刻转了，甚至他们营垒内的人也偷偷告诉田连元说，他们的目的就是想通过"尖兵队长"这个事件，把田连元整倒，最起码要开除他的党籍。但是，谎言终归是谎言，轻易地就被一篇日记所戳穿、所击溃。

专案组的同志埋怨田连元："有日记为什么不早点儿拿出来？"

认认真真、严严肃肃地折腾了好多日子，结果却子虚乌有，专案组岂不白忙一场吗？所以专案组在不可否定的事实面前，又转了一个角度，他们说："我们相信你记的都是事实，也作了调查，你记得没错。那个人的死虽然和你没有直接的关系，但是你作为当时的领导，还是负有领导责任的，这个起码的认识你应该有。这样吧，你写个检查，就谈谈对这个问题的认识，我们也好结案，对上面也好有个交代。"

虽然真相大白，但田连元还是有些后怕，因为在那个人心不古的年代，不知何时、不知何事，就会让你厄运缠身。假如没有这篇日记，假如自己没有记日记的习惯，假如在农村厄运中把日记烧掉，那么今天就会难逃一劫，冤了也就冤了，倒霉也就倒霉了，人们大都明哲保身，有谁会挺身而出为你说句公道话呢？

至于专案组的态度，田连元有些想不通。他认为"尖兵队长"的所作所为，后果应该由他个人承担。虽然当时自己是领导，但在那个动荡年代，领导也是靠边站，能左右得了什么呢？为什么还要我来写检查？

事情就僵在这儿了。

这时，恰逢中华人民共和国成立三十周年，文化部要搞一次全国性的文艺调演，这是新中国成立以来规模空前的一次文艺盛会。文化部点名要调田连元的节目进京参演。

文件到了本溪市文化局，文化局艺术科的人把这个文件放在桌子上，恰巧被"尖兵队长"的儿子看到了。此时他在本溪的一家小厂里当采购员，常来文化局上访告状。看到文化部要调田连元进京参演的文件，便借进京采购的机会，写了一张大字报贴到了文化部的大门口，说田连元有一条人命，怎么能让这样的人进京参加调演呢？

看到大字报，文化部马上责成辽宁省文化厅立刻查清事情原委。省文化厅也立刻询问本溪市文化局，田连元这件事情到底是怎么回事。

田连元听到这个消息，怒不可遏。这个人怎么能毫无根据就胡乱栽赃、置人于死地呢？我何德何能，算个什么人物，居然大字报进了北京，贴到了堂堂文化部的门口？

田连元再也沉不住气了，他去省文化厅找厅长和相关领导，详细陈述了事情的经过，并拿出日记。于是省文化厅的领导问本溪市文化局："你们认为田连元有问题吗？有确凿证据没有？"

本溪市文化局的领导回答："没有证据。"

省文化厅的领导说："如果没有证据，那就让他到北京去参加三十周年国庆文艺调演吧。"

文化局专案组的人不得不同意，但他们还坚持说田连元应该写一份检查，交了检查，就可以买票进京了。

田连元想，这怎么像做生意一样啊，成了条件交换？田连元长叹一声，人在屋檐下，不得不低头。如果不是怕误了进京参演，田连元无论如何也不会写这个检查的。

于是田连元连夜写了一份检查，其实，这哪里是检查，而是发泄自己的不满，甚至语带讥讽。第二天早晨，田连元把检查交给他们，他们好像完成使命一样松了口气，说："好了，你可以买票走了。"

田连元到了北京。接站的北京同行见到田连元，神秘地问道："田先生，您怎么了？"

田连元故作不解状，反问道："什么怎么了？"

"你的大字报都贴到文化部的大门口了！"

田连元淡淡一笑，说："那又怎样？我这不是来了吗？"

接站的人也笑了，说："也是啊！"

在这次新中国成立三十周年的文艺调演中，田连元表演的评书段子《贾科长买马》，获得了文化部的二等奖。这个奖货真价实，含金量很高，因为评审团的团长是贺敬之，评审团有 100 人。而且，那个时代的评审是不掺杂任何个人因素，完全从艺术出发的。

田连元很看重这个奖，尽管他得过许多全国曲艺汇演的一等奖，但他都没挂，而是把这个二等奖挂在墙上。为什么？因为这个奖承载了他太多的情感，既有痛苦和无奈，更有事实澄清之后的轻松，还有他对人生对人性更深刻的认识。这个奖状可以时刻提醒他，人就是要时刻迎接各种考验和挑战，如《易经》所说："天行健，君子以自强不息。"

后来组织上对那位"尖兵队长"的死也作出了结论：此人非自杀，此人之死和田连元无关。

于是田连元找到文化局郝局长，说："我的档案里的那个检查，你得给我抽出来，那是为了上北京参演，违心写的。"

郝局长瞪了一眼田连元，说："我看过了，那叫检查吗？那是翻案书，放里吧，没什么影响。"

这一场折腾，正如唐代诗人刘禹锡的《竹枝词》所写：

瞿塘嘈嘈十二滩，

人言道路古来难。

长恨人心不如水，

等闲平地起波澜。

田连元读起这诗，仿佛就是在写自己一般。尽管事情已经过去，但无论放谁身上，都不能不心有余悸啊！

5.万里行程何所求——"死去"又"活来"

转眼到了 1981 年，经过粉碎"四人帮"、真理标准大讨论、解放思想、改革开放，整个国家呈现出一派生机勃勃的景象。

接下来，文化部又搞了一场规模很大的全国曲艺优秀节目观摩演出，田连元创作并表演的评书《梁上君子》获得了一等奖。而且这次汇演之后，文化部从汇演的节目中，抽调了十几个优秀节目，作一次全国性的巡回演出。

其实，所谓的全国巡演，主要就是西北和西南两地的巡演。因为这两个地区比较偏远，那里平时很难看到优秀的文艺节目。这次巡演，从 1982 年 7 月 31 日起至 10 月 8 日止，一共用了两个多月的时间，去了太原、呼和浩特、银川、兰州、西宁、乌鲁木齐、西安、成都、昆明、贵阳、重庆等十多个城市。节目都是从这次汇演中精选出来的，主要有田连元的评书，师胜杰、冯永志、苏文茂、马志存等人的相声。其他还有像河南大调曲子、绍兴莲花落、扬州评话、上海弹词开篇、天津西河大鼓、湖北小曲等，这些演员都是各地的曲艺名家。

能和这么多全国曲艺名家一起巡回演出，田连元想，这可是一个极好的学习机会。他想起当年第一次在省里汇演时，省曲协主席王铁夫的一番话："记着，还要走出去，走遍全国，拜访名家，交流技艺，开阔眼界。"当时田连元心里就想，走出去，我往哪里走啊？哪有机会走啊？可是现在，机会来了，来了就不要错过。

过去的武林中人，哪个不是遍访天下名师，集各家之所长，最后才成为武林高手的，金庸笔下的郭靖便是如此。

田连元是个喜欢求变求新的人。演出团首先到了山西，演出的时候，田连元想，我的评书《调寇》里的寇准是山西人，如果让寇准讲一口山西话，不知效果如何？

于是田连元便去找山西代表队的数来宝演员王秀春。田连元说："寇准是你们山西人，我想让《调寇》里的寇准在这讲山西话。您注意听听我的山西话说得怎么样，在这儿说能行不能行？"

王秀春也是参加这次全国巡演的演员，地地道道的山西人，他表演和创作的数来宝在全国首屈一指。

他说对田连元说，"您这个想法好啊！我听听。"他听了一会，对田连元说，"还不错，有几个字是这样发音。"于是又给田连元纠正了几处，说："您放心，这样说肯定行。"

田连元放心了，于是登台。果然，寇准的山西话，不仅增加了寇准的幽默感，也让山西的观众感到更亲切，演出的效果更好了。田连元一下台，便立刻找到王秀春，说："您看我的山西话过不过关？"

王秀春伸出大拇指，说："您的山西话说得还不错，听起来有点像晋中人说话的味儿。"

陕西结束后，便来到兰州。兰州曲艺团当时在全国比较有名，因为在这个团里有几位曲艺界的名家，比如常宝霖、连笑昆、徐玉兰等。尤其常宝霖、连笑昆两位先生早年都是在京津一带活动的相声名家。常宝霖先生还是著名相声表演艺术家、革命烈士常宝堃先生的亲弟弟。他们二位早在20世纪50年代就来到了兰州，把京津一带的相声艺术带到了西北，也可以说把北方的相声带到了西北。而徐玉兰呢，是著名的河南坠子表演艺术家，早先田连元在济南的时候就曾经听说过她的名字。而且济南曲艺界的人对她评价极高，说徐玉兰的河南坠子与众不同，独具一格，有一种苍凉、古朴之感。

在甘肃演出完，田连元他们还和甘肃曲艺队搞了一次联欢，各自表演了自己的拿手好戏。特别是徐玉兰的表演，的确是大气磅礴，厚重隽永。田连元非常钦佩，他想，不管你是从事什么艺术，只要你能真正地坚持下去，研究开来，那么，就会在这门艺术里面，开拓出一种属于自己的独特风格。联欢结束，田连元马上找这几位艺术家，和他们切磋，向他们请教。

接着，他们又来到了四川，四川有一个剧种叫作谐剧，创始人叫王永梭，他有一个著名的段子叫《自来水》。

《自来水》的情节非常简单：一个自来水管子是公用的，不知谁打开了水龙头没关，自来水"哗哗"地往外流。一个人从这里路过，当他看到自来水往外流的时候，在那里大喊："这是谁没关水门？哪一个用完水不关水门？懂不懂得节水的道理？"于是这个人大发一通议论，其实他自己完全可以把水龙头关闭，举手之劳，但他却不管，只是在那儿侃谈了半天。

这是生活中一个常见的小片段，王永梭作了适当的夸张和渲染，讽刺了某些国人光说不做、夸夸其谈的劣根性。节目虽小，却发人深省。

于是田连元在演出空隙，登门拜访，跟他谈起谐剧创作的过程。其实在王永梭先生之前，并没有谐剧这种艺术形式，它是王先生凭借自己的天分和艺术感觉、艺术实践创作出来的。他对田连元说："不论任何艺术形式，为大家接受以后，不好的应该把它变好，好的应该让它好上加好。"他还说："很遗憾，曲艺界表演理论比较少，这与曲艺界人员的文化素质、思想修养有直接关系。希望将来曲艺界能有专门搞理论的人。"

他的话让田连元忽有所悟，是啊，一门艺术，如果没有理论支撑，不会走得很远。当年省里的王铁夫主席就和田连元说过："当你50多岁的时候，你就可以回到家里著书立说，总结自己的艺术经验，整理自己的艺术作品，要成大说书家、理论家。"当时田连元因为年轻，对这段话没有多想。现在想起来，王铁夫对自己是寄予很大希望的。他想，以后若有余力，一定要从事评书的理论研究，好好总结一下评书的发展历史和表演经验。

田连元和他畅谈了足有两个小时，还带了录音机把和他的谈话都录了下来。

在西宁，田连元遇到了当时在文艺界第一个下海，脱离体制，自负盈亏的杨振华。几年前，沈阳曲艺团成立的时候，郝赫曾来本溪和田连元"密谋"，要调田连元和杨振华到沈阳曲艺团。当时的杨振华还在甘肃，而田连元虽然从桓仁农村回到了本溪市，被安排在了本溪市歌舞团，但他还是农村户口，郝赫还帮助联系到了沈阳苏家屯区的一个朝鲜族村。但是恰在此时本溪歌舞团把他的户口问题解决了，刘彩琴也被安排进了歌舞团。就这样，田连元便放弃了沈阳歌舞团的机会，也失去了和杨振华一起共事的机会。

粉碎"四人帮"之后，杨振华曾以相声《特殊生活》《假大空》《下棋》等段子享誉全国，红极一时。杨振华是一个思想开放的人，在下海的浪潮中，他第一个和曲艺团脱钩，自己组织了一个演出队。在当时的演艺圈引起极大的反响，媒体对他的报道非常的火热，好像他的做法是一种方向，是一条新路。西宁相逢，田连元自然要见见他。

晚饭后，田连元便和师胜杰一起来到西宁宾馆。田连元一进门，就看见房间的桌子上摆了一个西式的小座钟，座钟旁边摆着一沓厚厚的人民币。田连元心想，这个杨振华，把钱摆在桌子上，是不是想告诉老乡，他赚了很多钱？

老朋友相见，杨振华分外热情。寒暄过后，话题自然要唠到他脱离体制后的情况。

田连元问他："怎么样？这段时间还可以吧？"

杨振华一乐，眼睛看了一下桌子上的钱，意思是："还用说吗？看看那钱。"

杨振华得意地说："走得很自在，心里很高兴，起码说，这个艺术团是按照我的艺术观念来办的。所以我在想，我现在是在走一条前人不曾走过的路。"

田连元心想，哪是前人没走过的路啊？旧社会那些流浪艺人，走的不都是这条路吗？但田连元没反驳他，只是说："是啊，你看媒体关于你的报道可是不少啊。"

杨振华不屑地说，"媒体嘛，就那么回事儿。你火了他就报道你，你泥了他就不理你，都是势利眼。"

田连元想听听他对当下中国曲艺界的看法。

杨振华的想法的确不少，他说："曲艺界的状况咱就不说了，还是说说我们的相声界吧。我觉得目前的相声界，就好像一辆旧洋车在那放着。我们无论怎么向观众解释，这辆洋车当年是多么辉煌，坐上去是多么舒适，拉车的人跑起来脚步是怎样稳，但是现在的人就是不坐。人家要坐汽车，要坐火车，要坐飞机。我们的相声就像这辆旧洋车一样。你不能原封不动地坐在上面，你要改动，要改革，要变化，但这种变化不像现在有的相声演员想的那个招儿。比方说，他们把意识流这样的手法用到相声里来，把相声弄得让人家看不懂了。这不行！这就好像画画一样。开始用细蜡笔画，细蜡笔画的人家不爱看了，我就改成粗蜡笔画，粗蜡笔画人家感觉到不行了，我用化石再画。再改成水粉画，改成国画，改成油画，还有其他的什么画。只有这样，不断借鉴其他艺术形式，跟上时代的节拍，了解观众喜欢什么。不能故步自封，更不能墨守成规，否则枯燥乏味，谁还听你的干吗？"

田连元说："所以你就跳出体制，自己挑一个班。你这个人哪，总是有办法，把自己变成舆论中心。"

杨振华哈哈大笑，说："你说得对！我这个人，就是不喜欢安分守己，老换样儿，我老换！"

杨振华这种探索精神，这种敢于第一个吃螃蟹的勇气，还是深深地感染了田连元。其实何止相声界，这种探索精神实际上也是对艺术的一种尊重，是一种艺术创作上应该具备的精神。无论相声还是评书，不应该是一种模式，模式也是前人摸索出来的，要不断突破，不断创新，适应时代，适应新的观众群体，否则这门艺术就是死路一条。

看着杨振华得意扬扬的样子，田连元免不了回想起自己这些年的经历，受的那些误解、委屈、坎坎坷坷，他羡慕杨振华所走的这条路。他想，如果将来自己在体制内走不下去的时候，干脆也跳出来单飞。杨振华活得滋润，自己也不会差到哪去。

重庆是这次巡演的最后一站，这样，两个多月的时间，整个大西南、大西北，田连元几乎都走遍了，当年评书艺人就是穷其一生，也难以走这么多地方。

演出结束后，巡演主办部门作了一个小结。算了一下，这两个月，为十万人次演出，走了十省十二市，行程二万五千七百里，里程和当年红军的长征相差无几。但是，红军是徒步，还有战斗，还有流血牺牲。而田连元他们是坐车，所到之处还被热情接待，观众也表现出了极大的热情。

在重庆演出结束后，整个巡演也就结束了，文艺界的人都多愁善感，分手时，难免泪沾衣襟。田连元写下一首《西江月》：

> 来自天南地北，
> 同台情意相投。
> 万里行程何所求？
> 学习沟通交流。
>
> 今日行程已满，
> 话别难舍杯酒。
> 明朝江水送离愁，
> 挥泪告别渝州。

返程的时候田连元和文化部的领导王维同志一起乘船从重庆到武汉，然后从武汉回到北京。

为什么又到了北京呢？

因为在这些演员中，田连元的文笔是最好的。这一点，连文化部的同志都了如指掌，因为田连元这几年的新评书，不仅都是自己创作的，而且还屡屡获奖。所以，文化部艺术局的张冶局长说："这次巡演的总结，就交给田连元来写，他文笔好，又熟悉情况。"

于是田连元就被王维直接带到了北京，安排在了《红旗》杂志社地下室招待所。田连元是个认真的人，上面给了任务，就要抓紧时间完成，何况还是文化部交办的任务。

田连元夜以继日，赶紧完成好早些回家。田连元有记日记的习惯，两个月的行程、演出情况，他每天都记得清清楚楚。所以，总结写起来，还是十分的顺畅。几天时间，便把总结拿出来，然后到文化部交给张冶。张冶局长看过后说，"写得不错，你再给誊清一遍就可以了。"

就这样，田连元又在北京逗留了几天。而这几天，其他参加巡演的同志早已到家，还互相打电话报平安和问候呢。按照预定的行程，田连元也应该到家了，可是家里并不知道此刻田连元正在北京写总结呢。于是家里人打电话给天津的苏文茂，苏文茂说："我们演出已经结束了，都已经到家了，他也应该回来了。"

苏文茂说不清楚，家人就更着急了。找谁呢？那就问文化部吧。电话打过去了，可是文化部是一个大部门，对这样一个巡演活动，如果不是恰好问到组织活动的那个人，谁也不会知道啊。文化部的同志说不清楚，家人就更慌了，又多处打听，才得知这次活动是文化部艺术局牵头搞的。于是把电话打进了文化部艺术局，这回找对了人。他们说，田连元在这次巡演结束后，回到北京，给文化部写总结，住在北京《红旗》杂志招待所，并告诉了招待所的电话。

于是家人一遍遍往招待所打电话，直到听到田连元的声音，才松了一口气。田连元面对家人的嗔怪，也有些后悔自己粗心，早点给家里打电话报个平安就好了，他们也就不会这样担心了。但那时通信不方便，家里也没电话，加上田连元想赶紧写完总结就回家，也就两三天的时间。没想到，就这几天，就把家人急坏了。

田连元完成任务后回到本溪，家人都到车站接他，仿佛凯旋的英雄。

到家不久，田连元接到了文化部文艺局张冶局长的一封信。信中对田连元这次巡演的成功尤其是田连元的出色表演表示祝贺和感谢。信中说："尤其您帮我们写的那个总结材料，大家都说写得很好。我们在北京分别之后，不知你回家后状况如何？是在工作吗？还是在做什么？因为最近在京津一带传说您已经故去了，不知是真是假？我想这未必是真，但是天有不测风云，如果是真的话，那我给您写的这封信就算是一篇悼词吧。"

这封信让田连元吃了一惊，张局长这是在开什么玩笑？但是仔细一想又不像，人家一个国家文化部的大局长，怎么会和咱一个普通演员开这样的玩笑呢？而且张冶局长的信写得小心翼翼，既表示对田连元的关心，又在打听消息。这一定是事出有因，一定是外面流传了关于我的什么消息。田连元不禁哑然失笑，真有趣，这样的假消息是谁创作的，又是怎么流传出去的呢？

过几天，田连元又接到了中央人民广播电台编辑田维贤写来的一封信。田维贤就是"文革"前和他约好上北京录长篇评书《欧阳海之歌》的那位编辑。田维贤的信先是试探性地问好，然后就是那句"京津一带传说您已作古，不知确否？望速回信告知"。

田连元这回真的重视起来了，一个是这去世的消息流传之广，二是关心他的同志朋友如此之多。于是，田连元赶紧给张冶和田维贤各回了一封信，告诉他们，我不但没有作古，而且现在活得还很壮实，尤其这次全国巡演，不仅在艺术上大有长进，向各派名家学了很多"独门绝技"，而且身体也更加强壮了。

后来，田连元终于搞清楚了，有一个北京的朋友跟田连元说，"就在那几天，天津有一位曲艺界的同志去世了，赶巧你也是曲艺界的，又失踪了好几天，大家打听不到你的情况，传来传去，就把你和那个人传到一块儿了。"还有的同志对田连元讲："田先生，你要大火啊，俗话说，一咒十年旺，这一咒你死了，你的运气就要来了，这叫死去又活来，活就是火啊！"

田连元心想："如果是这样，那也不枉了被咒一场啊！"

6.总把新桃换旧符——改革才能生存

田连元从农村回到城市，被安排进了本溪歌舞团，总算有了安身立命之地。但是歌舞团毕竟不是曲艺团，两者虽然不是水火不容，但是毕竟不是那么名正言顺。正如孔夫子所说："名不正，则言不顺；言不顺，则事不成；事不成，则礼乐不兴。"于是，问题逐渐显现出来。

开始的时候，因为歌舞团刚刚成立，人员尚不完善，所以很难排练出一场完整的歌舞晚会。这时的田连元便大展身手，他一个人的演出就可以撑起半边天。后来歌舞团发展了，兵强马壮，唱歌的跳舞的，人员越来越多。人多了，都需要登台，怎么办？那就只能压缩田连元的表演时间，从占据半壁江山压缩到三十分钟、二十分钟、十五分钟、十分钟。到十分钟的时候，就已经是极限了，再压缩，就没话可说了。就是这十分钟，也只能是说个小笑话而已。

当时乐队的同志最希望有田连元参演，他上台讲小笑话的那十分钟，乐队的同志就可以放下乐器，到后台伸伸腿，直直腰，抽支烟了。田连元出门这几个月，乐队从头演到尾，休息时间没了，想喝口水、抽支烟，没门。所以看到田连元回来，像得了救星，直嚷嚷："田老师，你可回来了。"

但是，歌舞团的日子也渐渐地不太好过了，加之改革的不断深入，市里又成立了京剧团和评剧团，于是就把歌舞团给肢解了，舞蹈队和乐队分开，分别调给了评剧团和京剧团。歌舞团留下的人就很少了，便改名叫"艺术团"，田连元担任团长。

原来歌舞团排演歌剧《江姐》和《小二黑结婚》的时候，需要强大的演员阵容，可是现在不行了，人少了，大的剧目演不了。那就演小的吧，可是小的演什么呢？

人不出去走走，眼界必然有局限。出去看一看，思路就会宽一些。这次全国巡演，使田连元大开眼界，见到很多新事物，也开阔了他的思路。这次出门，田连元就听说南方的滑稽戏在上海很受欢迎，于是田连元提出，咱们能不能排演相声剧？把南方的滑稽剧移植到咱们北方来呢？北方所谓的相声剧其实和南方的滑稽戏很相似，而且这种艺术形式在北方也不多见，会有新鲜感，肯定受欢迎。

于是团里研究决定，派田连元到上海取经。

因为当时团里的经济状况不是很好，没有更多的经费，所以，只派出田连元一个人到上海去学习。

田连元到了上海，住在南京路上的七重天宾馆。看到这个名字，田连元笑了，还挺谦虚，干吗不叫九重天？住进去才知道，原来七重天是西方的说法，天有七层，第七层是神住的地方。好吧，咱也做回天神吧。

在来上海的路上，田连元感慨挺多。人生想想挺怪的，本来认为不可能实现的事儿，有时不经意间，机会就来了。当年王铁夫说"你要遍访名家"，当时就想，哪有这样的机会啊？可是，那样的机会偏偏就来了，两个多月的巡演，同台的都是名家，到各地又遍访了当地的名家。还有来上海，1974 年在北京四省市汇演的时候，上海的同志特意找到他，希望他能到上海来传经送宝。当时田连元就想，"我哪有机会去上海呀！"而现在，他真的就来上海了，但不是送宝，而是取经。

通过朋友介绍，田连元认识了上海著名的滑稽戏编剧王辉荃先生，通过王辉荃，又见到了著名的滑稽戏演员童双春先生。田连元向他们说明了此次来上海的目的，又介绍了本溪艺术团的现状，以及改革创新、寻找新路的想法，所以就到他们这儿来学习，还想把他们的本子带回去，移植成相声剧，希望能得到他们的支持。

听了田连元的介绍，上海的朋友很爽快，说，"行啊，可以把本子给你，没问题。晚上你先看看我们的演出。"

吃完晚饭，在王辉荃先生的陪同下，田连元来到剧场。

此时上海的滑稽剧团正在上演滑稽戏《甜酸苦辣》，这个剧描写一家针织厂的青年工人，在电子提花试制小组组长玉兰的带动下，为实现针织行业电子化饱尝各种甜酸苦辣，终于苦尽甘来取得成功的故事。

田连元生在长春，长在天津，工作在本溪，尽管走了很多地方，学过不少的方言，但还是听不懂上海话。而上海的滑稽戏不仅是上海话，还多是上海的方言。田连元坐在那儿，如同洋鬼子看戏，傻乎乎地看着上海观众笑得前仰后合。田连元皱起了眉头，心想，坐在家里一厢情愿地瞎想，可实际情况完全是两回事。这个戏的本子即便拿回去，怎么演呢？用上海话？谁会说？谁听得懂？没人听得懂你还演什么演啊？用北方话，还有戏剧效果吗？

但不管怎样，既来之则安之，自己先把能做的做了。于是田连元在看戏的时候，拿出笔和本，把每场戏现场演出的背景画下来。大致什么位置，用的什么材料，什么颜色，什么位置，画成舞美设计的草图。

上海的朋友慷慨大方，把这个滑稽剧的现场录音和剧本都给了田连元。田连元再三表示感谢，带着这些东西，也带着迷惘，回到了本溪。

回到本溪之后，田连元担心的问题全都出现了。团里没有人能听懂上海话，听不懂上海话，就没法按照录音来改本子。

真是天无绝人之路，这时田连元突然想起一个人来，这个人就毕谷云先生。

毕谷云就是上海人，他比田连元大十来岁。他自幼学习京剧，先后拜徐碧云、荀慧生、梅兰芳为师，还跟方传芸学习昆曲。1958 年的时候，年仅 28 岁的毕谷云就已经是北京红星京剧团的团长兼主演。20 世纪 60 年代，他响应中央支边号召，带着他的团队来到本溪，组建了本溪京剧团，并担任团长和领衔主演。"文革"中京剧团解散，他也和田连元一样进了"战校"，再后来也和田连元一样下放到了农村，直到本溪京剧团恢复，他才重回舞台。

田连元找到了毕谷云先生，说："我到上海去了一趟，拿回来一个滑稽戏的本子，还拿来了他们全剧的录音。但是这个录音我们听不懂，就得麻烦您了，能不能把上海话翻译成普通话？"

毕谷云先生很爽快地答应了。就这样，田连元在毕谷云先生的家里，摊开剧本，打开录音机，开始翻译。听一句，毕先生给翻一句，田连元记下一句，就这样，一句一句地把这一部戏全都翻译过来。

可是，问题又来了，人家用上海话是包袱，用普通话说就是大白话了，很平淡，清汤寡水，味道全无。

于是田连元便按照这个剧本的剧情，按照人物的性格特征，按照人物规定情境的对话情绪，又重新创作一遍，包括重新设计包袱。改完后，又去找舞美队长宋毓敏，把他现场画的舞美设计图交给了他，宋毓敏有看不懂的地方，田连元就给他讲解。

田连元说，"这是我在演出现场画下来的，不专业。"

宋毓敏看了说，"画得不错，你一定画过画，不然，这舞美的线条和比例，画不了这么清楚。"田连元当年在天津南市的时候的确学过画画，但那是一时兴趣，画的是烟盒上的京剧卡通人物。不过，也许因为那点训练，对线条和比例的感觉还是有所帮助的。

田连元又跟他详细解说一遍，宋毓敏表示："行，我看懂了，我可以按照这个东西来制作。"

宋毓敏是个非常优秀的舞美设计师，没用多久，这几个场景就都做出来了。而且还是活动组合，可以通过摆放、拆卸，组合成很多样式。后来他的这个舞美设计在辽宁省戏剧舞台美术比赛中还得了奖。

普通话翻完了，剧本改完了，舞台布景做完了，演员也选完了，于是就开始排练。田连元做过《江姐》《小二黑结婚》的副导演，又亲临上海学习了这个剧目，自然是由他来担任导演了。

参加排练的演员一共才八个人，这几个人既有戏剧演出经验，身上又有曲艺细胞，毕竟是戏剧嘛，表演起来要有幽默感。田连元要求他们，要根据自己对人物的理解和剧情的发展，充分发挥。这样，反倒调动了他们的积极性，大胆设想，对戏过程中，不时冲撞出即兴的火花。而田连元则根据自己在上海观看滑稽戏的现场感觉，不时调整演员在舞台上的位置。

《甜酸苦辣》这个戏排成后，首场演出便是下部队，到本溪县小市给驻军战士演出。演出非常成功，战士们乐得前仰后合，他们第一次看到这样的戏。

演出成功，田连元有了底气。于是就带着这个戏进了沈阳。在沈阳中街大舞台一连演了十几场，场场爆满。

这个戏，语言风趣，场面热闹，包袱不断。当全体演员上台谢幕的时候，台下的观众恍然大悟："折腾这么欢，闹了半天台上就八个人啊！"

沈阳的演出，反响很好，甚至省委宣传部副部长文菲同志也亲自到现场观摩。陪他一起来的还有省剧协的主席、副主席，以及省文联的同志。

看完戏，文菲当即对省剧协和省文联的同志说："明天你们开个座谈会，研究研究田连元导的这个戏，看看就这七八个演员怎么就能把观众给闹得这样！你看看这观众，情绪高涨，笑声不断。为什么我们的剧本写出来没有这个效果呢？研究研究，什么原因，找找差距。"

文副部长的指示，省文联和省剧协的同志立刻落实。于是第二天，省文联就召开了《甜酸苦辣》座谈会。谈论中，大家谈了这个戏的结构，也谈了这个戏的特色，认为这个戏既不是话剧也不是歌剧，之所以能这样受欢迎，就因为它反映了现实生活。它既有曲艺相声的特色，还带着上海滑稽戏的特点，这种改编和移植是成功的。

会上还请田连元向大家介绍了这个剧产生的过程。田连元介绍完，与会的同志很惊讶，说："你这个说评书的，居然能移植剧本，连舞美设计，再到导演都一肩挑，还排出来了，还成功了。看来你们评书演员不简单啊。"

受到表扬，田连元自然挺高兴，但心里也有苦水，这也是没办法的办法呀！

剧团改革，人员变动，要想生存下去，就得自寻活路。

接下来，田连元又和上海联系，从他们那又移植了几出滑稽戏，其中有《我肯嫁给他？》《出租的新娘》等。

这一段时期相声剧的排练和演出，锻炼了演员，也锻炼了田连元，使得他从编剧到导演，有了一个巨大的飞跃。田连元也体会到，要想生存，就得改革，就得求变。这正是：

> 爆竹声中一岁除，
> 春风送暖入屠苏。
> 千门万户瞳瞳日，
> 总把新桃换旧符。

第六章
声贯九州

————

1.横扫千军如卷席——评书上荧屏

对田连元来说，评书走上电视那是水到渠成的事情。

在辽宁电视台找田连元录制电视评书《杨家将》之前，他在本溪已经大火一场。

本溪广播电台文艺部主任何玉昆先生是一位有才华的老编辑，他对田连元的评书评价极高，他认为田连元是当下中国不可多得的评书艺术家，在传统评书领域里，取得了别人难以企及的成就。既然辽宁广播电台录制的长篇评书《欧阳海之歌》受到广大听众的欢迎，作为家乡的本溪电台，为什么不请田连元录一部传统评书呢？

于是他找到田连元，两人一拍即合。

说传统评书，一直是田连元的愿望。田连元在"文革"前就说过多部传统评书，但在 1964 年以后，传统评书被禁止，田连元只能说现代的和革命历史题材的评书了，诸如《平原枪声》《林海雪原》《风雨桐江》《枫橡树》《青春似火》等。到"文化大革命"，连这些评书也不能说了。

何玉昆文质彬彬，和田连元很投缘。当他提出想和田连元合作，录一部传统评书时，两人一拍即合。田连元早就希望有一天能走进电台，录制一部自己喜欢的传统评书了。于是他选择了《杨家将》。

为什么选择《杨家将》呢？因为《杨家将》这部书，弘扬的是爱国主义精神，勇于为国牺牲的精神，忍辱负重的精神，而且人物鲜活，悲壮感人，故事性强。何主任一听，便立刻同意，他也认为这部书符合当前的形势，容易通过，不会有任何政治问题。

田连元夜以继日地整理书道子，又根据电台每次半小时的特点，对故事情节进行一番改造，于是信心十足地走进本溪电台录音室。因为有辽宁广播电台录制《欧阳海之歌》的经验，所以这次录制得非常顺利，电台也是边录边播。

本溪电台每天中午开始播放，仅仅几天工夫，田连元就开始"扫大街"了。所谓"扫大街"是一句笑谈，意思就是到了评书《杨家将》的时间，人们都赶紧回到家里听他的评书，大街上几乎没人了。很多人听得入了迷，如果不是仅仅半小时，那这座城市恐怕就有停摆的危险了。

当时本溪还是无轨电车，每天中午，电车司机听完《杨家将》才发车，一是司机也喜欢听，另一个是你就是发车了，也没人坐，都在听评书呢。有的人在公共浴池洗澡，澡堂的经理也把小喇叭扯进浴池。有了这个小喇叭，有的人专门选这个时间去洗澡。你想，泡在热乎乎的水池中，闭着眼睛，听着田连元的《杨家将》，那是怎样的一种享受啊，神仙都不换！还有的人因为爱听杨家将，领导派他出差都不爱出，勉强出去了，办完事赶紧往回赶。往回赶为的不是老婆，不是孩子，而是田连元的《杨家将》。

可是，就是这么受欢迎的一部评书，还是遇到了一点小小的挫折。

在《杨家将》播到一半的时候，电台的领导对田连元说，"不好意思，《杨家将》得暂停一下。"

田连元莫名其妙，又怎么了？

原来，电台领导听到一些反映，说《杨家将》这部书可能涉及点儿民族问题。唉，"文革"十年，人都变得小心翼翼。虽然已经开始解放思想，但坚冰不是一日可以打破的。

停播之后，听众不答应了，吊胃口没这么吊的，刚品出点儿味道，没了。于是本溪的听众有给电台写信的，有给电台打电话的，有干脆找上门的。甚至田连元也收到了几百封群众来信。

对群众的呼声，岂能置之不理？

团里的业务主任不愧是搞业务的，他给田连元提建议说，"电台不播了，咱们变通一下，在市体育馆搞个专场如何？"

田连元说："评书从来都是在小剧场演出，本溪体育馆两千多人的座位，能有那么多人来吗？合适吗？"

业务主任说："你的《杨家将》在社会上火得不能再火了，我敢保证，没问题。"

田连元说："那就试演三场看看。"

真是不演不知道，一演吓一跳！两千多人的座位，全场爆满，就连场地里都摆满了凳子，而且外面还有好多没买到票的观众，那盛况，真是一票难求啊。

田连元就从电台停播的那段内容继续往下讲。体育馆里，人多，气场足，演员也就更有精神头了。观众也憋了好多天，急着听下回分解，能到现场亲眼看到这位在广播里呼风唤雨的田连元，更是兴奋，评书中只要有包袱，全场就一阵笑声，甚至田连元说了句"我得喝口水"，观众也笑着大鼓其掌。

说好的试演三天，三天过后，观众仍不过瘾，还要求继续演，可是田连元感觉不能这样下去了，这样的大体育馆，面对两千多人，每天两小时，如此长期演下去，嗓子就废了，于是就转到小剧场。

不久，电台的领导发现，虽然有人对《杨家将》提出民族政策的疑义，但并没有掀起什么风波，而且省内有几家电台也在播自己台录的《杨家将》。于是对田连元说："咱们继续往下录，只是注意一点儿，敏感的地方回避一下。"

田连元有些迷茫，他也搞不清楚到底什么地方敏感，什么地方不敏感，反正我说我的，你们领导把关吧。心有余悸的领导还强调说："这部评书只能在本溪播，不能拿出去交换。"

当时省内几家电台录制的《杨家将》，有鞍山刘兰芳的《杨家将》，营口李鹤谦的《杨家将》，抚顺刘林仙的《杨家将》，本溪田连元的《杨家将》，这么多的《杨家将》每天在各市电台播出，想不让外面知道都难。

果然，辽宁几家电台播火《杨家将》的盛况，传到了中央广播电台，他们正想选一部评书拿到《海峡之声》节目去对台广播。于是辽宁广播电台就把这四部《杨家将》的录音送到中央台，海峡之声总编室的领导和编辑听完，一致同意选田连元的这部《杨家将》。

前面说到，此时的本溪歌舞团正在大刀阔斧地进行改革，田连元的节目在演出时不断被压缩，甚至后来艺术团为了生存，演起了相声剧。虽然田连元集编导演于一身，演出也获得成功，但田连元总觉得自己是在不务正业，因为他真正喜欢的还是评书。

他想起《三国演义》中刘备居人之下时，对关羽和张飞说过的那句话："屈身守分，以待天时，不可与命争也。"争是没用的，抱怨也是没用的，有用的就只有不断完善自己，等待时机。你有真本事，机会来了，你就会大显身手。你没有真本事，机会来了，你也抓不住。

田连元所说的那个"以待天时"的"时"，终于来了！

20世纪80年代经济飞速发展，人民群众的生活水平也不断提高，电视机也逐渐普及，人民群众对文化娱乐的需求不断增长。

广播评书大受欢迎，这让电视台不能视而不见、充耳不闻了，他们不能不"想入非非"。辽宁电视台副台长白天明看到各市电台和省电台的评书节目受到欢迎，于是突发奇想：如果将评书搬上电视，效果会如何呢？不知道啊！不知道的事儿，为什么不试一下呢？

那个时代就是这样，思想一解放，想法就多起来，有想法就实践，邓小平提出改革要"摸着石头过河"，文艺也可以"摸着石头过河"嘛！

因为中央电台选了田连元的《杨家将》，说明他的《杨家将》优于其他人的，而且省电视台的同志也认为田连元的《杨家将》说得好，于是他们就派人来到本溪，找到田连元。

把评书搬上电视，这可是从来没有过的新生事物，他需要评书演员以不同于剧场评书和广播评书的形式来展示评书的魅力。辽宁电视台的同志是抱着试试看的态度来找田连元商量的，没想到，他们找对人了。

也许是形势所迫，田连元是评书界里最不安分的人，也是最喜欢新事物的人。他本来是说书的，人家让他伴奏，他就把弦弹好；人家让他演京剧，他就把戏唱好；人家让他搞创作，他就把新故事编好；人家让他当导演，他就把戏拍好。这些对他来说，都是陌生的领域，可是在这些陌生的领域里，他都做得风生水起，游刃有余。

田连元想，把评书搬上电视，这想法好啊，现在家家都有电视机，打开电视，既能听到评书，又能看到说评书的人，就像在小剧场里一般。因为有广播的出现，从茶馆评书到广播评书，这是一个巨大的飞跃。现在有了电视机，为什么不可以把评书搬上电视呢？评书是古老的艺术，而古老的艺术只有与时俱进，只有和先进的科技手段相结合，才能焕发出青春和魅力啊。

那么，选哪部书最好呢？田连元想了一下，他在电台里播的《杨家将》最成功，最受欢迎，那上电视，当然还是《杨家将》最好。而且，无论从这本书的立意、主题、思想内容还是艺术表现等方面看，《杨家将》都最适合。

那么，多长时间为好呢？

电视台的同志说，每次播出最好不超过5分钟。他们可真够保守的了，也难怪，在他们那，几秒钟的广告就是几万几十万，5分钟的节目，那得占多少黄金时间啊。再说了，他们还认为，电视和广播是有区别的，也就是视觉艺术和听觉艺术的差别，现代社会节奏快，如果超过五分钟，观众就会产生视觉疲劳。

田连元一听，就知道这人不懂评书艺术，5分钟的时间，能说出什么子丑寅卯来？什么叫视觉疲劳，老百姓看电影，好看的两小时都不累。好的电视剧，连老太太都能看一天。而且，在没有广播之前，评书就是视觉艺术，说书人在书馆里，和观众面对面，一说就是两小时啊。

当然了，电视评书也不可以像茶馆评书，一说两个钟头，过去说书人说《水浒》，说到《挑帘裁衣》时，一拴扣子，明天他还得来。若是有客人要外出三天，提前打好招呼，三天后回来，还是西门庆见潘金莲。可到了电视里就不能这么拖沓了，但是不拖也不能只说5分钟啊！

田连元坚持自己的意见，他说，"你们想想，评书有自己的艺术规律，它是要讲故事的，要有来龙去脉，如果观众听不明白，不知道你讲的是什么，你这个栏目不是白办了吗？还有收视率吗？如果录，至少20分钟，如果不行，那就请别人吧。"

电视台见田连元态度坚决，于是只好同意："好吧，那就20分钟。"

对评书演员来说，时间长，难度小；时间短，难度大。因为你要吸引观众，就要有包袱，就要有铺垫，就要在节奏上有起有伏，在开头和结尾的设计上都是全新的挑战。

而且，20分钟的评书，字数大概5000多，有时候语速若快，还会更多。一天下来，田连元至少得准备15000字到20000字的文字量。

田连元根据自己多年小剧场说书的经验，以及在舞台上说书的阅历，确定评书上电视，不仅仅要说，更要演，要有丰富的面部表情和合理的形体动作，不仅要把握好语言的节奏感，更要求语言的形象性，要求自己在这短短的20分钟里，要做到有点趣、有点味、有点词、有点劲。

有点趣，就是要生动，有包袱，插科打诨，让观众听起来有意思。但电视毕竟是高雅的平台，全家男女老少一起看，那些庸俗的笑料、插科打诨就坚决不能用，要净化荧屏。

有点味，众口难调，这个味怎么才能体现出来呢？那就是要有你自己的风格，不要去迎合，让观众自然而然地跟随你进入你所设定的情境中来，既要有品位，还要有回味。

有点词，就要求你不能仅仅是讲故事，还要展现文字功夫，要有文采，要有夹叙夹议的本领，要有和时代、和大众贴得近的语言，同时还要有思想，观众听了之后要有启发、有思考。

有点劲，就是要在节奏上不能拖沓，说书人的情绪必须饱满，如果说书人都像没吃饭似的，观众可就没了精神头儿，谁还听得下去呀？

田连元住在沈阳的人民旅社。现在人们一般出门，大都住单人间。可那时候，田连元住的可是四人间。早上起来先把当天要录的词过一遍，在哪儿过呢？不能在宾馆里，那会影响别人休息。于是他就裹着大衣，冒着严寒，来到中山公园，钻进小树林中，连说带比画。背词的同时，也把表情动作设计好了。可惜没镜子，如果能在大镜子面前比画，效果一定会更好。偶尔有晨练的人从旁走过，不知这人犯了什么病症，嘴里嘟嘟囔囔，手上比比画画，不知是该报 120 还是报 110。

田连元不是一个照本宣科的说书匠，他不满足于老本子、老故事，用一位专家的话说，就是要对过去所讲的《杨家将》进行"删、改、补、移、并、分、裁、集"，做到这一点，实在不容易。每写一节，田连元不知要读多少书，要考证多少资料。《宋史》《资治通鉴》以及古代笔记小说，他不知研究了多少本。突然有一天，他发现自己看着看着书，眼前一抹黑，什么也看不清了。开始没在意，后来又连续发生了几次，他吓坏了，赶紧去医院，经诊断，是中心性视网膜炎。医生建议他不要看书，要多休息。可是，电视台边录边播，你停得下来吗？于是，只能忍着痛，边上药边坚持着。

田连元小时候学传统书时，死记硬背了不少"赞""赋"以及人物开脸儿、衣着穿戴、厅堂寺殿的描述等，说人状物，各有一套固定模式。但是，如果现在还是沿用老一套的"赞""赋"，没有糅进新的语言，许多观众尤其是青年观众就会因为语言陈腐而失去吸引力，这就需要你创造出不落窠臼的鲜明、生动的语言。

在过去评书中，说书本上的叫"墨刻儿"，书本上没有的叫"道活儿"。说书人如果拘泥于"墨刻儿"，观众就不如找本书来看，谁还花钱听你的？而"道活儿"，就是书上没有的，新鲜，观众爱听。田连元在电台录的《杨家将》，之所以被中央电台选去，就是因为他的"道活儿"多。

开始录制了，田连元问导演："有什么要求吗？"导演说："没什么要求。你准备好了？开始吧。"于是田连元就按照自己设计的说了起来，田连元在这边说，导演和录像在那边录。说错的时候，田连元就叫停，那边就停下来。田连元不叫停，那边就一个劲儿地录。

这样一来，反倒让田连元有些不踏实了。

他对导演说："你倒是有什么要求跟我说一下，你们是行家，我也不知道这样说行不行啊。"

没想到导演非常满意，说："就是这样，这就是我们要求的，你就说吧。"

这下田连元就放心了，说得就更放开了。

田连元每天上午录，录完回宾馆就准备稿子，背词，设计动作。有人说，他每天准备的稿子，一万来字，背得下来吗？还要设计动作，行吗？

这就是评书演员的基本功了。当年田连元刚到本溪的时候，给刘彩琴念书道子，说上半个多小时，第二天刘彩琴连说带唱能演上两个小时，这叫本事。田连元就更不用说了，比如说，田连元看一段五分钟的新闻，他就能在几分钟内，把台上所有的扣、节、上下转承准备利索，上台说上20分钟一点儿没问题，就是再加上10分钟他也有的说。

有的人说，短的可以，那长的呢？忘了词怎么办？你放心，田连元的本事就在这儿，我们常说不能一心二用，他能做到一心三用。嘴上说的和脑袋想的不在一个节点上，嘴上说的是前段的词，脑子想的是后段的词。与此同时，手脚得跟上嘴上的词，脑子还得一边想着下段的词，一边在安排下段词的动作。你看哪个评书演员面前有提示器？没有！你啥时看他有接不上词的时候？没有！你啥时看他有说错改口的时候？没有！即便有的地方说串了顺序，那也没关系，他几句话就给你圆回来，保证天衣无缝，让你毫无察觉。还有他的即兴创作，那都不是事先写出来的，好多都是现场即兴发挥出来的。他那脑子，比计算机还快。所以说，评书不是谁都能说的，那得勤奋加上天分才行啊！

录了几集后，电视就开始播了。

田连元想听听反响，看看有什么需要改进的。于是就问导演："已经都播出几集了，观众有什么反应，有什么意见，你们及时跟我说说，没关系，我这个人是经得起打击的。"

导演说没有。田连元心想，可能反响平平。

播了十几集后，田连元忍不住又问导演，导演还是说："也没听说谁来信，录吧，录吧，你放心，没事儿。"

后来知道，当时这位导演并没有把电视评书当回事儿，再加上他在"文革"中受到过冲击，本来是可以到更重要的岗位当导演的，可现在却在电视评书节目做导演，有点大材小用，所以有点怀才不遇，无精打采的样子。

待电视评书《杨家将》播出一个月之后，突然有一场足球赛要在晚上电视评书时间播出，也就是下午的六点三十分。

仅仅停播一次，没想到，第二天辽宁电视台总编室的电话被打爆了，还有其他部门也是电话不断，都是质问《杨家将》为什么停播了？

如此众多的观众打来电话，电视台才如梦初醒，原以为反响平平的电视评书《杨家将》，竟然有这么多的观众，有这么高的收视率。其实这一个月中观众都沉浸在电视评书《杨家将》之中，根本就没顾得上写信和打电话呢。要不是这场足球赛，电视台还蒙在鼓里。

原本无精打采的导演，这下也振作起精神来了，他也意识到，他所录制的这部电视评书将要开启电视和评书融合的一个新时代了。不仅仅有更高的收视率、更高的经济效益，更是电视文艺的创新，是一种全新的文化现象。他高兴地对田连元讲："咱们这个节目，收视率很高啊！"听了这话，田连元信心更大，劲头更足了。

可是，录到一半的时候，田连元的腰痛病犯了，疼得直冒汗，只好停下来去了医院，一拍片子，大夫说，你这是肥大性脊椎炎，要少运动，多休息，还给开了药。可是，田连元的评书，和别人的评书不一样，不是光坐那说，那不是他的风格。他得比画，他有动作，尤其在电视上。而且，电视台也是边录边播，你休息了，电视台播什么？观众看什么？忍着吧，就是人废了，也得把这部书录完。

准备的时候，眼睛病了，录制的时候，腰疼犯了。田连元想，不付出点儿代价就想成功，那是做梦啊。

《杨家将》一共录了150集，收视率按辽宁电视台统计，仅次于中央电视台的《新闻联播》。如果和电视剧一类的文艺节目相比，仅次于香港电视连续剧《上海滩》。如果和他们自己比，在自制的节目中则排在了第一位。

毛主席有句诗叫"横扫千军如卷席"，这句诗用在田连元的电视评书《杨家将》上，那是再恰当不过了。在《杨家将》播映的日子里，大街上很少看到人影，都被扫地进门，坐到电视机前了。大街上即便有不多的人影，也是脚步匆匆，那是在赶着回家看评书的路上……

后来有观众向田连元请教《杨家将》创作的甘苦时，田连元幽默地总结了四句话：

> 看到头昏脑涨，
>
> 写到晕头转向，
>
> 练到吃喝不香，
>
> 想到不如改行。

正是经历过呕心沥血，才使得他奉献给观众的这部评书《杨家将》，生动丰满，魅力十足。辽宁电视台播完，这部评书在东三省轮流连播，继而又在全国十几个省级电视台及北京电视台播放。尤其北京电视台的播放，更让田连元名声大噪。

2.天下谁人不识君——《杨家将》轰动北京城

田连元是 1985 年在辽宁电视台录制的评书《杨家将》，1986 年在东三省电视台轮流播出，而北京电视台播出这部电视评书《杨家将》时已是 1987 年 1 月。

想不到，这部《杨家将》在北京比在东三省还要火，叫好之声，不绝如缕。《杨家将》引起空前轰动，不同年龄、不同身份的人，都看得如醉如痴。《北京日报》有报道说：

> 首都北京，每晚 6 点 25 分一到，总是有难以计数的人赶紧坐到电视机前，津津有味地收看评书《杨家将》。热情的观众还将千百封书信寄给千里之外的表演者——本溪市歌舞团团长、评书表演艺术家田连元，倾诉着他们如痴如迷的心情。其实，也不仅仅是北京，《杨家将》先后在全国 100 多家电台和 18 家省级电视台播讲，无处不是喝彩声。人们

被田连元的艺术魅力所征服，田连元则为观众的热情所感动……

《北京广播电视报》的报道说：

> 今年元月一日，北京电视台将田连元播讲的评书《杨家将》搬上屏幕，受到广大观众的欢迎。许多人称赞这个节目雅俗共赏，老少咸宜，具有北京的传统文化特色。不少观众下班后忙着往家赶，怕误了收看时间；有的干部去外地出差还特意请人把节目录下来回来再听；一些个体户青年宁可错过摆摊的黄金时间也要看完《杨家将》；连那不识字的七八十岁的老翁和幼儿园的孩子，也对这个节目着了迷。有的观众甚至说，喜酒可以不吃，评书不能不看。北京电视台几乎每天都收到观众的来信和电话，要求重播或延长播送时间……

的确，这个时期，田连元收到的信可以装几麻袋。开始的时候，田连元还可以回几封，但是后来，信雪片似的飞来，不但回不过来，就是看也看不过来呀！

有人以为，评书这种传统艺术，就像京剧一样，只在老年人和一些票友那里还有点市场，年轻观众谁看啊？评书也是如此，只在文化水平较低的人群或者老年人中有市场，年轻人是不会喜欢的。但是这种判断在田连元的《杨家将》上，则完全失误了，因为来信中有很多大学生，还有中学生、小学生。

这是一位大学生的来信：

> 田老师，您播讲的评书《杨家将》，情节曲折，悬念迭生，引人入胜。加上您生动幽默的表演，使我简直着了迷。以前我是从收音机里听评书，现在您把听觉、视觉的艺术完美地结合在一起了，看您的表演简直是一种高级的艺术享受。深深地谢谢您为我们广大观众制作出如此高质量的精神食品……

这是一位中学生的来信：

> 田连元叔叔：您好！我是北京一名十分普通的中学生，是怀着一种兴奋的心情给您写信的，我已十四岁了，但这是我写的第一封信！因为我的社交圈很小，小得可怜，无须信件来往，也许您感到可笑，不过这是真的。利用电视这种现代化的宣传工具播讲《杨家将》，使评书这种传统的民间艺术焕发了青春……

这是一位小学生的来信：

> 田连元叔叔：您好！我叫张英，今年十二岁，上小学六年级。我非常喜欢听您讲的《杨家将》，那惊心动魄的场面、曲折的情节，有时使我捧腹大笑，有时又使我陷入沉思。比如，杨六郎假死以后，八王千岁和寇准要亲统大军，亲自挂帅，迎敌韩昌。听到这儿，我不禁暗吃一惊，我立即想到：这两个文官能行吗？六郎延昭要是还活着该多好啊！再比如，寇准被孟良捉住以后，孟良要下毒手，听到这儿，我不禁为寇准的生命担心……

有个叫王涛的孩子，特喜欢田连元的评书，自己比比画画地也跟着学，但总觉得没长进，于是便给田连元写来一封信，说他如何仰慕，说他想学评书。那时候，田连元还没有收徒弟的想法，便给小王涛回了一封信，说了不少鼓励的话。后来王涛还给田连元写了好几次信，还在《中国少年报》上发表了一篇文章《说评书的好老师——田连元》。后来小王涛虽然没说评书，却当上了体育记者，但他始终忘不了田连元。

北京酒仙桥中学的师生看了有关田连元评书《杨家将》的报道，听说田连元患了"肥大性脊椎炎，疼得直冒汗"，便给他缝了一个靠背垫，寄到本溪给田连元，说让田老师"说书累了的时候，就把这个棉褥垫垫在身后，好好地解解乏……"

还有的观众写了书法寄给田连元，有的把自己多年积攒的历史资料寄给田连元，有的画了画寄给田连元，有的写了诗寄给田连元。有位叫徐宝源的先生写了这样一首诗：

> 评书荧屏现，迷醉北京人。
> 事理详千变，情肠合五伦。
> 稗言为史翼，精艺显文鳞。
> 今夕顿然歇，音容何日亲？
> 书说《杨家将》，田君格调新。
> 连珠惊妙语，振扇贯全神。
> 俗雅乐收听，忠奸凭指陈。
> 誉声燕市布，无愧艺之珍。

外省市的也是如此，这里不妨再试举两例：

江西土家族苗族自治州保靖县苗寨的龙让在信中说，全家人每晚等着收看《杨家将》等得心焦，他6岁的儿子说电视里的叔叔不会排节目，非得到晚上10点才播。等着等着，孩子在父母怀中睡着了，但《杨家将》一开播，他一下子就醒过来，一边观看，一边提出一些让父母都无法回答的问题来。龙让信中还问田连元，《杨家将》是否已出了书，哪怕油印的也行，他急着想看……

吉林一位78岁的退休老教师给田连元写了一封长长的信，信是这样写的：

> 五一之际，评书开篇，初次倾听，阖家腾欢；掷地金声，声永不息，铿锵有力震耳边；绕梁多日，余音不断；内容看之深邃，茅塞顿开无掩。情词并茂，雅俗语言。……鹤立鸡群昂首，众星捧月在前。初出茅庐，名震霄汉，群众爱戴，荣登书坛……

还有几件挺有意思的事，不妨也一起说一说：

一件是有一位西安的老人，姓田，也犯连字，听田连元的评书入了迷，也不知怎么论的，就说田连元是他的本家弟弟。田连元和《西游记》剧组一起来西安演出，老人得悉，硬把田连元接到家里，可是论来论去，竟是一场误会。但老人说，不管怎样，我们五百年前是一家，一笔写不出两个田字。田连元很感动，临走时，还给老人留了张名片。

另一件是北京的出租车司机，见坐车的是田连元，说什么也不肯要出租车钱，说拉您就太荣幸了，怎么能要钱。这位司机还跟田连元说，"田老师，说了您别生气。我一个朋友的爸爸是二七厂的，八十多岁了，就爱听您的评书。死的时候，儿子用纸扎了一个彩电，画上田老师您。"田连元一笑置之，说，"怎么会生气，这说明他喜欢。"

还有一次田连元坐火车，对座的小男孩认出了田连元，便和田连元亲近，让田连元抱。甚至到站了也不肯下车，被父亲强行抱走，还哭着要田叔叔。

《杨家将》火了，北京电视台播完之后，专门把田连元请到北京，召开了一场专题研讨会，来自机关、部队、工厂、学校的代表和曲艺界的专家进行了座谈。特别是曲艺界的专家，认为田连元的《杨家将》是在继承旧传统评书艺术基础上的大胆创新，老书新说，值得提倡。他们认为，田连元的电视评书《杨家将》对中国评书艺术的传承和发展起到了巨大的推动作用，而且，中国评书有史以来第一次形成了巨大的明星效应，这不仅对田连元是一件大事，对中国的评书艺术也是一件大事，开辟了中国评书的一个新时代。

会后，《北京广播电视报》对这次研讨会用了三个版面进行报道。一个版面是座谈会的报道，一个版面是群众来信选登，还有一个版面是专家的评论文章。

这期间，北京大学的两位教授，一位叫吴小如，还有一位叫吴晓铃，在《北京晚报》上撰文，对田连元的《杨家将》给予充分肯定，但也就寇准讲方言的问题，提出自己的看法，和田连元进行商榷。田连元也撰文，对这两位讲授的异议给予解答。可见，不仅平民百姓喜欢听田连元的《杨家将》，就是北京大学的专家教授，也喜欢听田连元的评书啊。

还有专家在报刊上撰文评论。中国广播说唱团的么树森先生撰文说：

　　……前一时期，新武侠小说风靡一时，一些荒诞不经、庸俗媚世之作在青少年中广为流行，一些同志曾经很忧患地询问：中国通俗文学的力作在哪里呢？它的出路将会如何呢？长篇评书《杨家将》的出现，有力地回答了这个问题。首先，它明确标示自己的俗文学性质，它是渊源古老的民间传统形式，它是曲艺，它满怀热忱，毫无愧色地为最广大群众包括"引车卖浆者流"服务，它自居下里巴人而挑战于阳春白雪。在艺术风格上，它也体现了自己的独特追求。田连元说《杨家将》，既学传统，又有创新。……田连元同志古书新说，最大的贡献就是他在传统中渗透进鲜明的群众意识、现代意识，处处体现着一种幽默、一种温情，使艺术表现把握在一个较高层次，情节上的理之所必无，造成了作品结构的大开大合，引人入胜；细节上的情之所必有，则使书中人物走进八十年代观众的心中……

中国社会科学院法学研究所的朱效亮先生也撰文说：

　　田连元先生以《杨家将》的再创造，达到了中国评书的顶峰。特别是对孟良、杨星等人物的刻画，无疑已超过了塞万提斯塑造的堂吉诃德。我深信，您的艺术成绩，必将会成为人类的共同的文化遗产。我期望，在不久的将来，这些艺术将被翻译成英文或其他文字，以便让其他国家的人民也能欣赏到这些同样属于他们的艺术。我认为，艺术是没有国界的，对传统艺术的再创造更是没有国界的。因为这些艺术，以特有的魅力，不断展示、放射、发挥着许多超越时代、超越空间、超越社会经济制度的基本价值……

一位负责宣传工作的领导干部写道：

田连元的电视评书《杨家将》之所以大受欢迎，是因为他运用了许多现代人的思维和语言，将爱国主义、英雄主义的思想内涵进行了生动的展现。在他的评书表演中，爱国主义、忠义精神是一种可歌可泣的牺牲与奉献，是一种对国家、民族命运的关切、忧戚的赤子情怀。……任何民族都有自己的史诗，而评书《杨家将》史诗般的宏大叙述、跌宕起伏的故事情节、个性鲜明的人物、精彩诙谐的语言和表演，调动起了每一位听众内心的英雄情结。时代需要英雄，时代需要英雄带来的感动。为英雄立传，为英雄赞歌，田连元先生正是用一部《杨家将》迎合、引领了时代和听众对于文艺的需求，焉有不受欢迎的道理？……

《北京广播电视报》在报道这次研讨会的时候，还配了田连元讲评书的插图，一位叫武烈的先生为插图配了一首诗，这诗配得真好：

> 空巷说杨门，
>
> 慷慨诉国魂。
>
> 文堪会元榜，
>
> 武威田将军！

田连元的电视评书《杨家将》，已经成为一个时期国人的集体文化记忆。

3.梦里依稀慈母泪——献给母亲的春晚

中央电视台从 1983 年开始举办第一届春节联欢晚会之后，一发而不可收，春晚的舞台成了明星大腕儿的云集之所，也是那些有才华但尚未被全国观众所熟知的演员们挖空心思想去的地方。

就田连元来说，他绝不会挖门子找关系上春晚的。但是，一个演员，如果你的名气到了那个份儿上，得到观众的认可，这样的演员，你想不上春晚都难。

1987 年的夏天，中央电视台的两位春晚导演王晓和赵安来到本溪，通过本溪电视台找到田连元。见到田连元后说明来意，说请田连元先生在 1988 年的春晚上个节目。他们是这样设想的，这个节目可以由四个人组成，分别请田连元、袁阔成、王刚、刘兰芳以评书的形式表演，但要求是新创作的节目。谁来创作？别人写不了，就得你田连元来承担了。

田连元有些犹豫，不是怕创作，而是这段时间母亲身体一直不是很好，所以田连元不想离开。但是母亲听说是中央电视台找儿子，让他上春晚，她很高兴，她知道，上春晚的都是明星大腕儿，而且她也喜欢看，还曾边看春晚边对田连元说："什么时候你也能上回春晚？咱们全家边吃饺子边看你演出多好。"田连元对母亲说："这可不容易。"现在机会来了，不能错过。

母亲对田连元说："你去吧，妈能在春晚的电视上看到你，就心满意足了。"

母亲的愿望，田连元不能违拗，便跟王晓和赵安来到北京。

其实导演提出的想法只是一个粗略的概念，或者说是一个前期的想法，尚未成型，得演员自己提出创作方案。于是田连元根据自己多年的创作和表演经验，对导演组建议说，能不能这样，先由田连元、袁阔成、王刚说一个接龙故事，同时加说人物开脸儿，最后由刘兰芳说一个贯口活儿。导演组听了，说可以呀，那你就先创作吧。

贯口的表演形式早已固定，但说什么很重要。也就是说，这个贯口在春晚能否让观众喜欢，表演不可少，但更重要的是看内容。也就是说，田连元的创作决定了刘兰芳的演出能否成功。

搞过创作的人都知道，凡是创作，都涉及两个问题，一个是写什么，一个是怎么写。而写什么比怎么写往往更重要。你文笔再好，但巧妇难为无米之炊啊。贯口必须要有新鲜感，要说新事物，这新东西到哪儿找呢？

那几天，田连元真是冥思苦想，急得抓耳挠腮。

真是踏破铁鞋无觅处，得来全不费工夫。那天田连元听工作人员说春晚拍摄现场新进来很多的灯，包括冷光源灯、光导纤维灯等，都是些高科技的新产品。这是新事物，何不就写现场这些灯呢。

田连元一下子脑洞大开，他的想法一提出，邓在军、焦乃积都说好，立刻派车拉着田连元到现场看了一圈，问了一阵，记了几页。回来后，几天工夫就写出来，题目叫《春晚说灯》，好在不长，不妨全文录下：

今天是春节联欢会，新春佳节，万象更新，这联欢会上，灯火通明，五彩缤纷，光芒四射，照亮了各个角落。这边是二龙戏珠，这边是鸳鸯戏水，这边是鹤鹿同春，这边是丹凤朝阳。二龙戏珠，宝珠绚丽夺目；鸳鸯戏水，水流飞溅生花；鹤鹿同春，春来万物增辉；丹凤朝阳，阳光普照大地。大地繁花似锦，长空星光闪烁。

说是星，其是灯，说是灯，其是星；若灯，若星，若星，若灯。要说灯，有长形灯，圆形灯，多角灯，节日灯，聚光灯，回光灯，荧光灯，光导纤维灯，有红灯绿灯紫灯黄灯蓝灯，就是没有黑灯。

参加晚会的人们，有男的，女的，老的，少的，来自四面八方，各行各业：有关机关，有关单位，有关领导；港澳同胞，海外侨胞，国际友人；各界代表，有戏剧界的，电影界的，新闻界的，出版界的，音乐界的，美术界的，杂技界的，体育界的，曲艺界的，教育界的，科技界的；有作家画家艺术家，企业家改革家，歌唱家作曲家，这儿可没有野心家。

看他们精神焕发，光彩照人，谈笑风生，喜气洋洋。穿着节日盛装，带着新春愉快，真正是欢声笑声歌声掌声，声声悦耳；歌星笑星舞星明星，星星争辉。一首歌，献出一段真情；一段舞，呈上一段厚意；一个相声，捧出满怀欢笑；一个小品，奉上一段喜庆。这真情，这厚意，这欢快，这喜庆，随着电波，飞往天空，飞越大河，飞越长城，飞越莽林，飞越山丛，飞到千家万户，飞到亿万人心中，献上一段真情，祝您幸福康宁。

写完后，田连元自己很满意，算了一下时间，两分钟，不多不少，然后交给导演组。导演看过，也非常满意，然后转给刘兰芳。

贯口完成了，还有他们三个人的人物开脸儿呢。于是田连元又开始进入创作中。因为春晚时间要求严格，不能长也不能短，所以那是字斟句酌呀。田连元想来想去，还是相声演员李国胜和冯巩脸上有活儿，说起来大家会乐，再选一个传统人物，最后再来一个故事接龙。

节目拿出来后，导演看了，兴奋地对田连元说："连元，这回你给春节晚会立了一大功啊。这绝对是个好节目。"还有一些艺术界的权威人士也跟田连元说："这个接龙故事非常好。"导演的话，让田连元高兴了大半天，要知道，春晚的导演可不是轻易就能夸谁的。

可是，轮到部领导审查的时候，这个接龙故事被毙掉了。这位领导说："你这个故事的结尾说'醒来是个梦'，这个梦不好。春晚嘛，干吗是个梦啊？应该是现实的嘛。不要讲梦，要多讲现实。"

刚刚导演还说好得不得了，可是领导一句话，就这样被毙掉了。田连元对导演有些想法了，你不是认为很好吗？为什么你不能坚持自己的意见呢？对领导唯命是从，领导也不是搞艺术的，他可能没看懂，你不能给他解释一下吗？那些艺术权威也一声不吭了。

田连元有些泄气，本来自己认为挺好的作品，而且导演也认为是好东西，专家们也觉得不错的作品，只因为领导一句话，就前功尽弃，这活没法干了。

不过，这个被中央电视台枪毙的故事接龙，被北京台春晚的导演看中，于是被田连元带到了北京台的春晚。

这边剧组的同志安慰田连元，说是故事接龙毙就毙了，这是常有的事。你的人物开脸好好地加工一下还是不错的。但是田连元坚持认为，这个给人物开脸儿的东西，就好比相声的"垫话"，它不应该成为主体呀。所以田连元干脆就对剧组的同志说，这个人物开脸还有必要了上吗？剧组的负责人说，你好好改改，还是不错的。

可是就在此时，1987 年 11 月 12 日，田连元的母亲突然去世了，田连元急忙赶回本溪。

母亲是这个家的主心骨。过去父亲是这个家的顶梁柱，可是父亲去世得早，母亲便成了这个家的顶梁柱了。因为有了母亲，多少难关，田连元都挺过去了。如果没有母亲的坚强，他真不知道自己能不能熬到今天。田连元的父亲是在五十多岁时去世的，那时，母亲还不到五十岁。田连元和弟弟妹妹是母亲在艰难环境中呵护成长的，母亲的艰难，母爱的无私，他体会得最深。田连元六岁的时候，一家人从四平逃难到了关里。一路上，母亲紧紧拉着田连元的手，有了母亲的手，田连元的胆子就壮了些。学艺的时候，母亲在煤油灯下，一边纳着鞋底一边帮着田连元背唱词。

"文化大革命"开始的时候，造反派批斗田连元，要给他戴高帽子游街，是母亲那坚毅的目光支撑了田连元，母亲把一件新买的棉大衣递给田连元，说，"把大衣穿好了，别冻着。"

下放到农村的时候，田连元身无分文，走投无路，几次有了轻生的念头。母亲把点豆腐的卤水偷偷地倒掉，她生怕儿子一时想不开，喝了卤水，走上绝路。

由于他和刘彩琴都忙于演出，三个孩子都是母亲一手带大的。尤其在农村，最艰难的时候，母亲的身体每况愈下。由于高血压，她已经有一只眼睛失明了。田连元想带她到附近的公社医院去看病，但是由于道路太远没能看成。后来回到城里，她也从来不说自己身有重病。直到有一回血压升高，高到她头晕目眩、呕吐了，才去了医院，被大夫收留住院，这时田连元才知道母亲的病有多重。后来一段时间，她感到胸闷，有人说这是心脏病，但是又有人说这是气管不好，她自己也说是气管毛病。田连元曾经买了些治气管炎的药给她，她居然说很见轻。

田连元在北京春晚剧组的那些天，田连元还给家里打过电话，挂念母亲的身体。可是母亲说挺好的，没事儿，还嘱咐田连元在北京好好排节目。

可是就在11月11日的早晨，她心脏病突发，送到医院一检查，前胸大面积心肌梗死，马上收治住院。没想到只有短短的一天时间，母亲就离他而去……

母亲的死，让田连元痛不欲生，他后悔自己只忙于事业而忽略了母亲，现在生活渐渐地好起来，可是母亲却不在了。

送走了母亲，田连元长时间沉浸在痛苦和自责之中。他含泪写了一篇古风长诗，悼念母亲：

长忆歌

面对慈容泪如丝，往事如云任风驰。

依稀尚记哺育爱，难忘哼拍入睡时。

逃荒路上牵娘衣，煤油灯下读唱词，

辄忆寒夜纳鞋底，母子抬水桶后移。

岁到中年人未老，家父病故成孀居。

灵前万点伤心泪，化作希望儿自知。

携母出关将弟妹，千里迢迢落本溪。

一腔慈爱一腔真，倾注田家两代人。

襁褓擦涤育孙女，悉心照料抚孙孙。

舐犊情深深似海，隔辈人疼隔辈人。

"文革"风暴卷埃尘，居家漂泊落荒村。

断牖残灯秋风夜，裂炕草屋蓬蒿门。

灶前点灯烟熏烟，沟畔拾柴棘刺身。

烟熏泪眼眼失明，积劳成疾病渐侵。

漏室连阴屋内雨，隙壁霜透满墙银。

茹苦无声强作笑，为使一家减愁云。

偶有婆媳龃龉事，总以仁爱待人心。

且恐儿女生无望，常将卤水倾出门。

都云天下父母心，我母心胜天下人。

盼得东风解阴霾，愁云始得一线开。

劫后余生归城日，家渐复兴母渐衰。

鬓添银丝额添皱，神采渐黯步渐怠。

正值约定就诊日，晨鸡报晓暴病来。

住院未得一日整，老菊凋谢永不开。

跪扶病榻涸泪眼，娘心停跳儿心衰。

吾家折断横天梁，妻儿一片恸地哀。

儿悔求医迟一日，媳悔生未尽孝待。

孙悔未释祖母累，空悔人去不复回。

人不复回悔愈深，恨不随母赴泉台。

老母先行休嗔怪，事毕业竟儿自来。

　　此诗可谓痛心裂肺，泣血横流。而且，若从文学欣赏角度来说，这真是一篇悼念母亲的好祭文。可以说，悼念亲人，一般人写写散文尚可，若写这样一篇古风长诗，没有一定的古典文学尤其是诗词的修养，是写不出来的。就连很多文学大家读了田连元的这篇作品，都对田连元的母子之情和文学才华，赞不绝口，说他"不仅是一位评书艺术家，更是一位文化大家，诗人"。

　　虽然母亲去世让田连元一时间万念俱灰，精神萎靡，可是中央电视台春节晚会导演组的同志还是打来电话，催他尽早回去。田连元不得不打起精神，因为创作的任务压在他身上，不能因为自己影响到其他人。于是田连元又回到剧组。

　　但是田连元还是难以把心静下来，于是他和导演王晓同志讲："王晓同志，我现在心情非常不好，老母刚刚去世不久，我到这里来搞创作，觉得有点力不从心。跟您商量一下，让我回去好不好？我不参加这个春节晚会了，行不行？"

　　王晓听了很惊讶，他瞪着田连元，看了半天，最后说："你怎么了？你知不知道中央电视台春节晚会是亿万人民都关注的晚会呀！有多少人想进都进不来呀！有多少人托门子想上个节目都上不了啊！现在不是单纯考虑你自己情绪如何的问题，而是面对全国人民的问题。责任重大，你怎么能打退堂鼓呢？"

　　这时，夫人刘彩琴也打来电话，安慰田连元，说："你一定要坚持，不为别的，就为了母亲你要也坚持，她多希望你能站在春晚的舞台上啊。虽然她老人家看不到了，但她九泉之下也会欣慰的。"

　　这话说到了田连元的心里，"是啊，为了母亲，我也要坚持下来。"

　　稿子终于改完了，在以后的几次审查中，顺利通过。

1988 年龙年春晚，还是那种茶桌式的形式。大家坐在桌子旁边，既轻松又活跃。田连元这桌有袁阔成、王刚，还有画家范曾。参加晚会的人，光坐那儿是不行的，你得在那儿为春晚的节目鼓掌叫好，为春晚衬托气氛。尤其他们这些相声评书演员，必须活跃起来，带动全场的气氛才行。

到了刘兰芳的贯口，她站起身，大家围坐在她周围，田连元正好坐在她的话筒前。刘兰芳一张口，立刻赢得满堂彩，周围的人笑声不断。而坐在刘兰芳前面的田连元，表情很凝重，别人笑时他不笑。为什么？因为他紧张啊，他在全神贯注地听刘兰芳表演他写的那个贯口，直到刘兰芳说出贯口的最后一句"献上一段真情，祝您幸福康宁"时，他才松口气，露出笑容来。这个贯口，后来成为刘兰芳的保留节目。

轮到田连元他们的节目了，田连元为冯巩做了评书开脸儿的介绍，王刚为李国胜做了一个开脸儿，袁阔成先生自己说了段《水浒传》鲁智深的开脸儿。三个开脸儿下来之后，晚会现场反响火热，气氛更加活跃起来。

春晚结束后，田连元回到宾馆。

田连元本来和袁阔成先生住一间客房，但此时袁阔成已经把家搬到了北京。所以演出一结束，袁阔成就回家去了，客房里只剩下了田连元一个人。面对空空的四壁，不免想起往年春节一家人围着母亲高高兴兴过年的情景，可是现在，母亲不在了，阴阳两隔，田连元忍不住潸然泪下，继而放声大哭。

人们在春晚的时候，看着电视中那些演员们欢天喜地为全国老百姓送欢乐、送祝福，可是谁知道他们欢乐的背后，隐藏着多少痛苦。正如田连元，刚刚把欢乐送给全国观众，却独自在宾馆，以泪洗面。

4.我辈岂是蓬蒿人——不惜失之交臂

田连元第二次参加春晚是在 1990 年。

这次春晚刚开始筹备的时候，导演黄一鹤就把田连元请到了剧组，跟田连元谈了自己想法。

黄一鹤打算在这次春晚搞一个新的形式，把全体演员分成红、黄、蓝三个队。红队为曲艺队，蓝队是小品队，黄队是歌舞队。由田连元担任红队队长，牛群任副队长；由陈佩斯担任蓝队队长，后来改为朱时茂；阚丽君担任黄队队长。以打擂比赛的形式把整个春晚串联起来。这个想法既大胆又新颖，很有创意。

不过，田连元光当队长还不行，黄一鹤要求出个节目，要在一分钟内，红、黄、蓝队各出一人，以打擂的方式讲一个笑话，还必须把大家逗乐了。

黄导的想法一提出，大家就一致摇头，一分钟内，三个队，三个笑话，还必须要把观众逗乐了，谈何容易，这本身就是个笑话。田连元逗趣地说，"除非演员一上台，裤子突然掉了，观众肯定笑起来。"

不管别人怎么说，黄一鹤还是坚持自己的想法。他对田连元说："这样，咱们开个座谈会，把能搞笑的人都找到来，让大家在这儿都讲个笑话，你选，如何？"

田连元不好再反驳，说："可以。"

于是，剧组把在场的漫画家、相声演员、爱说点笑话的作家都找来，大伙坐在中央电视台的办公室里，规定一分钟内，每人都讲一个笑话，看谁能把大家逗乐了。于是八仙过海，各显其能，一阵工夫，足足讲了二十来个。

可是这些笑话，在田连元听起来，并不怎么可乐。黄导也有同感。于是他又安排人去翻中外笑话集，阎肃先生也帮着找。阎肃先生别看名谓阎肃，其实一点儿都不严肃，是个热心肠，大家都叫他"阎公"。还有给唐老鸭配音的李扬、表演《吃鸡》的哑剧演员王景愚等人，都很喜欢田连元的评书，彩排的间隙，找田连元合影、闲聊。

这样，田连元又找了两三天之后，有人给田连元提供了一个段子《鳄鱼池的故事》。这个故事很简单，说是古印度一国王公开招聘驸马，条件是必须从一个鳄鱼池游过去。险恶的池塘让所有去应聘的小伙子都只能面面相觑，望而却步。突然，一个小伙子跳进鳄鱼池，手忙脚乱地游到对岸。人们呼啦一下围了上去，有的恭喜他成了国王的驸马，有的问他的勇气是从哪儿来的。可是此人却怒吼道："我只想知道，是哪个王八蛋把我推下水的！"

田连元一看，觉得有点儿意思，于是便对此笑话进行改编，效果如何，就需要现场检验才行。

恰在此时，本溪歌舞团来京演出。于是田连元就携这个段子，登台表演，一连演了三四场，场场效果都不错。行，就它了，田连元心里有底了。

于是参加初审，通过；参加二审，通过；参加三审，田连元的笑话通过，另两个队长的笑话被枪毙了，不得不推翻重来。演出的时候红队田连元说了《鳄鱼的故事》，黄队说了一个唐杰忠买鞋没给钱的故事，蓝队说了一个"从前有座山，山里有个庙"的故事，说最后你不笑，我就哭……

一分钟之内说个笑话，真的实在太难了。但是从现场看，田连元的《鳄鱼的故事》效果最好，现场的观众是真笑，而另外两个笑话，现场观众笑得就有些勉强了。

这一年的央视春晚，有人说出了个辽宁帮，所谓辽宁帮就是说辽宁的演员太多了，有田连元、赵本山、黄晓娟、巩汉林、黄宏等，都是辽宁的。还有一位就是本溪的苏红，她是第二届 CCTV 青年歌手电视大奖赛通俗唱法一等奖获得者，晚会上演唱了歌曲《望春》，还参与了《马字令》歌曲联唱。赵本山和黄小娟表演了小品《相亲》，这一年是他们第一次登上春晚，此后便一发而不可收。

央视的春晚审查是极其严格的，台里自己三审之后，便是中央领导审查。1990 年的春晚是时任政治局常委李瑞环亲自来审的。因为这一年是一个非常特殊的年份，新一届中央领导诞生，而且江泽民总书记、李鹏总理还要来春晚舞台，和全国人民见面。

李瑞环平易近人，在他面前，每个演员都很放松。

李瑞环的思想很解放，他审查完节目，很高兴地对央视的领导和导演说："不错，不错，没什么问题，有问题我负责。"

导演黄一鹤非常高兴。在此之前，黄一鹤因为春晚的节目几次审查，有很多节目被砍掉，着急上火，嗓子曾一度哑得出不来声了，而今晚却声音透亮。

田连元恭喜他："黄导，今天嗓子不错呀。"

黄一鹤笑了："高兴，节目通过了，这就是最大的成功啊！"

皆大欢喜。

1990 年 1 月 26 日，也就是大年三十这天，春晚直播就要正式开始了。

上午，央视领导召集春晚的全体剧组人员开会，宣布纪律：今晚的直播有中央领导参加，领导出现的时候，不要往前挤，不要跟领导照相，不要让领导签名。要懂礼貌，讲秩序，对领导要热烈欢迎，情绪饱满……央视领导的一再强调，让大家反倒紧张起来，都意识到此次马年春晚与往年不同。

晚会开演的时间到了，演职员们各就各位，观众也已经在现场坐满。今天晚上的演员情绪非常饱满，节目在一个一个顺利地进行着。零点钟声就要响起的时候，主持人赵忠祥、艺术总监李默然共同向大家宣布：新上任的党中央总书记江泽民同志和国务院总理李鹏同志来到现场，和大家见面，并通过春晚现场给全国人民拜年！此时此刻，大家群情激奋，热烈鼓掌。

这时，江泽民和李鹏两人先后走上舞台，向大家打招呼。然后又各做了一个简短的发言，向全国人民拜年，祝愿国家安定团结，祝愿人民幸福。之后，他们走下台来与在场的演职员一一握手。

当两位中央领导在面前出现的时候，现场的演员表现得还算不错，秩序没有乱。但是也看得出，有的演员急于抢到前排来和领导握手，但也有的老演员反倒让开，站到后面。田连元是队长，站在前排，领导和他握完手，他一回头，看见相声演员唐杰忠，便向他招手示意，让他过来，可是唐杰忠笑着摇摇头。田连元心中不免生出敬意，把出风头的事都让给别人，这样的人，更值得尊敬。

转眼到了 1995 年，央视又一次找到田连元。可以说这是田连元的第三次春晚，但也是一次失之交臂的春晚。

怎么讲呢？

1995 年春晚的总导演是赵安，剧组的导演黄海涛找到田连元的时候，他正在北京二七机车厂电视台录制长篇电视评书《双镖记》。

黄海涛导演对田连元说，今年的春节晚会有一个新的创意，叫三地联播，就是北京、上海、西安三地联合播出的春节晚会。导演组决定请你、袁阔成、王刚三个人共同搞一个三地联说的评书。届时一个在北京，一个在上海，一个在西安，现场直播，接龙似的把一个故事说完。

田连元一听，觉得这个形式挺新鲜，就和黄海涛到春节晚会的剧组去了，见到了剧组的负责人邹友开。邹友开也向田连元讲了一遍剧组的打算，并且决定这个节目的本子由田连元来执笔。

接过任务后，田连元再一次向邹友开确认："是不是要把一个故事分成三节来说？"

邹友开说："对呀，这三个故事合在一起是个整体，互相之间相接又要有悬念。最后还要有一定的立意，还要有意义，时间不宜过长。一地儿最多不能超过 5 分钟，三个地儿合起来 15 分钟。这也挺长了，最好一个人控制在 4 分钟以内。"

领导意见很明确，田连元回来马上动手，按照领导的意图开始创作。拿出初稿后，便赶紧来到剧组，征求意见。恰好碰见了王刚，田连元就把创作情况和王刚说了一下，然后又把本子给王刚看了。王刚看后说："很好啊！"于是两人一起去找邹友开。

不巧，邹友开在外面忙着回不来，就说你先让导演张小海看一下吧。于是田连元就和王刚一起找到了张小海。张小海正忙着，有好几个本子等着他审。

田连元说明来意后，张小海说，"你把本子给我念一下。"

于是田连元拿出写好的稿子就念，边念边觉得张小海似乎有些不太满意。

听完，张小海说："这个就是三地联播的节目啊，这样的写法好吗？"

田连元不知该怎么回答，反问一句说，"您觉得呢？"

张小海说："我觉得这三地联播啊，最好每人在一个地区讲一个小笑话，各自独立的，这样现场效果会更好一些。讲点那种让人一听就乐的东西。"

田连元跟他解释说："邹友开主任跟我交代过，说的是要讲一个有连续性的故事，我是按这个要求来写的。"

张小海说："我觉得还是三地各讲一个笑话好。昨天有一位同志给我讲了一个小笑话，效果就非常好。"

田连元忙问："是什么小笑话？"

张小海就把那个笑话讲了一遍。

田连元一听，这算啥笑话呀，太老了，大家早都熟悉了。你说上句，人家知道下句，没了包袱，谁还乐啊？

田连元心想，"算了，这个本子我写不了。"但是对导演不能这么说，还得客气。于是田连元就跟张小海导演说："行！那我就回去再改改。"

张小海说："好，你先改，改完了我再听一遍。"

田连元心想，"你呀，恐怕听不着了。"他对张小海说："张导，我回去尽我最大努力去改。不过，要是改不出来我可就不回来了。"

田连元说完，发现张导愣了一下，因为从来没有人这样对导演说话，一般说来，让你改，那是对你高看一眼，很多人就是十易其稿，就是被导演语带讥讽，也不肯轻言放弃呀。

张导好像看出田连元的心思，格外嘱咐了一句："一定要改出来呀，改出来之后我们再商量。"

田连元回答了一句，"好的……"

田连元离开张导的房间，王刚也跟出来了，他在身后问田连元："田老师，您是不是不打算改了？"

田连元无奈地说："你看见没？主任和导演的想法不一样。主任要我们三人说一个故事，导演要让我们每人说一个笑话。他们意见没统一，我怎么改？按主任说的，导演不同意，按导演说的，主任不同意，你不是左右为难吗？算了，我还是回去录我的评书吧。"

果然，田连元离开剧组，回去录他的评书去了。

后来袁阔成给田连元打了个电话，问他这个节目究竟是怎么回事。田连元对他解释说："导演和主任的想法不一样，这个作品没法写，勉强写了也得给枪毙。"

袁先生似乎心有不甘，对田连元说："你没再找他们沟通沟通吗？"

田连元说："我跟张导说得很明确了，我要是改不出来我就不回去了。我没回去，他就明白了。这个事就算了吧。"

过了一段时间，田连元有些后悔了，悔的是自己办事不周。当时正急着录长篇评书《双镖记》，所以也就没把春晚当回事。自己没当回事没关系，人家王刚和袁阔成两位，却因为自己一时的意气用事，错过了上春晚的机会。起码当时也应该征求一下人家的意见啊，这种做法，有些唐突，很欠考虑。所以田连元对这二位一直都有一种愧疚之意。但是对自己来说，他是宁愿不上春晚，也不愿意被人蹂躏。

红透半边天的田连元，几年来，一直忙得不可开交，除了录评书、开研讨会、上春晚，还要参加一些大型的演出活动，各种荣誉也是纷至沓来。

在 1991 年，田连元被评为文化部和人事部联合授予的首届"全国文化系统先进工作者"，并应邀进京领奖。那天为他颁奖的是国务院副总理李铁映同志，他也喜欢听田连元的评书。颁奖的时候，李铁映握着田连元的手说："祝贺你，希望你能说出更多更好的评书。"田连元回答："谢谢领导的鼓励。"站在田连元旁边的是著名影视演员李雪健。听到田连元的回答，李雪健向田连元点点头，那眼神的意思是说"我也听过你的评书"。田连元也向他点点头，意思是说"彼此，我也看过你的电影"。两人会心一笑。这是缘分，谁能想到，三年后，李雪健在电视连续剧《水浒传》中扮演宋江，而田连元则是《水浒传》的顾问。

发完奖，便是和领导照相。照相的时候，有些演员赶紧抢占有利位置。田连元原地没动，心想，等你们都找好了位置，剩下的就是我的了，站在哪儿还不一样？只要照片出来，上面有我就行。田连元一转头，又看到了李雪健，还有扮演周总理的王铁成，也站在一边，不去抢什么位置，一直等别人拣剩下的位置他们才站上去。田连元想，都是获奖演员，人的精神境界还是有所区别的。

第二天，获奖者在大会的安排下，登上了天安门。天安门在中国人的心目中，那是神圣的地方，是毛主席、周总理登临的地方。十五年前，田连元曾在前门用一位同志的望远镜，远距离观看天安门。而那时的田连元，他怎么也想不到，十五年后自己也会登上这神圣的天安门。

田连元从天安门向远处望去，看到了蓝天白云下的人民英雄纪念碑，看到了毛主席纪念堂。十五年的时间转瞬即逝，而中国则发生了翻天覆地的变化。那个喧嚣的时代已经过去了，如今一切都安静下来，国家正在健康有秩序地向前发展。

物是人非，站在天安门上的田连元，不免长长地吐了口气。

田连元和王铁成走在一起，因为两人都属于那种稳重而不事张扬的人。王铁成从粉碎"四人帮"后，就一直在影视剧中扮演周恩来总理，可谓形神兼备，是银幕上第一个周总理的扮演者。这时，游览天安门的群众认出了说《杨家将》的田连元，也认出了扮演周总理的王铁成，很多人涌上前，跟他们合影。同行的其他演员们也都过来找到田连元，和他拍照留念。

评书《杨家将》火了之后，田连元的演出也多了起来，比如受邀和《西游记》剧组一起到西安演出，在北京首都体育馆演出，等等。在西安和北京的这两次演出都是在体育馆里。尤其是在首都体育馆，面对近2万名观众现场说书，这在评书史上可是空前的啊！虽然田连元曾经在本溪体育馆里说过评书，但那毕竟是才几千人的小馆，和北京首都体育馆比起来，那真叫小巫见大巫啊。

那天在首都体育馆参加演出的有董文华、毛阿敏、克里木、刘欢、腾格尔、侯耀文、石富宽、李扬，主持人是赵忠祥、方舒，都是当时文艺界响当当的大腕儿。由于北京电视台刚刚播完《杨家将》，所以当主持人方舒刚刚报出"下面请著名评书表演艺术家田连元……"全场2万人的掌声便雷鸣般地响起。田连元上场说了一个短评书《白字司令》，说是"文革"中有个造反司令没有文化，把走资派"瑞士末"念成了"端上来"，结果手下人真的就把他给端上来；另一个走资派叫"辛斧"，结果念成了"亲爹"。说完，观众乐得不行，掌声热烈，不让下场，只好返场又说了一段《事故的故事》，观众还是不依不饶。田连元不能再说了，别人还有节目呢。只好在掌声中强行退场，而下一位演员也只好在掌声中强行演出。

在首都体育馆第二天的演出照样掌声热烈，没办法，只好比第一天又多说了一个小段。三个小段，面对三个不同方向，每转到一个方向，那个方向的观众就像中了彩一样，连鼓掌带喊叫。

剧组的同志都羡慕地对田连元说："田老师这两天，真是大火啊！"

田连元笑笑，他知道自己应该如何面对这火，必须保持清醒，因为"人无千日好，花无百日红"。一个人，尤其是演员，有天大的本事，也不可能永远红下去。为此，田连元写诗一首勉诫自己：

火了好比星中月，

泥了好比霜后花。

不火不泥乌嘟水，

有火有泥才成家。

5.身世浮沉雨打萍—— 啼笑人生

世界在变，国家在变，各行各业都在变，常规不断被打破，新事物也在不断涌现。此时的中国，到处是一派生机勃勃的景象。

尤其是中国的媒体，各种新诞生的报纸如雨后春笋，早报、晚报、都市报不断创发行新高，电视台的收视率也在节节攀升。特别是电视台的文艺类节目，不断地打破老旧模式，寻求新的突破。新的主持人、新的主持风格也是常常让人耳目一新。于是，评书大家田连元成了抢手货，因为他反应机敏、语言幽默，让他来主持节目，观众喜欢。

中央人民广播电台的老编辑田维贤找到田连元，对他说："你能不能搞搞节目主持啊？"当年就是他要田连元到北京去录制长篇评书《欧阳海之歌》的。虽然评书没有录成，但两人还是成了好朋友。

田连元一愣，什么意思？让我搞主持？田连元笑了，对田编辑说："我是演员，不会主持啊！"

田维贤编辑说："我看你行，你是说书先生啊，文化积淀深厚，经历多，见识广，应变能力强，肯定能做好一个主持人。中央电台的春晚你来主持怎么样？"

田连元是一个喜欢挑战自我的人，而每次挑战他都收获颇多。所以田维贤一撺掇，田连元就答应了。这是1989年的中央广播电台春晚。田连元虽然不是"初生牛犊不怕虎"，但他敢于尝试，他心里有底呀！为什么？主持好了，是你的本事，主持差了，没关系，我是业余的呀。所以有了这个底，田连元一点儿压力都没有，整台晚会主持下来，既轻松活泼，又幽默无误。中央广播电台的领导和电台春晚的导演以及那些主持人都说，田连元这个主持人找对了。

没想到，这一次的小试牛刀，田连元可就一发而不可收了。

转过年，中央电视台的导演王晓和主持人汪文华来找田连元。田连元第一次上春晚的时候，就是王晓导演来本溪找的他。此时的田连元正在天津中国北方曲艺学校担任评书教师。

由于田连元在春晚的精彩表演，尤其是担任红队队长，让王晓更加信任田连元。所以一见面，王晓就开门见山地对田连元说："中央电视台有个栏目叫《曲艺与杂技》，最近准备改版，想请你帮着出出主意，看看怎么改好。"

田连元一听，这是好事啊，能给曲艺专设一个栏目，说明央视对曲艺的重视，也说明观众对曲艺的喜爱。于是就帮着出点子，提了许多建议。

王晓发觉田连元总有新点子、好主意，于是就在北京和天津之间往返了好几次。有时干脆把田连元请到北京。商量到最后，田连元建议，栏目最好就叫《曲苑杂坛》，既有曲艺，也包含了杂技。王晓一听，说，"好啊，就这么定了。"王晓看着田连元，突发奇想，对田连元说，"田老师，干脆，这个栏目就你和汪文华一起来主持吧。"

主持节目，还要到中央电视台，这可是田连元从来没敢想的。主持中央人民广播电台，那是不露面的，要让他像赵忠祥那样在电视屏幕上主持节目，这可有点难。但是，咱先别说行还是不行，人家现在需要你，你就试试看。有了春晚红队队长和中央广播电台春晚的主持经验，田连元真想试试，不行再说。

到了央视栏目组，田连元一边和导演研究节目内容一边琢磨主持风格，而且还有创作任务。出乎田连元的预料，节目第一期一经播出，立刻引起强烈反响，以至重播的时候，收视率直线上升。播到第三期，《人民日报》就登出整版文章《电视栏目〈曲苑杂坛〉"打内打外"》，予以充分肯定，《中国电视报》也在头版，进行了报道。

大家都记得《曲苑杂坛》开篇的时候有一首主题歌："相声、小品、魔术、杂技、评书、笑话、说唱艺术……"这首歌是北京歌舞团的一位演员配唱的，但是由于这个人的音色和田连元接近，很多人都以为是田连元演唱的。田连元不敢掠人之美，便跟导演王晓建议说，能不能给这个演员做一期节目，让观众知道这个开篇曲是他唱的，别老误会是我唱的。导演接受了田连元的建议，真的就给这个演员做了一期节目。

在《曲苑杂坛》，田连元一共主持了六期。从第四期开始，田连元就感觉这个栏目给自己发挥的余地太少，限制太多，而且自己还有很多其他的事情要做，学校的教学任务还挺重，于是便向导演王晓提出让他找一个人来接替自己。导演王晓再三挽留，但见田连元去意已决，便在第六期节目录完，无奈地放走了田连元。由于后来也一直没有找到合适的人选，便由汪文华一个人主持了。

田连元除了在中央电视台和汪文华一起主持过《曲苑杂坛》外，还和倪萍一起主持过《综艺大观》《共度好时光》《京剧晚会》等。他还主持了其他一些演艺节目，比如和宋丹丹一起主持阜新玉龙文化节的开幕式等。除了主持，他的演出也很多，比如和那英一起说相声《打灯谜》，和刘苏红一起说快板《奇袭白虎团》，和央视主持人陈志峰演戏曲小品《寇准巧断双夫案》，和台湾著名影视演员萧蔷演小品《家有仙妻》，等等。这些节目大受欢迎，全方位地展示了田连元的表演才华。

田连元虽然推掉了央视的主持，可是却难以推掉家乡台的盛情。田连元是从辽宁电视台走向全国的，没有辽宁电视台录制的电视评书《杨家将》，田连元也不会那么快地红遍全国，所以感恩之心不可无。

当辽宁电视台听说田连元辞了央视主持，便赶紧找到田连元，说："田老师，正好您回来了，我们辽宁台这个《共度好时光》栏目，正想请您做主持人呢。"

田连元笑了，说："我不是主持人啊，我是说评书的。"田连元时刻不忘自己是一个说书人。

辽台的那位副台长对田连元说，"您不是主持人，可您在央视《曲苑杂坛》的主持水平可不低呀，全国人民谁不知道。"

田连元连连摆手说："那是权宜之计，不得已而为之。"

副台长说："那您也给家乡台来场"权宜之计"吧。您是辽宁人，家乡父老盼着您呢。"

话说到这个份儿上，田连元不好再推辞了。

《共度好时光》是现场直播的节目，新栏目的广告早就发出去了，因为是直播，许多观众那天早早就坐在电视机前，要看个究竟。

开播了，男主持田连元，女主持张红娟，首次直播，都很紧张，生怕出现什么纰漏，尽管事先做了大量的准备。

开始的时候，一切很顺利，主持词说得也比较流畅，接下来是开场歌曲，演唱者是辽宁歌舞团的曾静，她的那首《二泉吟》当时红遍全国。

从那时开始，现场直播就有假唱了，假唱是为了保证直播时不出问题，歌唱演员先期录音，现场对口型，这是万全之策。

可是，即便是万全之策，还是出了谁也想不到的问题。

歌唱演员曾静走上台来，向大家敬礼，然后音乐响起。可是，坏了，音响师放出来的不是曾静的歌，显然录音带放错了。曾静尴尬了，又不能叫停，只好在那儿煞有介事地对口型。现场的导演、导播以及几位摄像师都急了，尤其摄像师，不敢把镜头推近，更不敢给曾静特写。

台长急忙问两位主持人，"怎么办？有什么补救的办法吗？"

事已至此，没有办法也得想办法。田连元说："既然放错了，就将错就错一把吧，我上去说几句，让曾静重唱一遍就是了。"

尴尬的曾静终于等到这首曲子放完，沮丧地下了台。

这时，田连元走上台去，急中生智，既是对现场观众也是对电视机前的观众说道："观众朋友，今天您可是来着了，这从来没有的事儿可让您给看着了。今天是我们《共度好时光》栏目首次现场直播，全体演职员心情都十分激动，在台上，主持人和演员的激动心情观众朋友们都看得到，摄影师在台下观众席里大家也都能看得到，可音响师在台边上被边幕挡着，大家就看不到了！怎么办呢？他们也有自己的表现方法，他们故意把结束歌曲拿到前边来先播出了，来了个节目预报，这样一来呢，刚才演唱的演员曾静就不得不再次登台，重新演唱属于她的开场曲目，而结束的时候您再听一遍结束曲，这就叫作'一曲两听'。一般的晚会可没有这样的待遇，您偷着乐吧！下面，再次请出曾静为大家演唱开始曲。"

就这样，曾静再次登台。一场演出事故，让田连元轻易化解，观众的谜团解了，怨言也没了。台里的人见到田连元都说："选您当主持，就是出了事儿，您都能给圆上。"

1990 年是徽班进京 200 周年，辽宁搞了一场隆重的纪念活动，邀请了当时京剧界的名家在沈阳中华剧场举办了一场对外公演，这是当时戏曲界的一次盛会。被邀请来的名家有吴素秋、高玉倩、李和曾、于魁智、沈健瑾、李光、李新等，还有哈尔滨的云燕鸣，沈阳的吕东明、汤晓梅、秦友梅等人。

这台晚会由田连元和北京曲剧团的魏喜奎主持。魏喜奎是久负盛誉的曲剧名家，她曾在戏曲电影《杨乃武与小白菜》里扮演"小白菜"，20 世纪 50 年代曾在世界青年联欢节上获过奖。两人分工的时候，田连元说"您先选"。魏喜奎想想说："这样，北京的我熟悉，地方的您熟悉，我主持北京来的，您主持地方来的。"

可是，到了台上，魏喜奎一高兴，忘了戴花镜，节目单上的主持词，一个都看不清。无奈之下，只好把节目单全递给田连元，遗憾地说："连元，没办法，这个还是由您主持吧。"

这样，整个晚会的节目，就都由田连元一个人主持了。

京剧名家李和曾与夫人李忆兰也来参加这次晚会。李和曾因为身体不太好，田连元报幕前先征求他的意见，夫人李忆兰说："他刚刚做完大手术，到台上不能唱了，跟观众见个面，说几句话就可以了。"田连元又问："如果观众强烈要求李老师唱怎么办？"李忆兰说："他现在确实不能唱。"

于是，田连元在报幕时就只能这样报了："下面要和大家见面的是著名京剧高派传人、表演艺术家李和曾先生。李和曾先生那高亢嘹亮的声音，曾经倾倒了多少戏迷。可是李先生近年来由于身体欠佳，做了心脏大手术，不能够再为观众们演唱了。可是当年他曾经到沈阳来演出过，他知道沈阳有很多热爱他的观众，有很多喜欢他的戏迷。为了这些观众和戏迷们，他亲自到这里来和大家见个面说几句话，表达一下心情。让我们用热烈的掌声欢迎李和曾先生上台。"

在观众的热烈掌声下，李和曾先生走上台来，和观众们说了几句话后，观众们用礼貌性的掌声把他送下台。接着田连元报了下一个节目。刚报完，舞台监督就对田连元说："李和曾先生又想给观众唱一段了。"田连元说："那怎么办呢？刚说完不唱，这又想唱。"舞台监督说："您想办法吧。"

田连元灵机一动，走上台乐呵呵地和观众说："观众朋友，刚才李和曾先生和大家见面讲了几句话之后，走下台去，台下很多观众情绪激昂。看到了李和曾先生，想起当年在舞台上表演的风范。有十几位观众写条子送到后台，强烈要求李和曾先生为大家演唱一段。我和李和曾先生沟通以后，先生看到观众对他这样的爱戴，所以答应要为大家演唱一段京剧《逍遥津》，让我们用热烈的掌声欢迎他上场。"

观众报以热烈的掌声。

其实哪有什么字条啊，这是田连元的随机应变，不然这个场怎么圆？

田连元在辽宁电视台还主持了一个戏曲栏目，叫《戏苑景观》，这个栏目受到广大观众的喜爱。

这个栏目是田连元和后来调到北京电视台的著名女主持人圆方一起主持的。在节目开始的时候，先由田连元向观众介绍这出戏产生的年代背景，戏的故事情节，然后演员登场演唱，再然后由田连元往下讲故事，演员再唱，最后由田连元点评。

这个节目之所以大受欢迎，就是因为请来的都是戏曲名家，既让观众一睹名家风采，也普及了戏曲知识。像梅葆玖、尚长荣、李维康、耿其昌、杨春霞、云燕鸣、李胜素、孙毓敏、叶少兰、张建国、张学津、康万生、钱浩梁、徐福元等名家都来过这个节目。这些明星大腕对田连元都太熟悉了，见了面就对田连元说，"天天都能看到你"。

上海的著名京剧演员关栋天，常与尚长荣一起配戏，尚长荣演魏徵，关栋天演皇上。他对田连元说："我们一台戏投入二百多万，一百多演员，没你一个人说得明白。"

原中国文联副主席，广播电视艺委会主任仲呈祥在谈起这个栏目时说："田先生的说书与看戏的巧妙结合，十分精彩！可见主创人员的一番苦心。戏曲、曲艺历来不分家，这样设计可谓是合情合理，巧夺天工，自然天成，可圈可点！"

这台节目时间在十五分钟左右，高度凝练，和唱词有机结合起来，既要文采，又要晓畅。中国教育电视台精品赏析节目拿去播了一年，台湾东森电视台也拿去播了一年。

在这些戏曲名家的身上，田连元看到了人生命运的起起伏伏，铭刻着深深的时代烙印。

当年《杜鹃山》中扮演柯湘的杨春霞被请来，见面时，田连元笑着说，"当年你们的《杜鹃山》刚上演的时候，就被我们偷来了，这事你知道吗？"杨春霞吃了一惊，"有这事？"于是田连元就把当年的经过说了一遍。杨春霞笑了，说，"哎呀，我们还真不知道，你们胆子可真大，要是让上面知道了，后果不堪设想啊！"是啊，谁都知道，《杜鹃山》这出戏是江青亲自抓的，要是她知道剧本、总谱外泄，倒霉的不知会有多少人呢！

田连元知道，杨春霞在"文革"开始的时候，因"修正主义的苗子"被批斗，在 20 世纪 70 年代因为演样板戏《杜鹃山》里的柯湘而红极一时。但是粉碎"四人帮"之后又被审查，可谓沉沉浮浮。

还有康万生，田连元在介绍这些名家的时候，总是要把这名家仔细地研究一遍，把他们的人生坎坷命运也要简单地介绍一下。康万生是天津京剧院著名的花脸演员，天生一副好嗓子，十几岁进天津艺校，毕业后分配到样板团，因为个头不高的原因，演不了正面人物。在京剧《红灯记》中只能演一个日本兵。不过因为嗓子好，就给了他一句台词，就是那句"带——李——玉——和"。一次演出，他不知怎么来了高兴劲，一声高喊："带——李——玉——和"，声如洪钟，余音绕梁，观众为之一振，竟情不自禁地鼓起掌来。这可是一个大事故，过于表现自己，忘记了自己扮演的是一个日本兵，违反了"三突出"的原则，于是被下放改造，这一放就是十三年。直到改革开放之后，才重返舞台。田连元在向观众介绍的时候，不无幽默地说："他是一鸣惊人之后，带来了一路烦扰、一路艰辛。如今重返舞台后，是一路春风、一路高歌。"可谓一语双关，把他这些年的人生际遇、甜酸苦辣，几句话就都带了出来。

这个节目还邀请了钱浩梁夫妇，钱浩梁就是京剧《红灯记》李玉和的扮演者。

田连元和他早就熟悉，"文革"中还见过几次面，一次是他作为国务院文化小组成员接见广西、上海、湖南、辽宁四省市文艺汇演的演员，还有一次是作为文化部的副部长接见全体演员。1976 年粉碎"四人帮"后，浩亮接受审查，后来恢复自由。有一次田连元参加武汉虹口体育场演出时，又一次见到了浩亮，他登台唱了京剧《甘露寺》，应观众要求又清唱了京剧《红灯记》选段。会后主办方宴请全体演员，浩亮见到田连元，便说，"我爱人就喜欢听你的评书。"田连元说，"我们以前就见过几次，你接见过我们。"浩亮急忙打断田连元的话，说，"惭愧，惭愧。"田连元看着浩亮这一生的起起伏伏，从一个普通演员，到大红大紫，上到高位，又从高位跌落下来，锒铛入狱，真是跌宕起伏、悲剧人生啊。

田连元想，一个演员，他的天职就是老老实实演戏，千万不要有什么非分之想，更不要卷进官场，不求荣华富贵，只求平平安安。不求大红大紫，只求艺术人生。可是，在历史的大潮之中，又有谁能把握住自己呢？

还有一个人让田连元难以忘怀，他就是徐福元。

徐福元先生是山东京剧团的著名京剧武生，他既是京剧演员，又是当年样板戏《奇袭白虎团》的副导演。来沈阳的时候，徐福元身体不太好，曾因心脏病住院，但接到邀请，他还是坚持来了，老伴陪着，药品带着。到了沈阳，还专程到田连元在沈阳的家中去看望田连元。田连元和他一起探讨了第二天节目中的访谈事宜，嘱咐他说，"我们这个节目是录播，不是现场直播，我采访您的时候，您就尽管把《奇袭白虎团》这个戏的产生过程，简明扼要地，捡有趣的说，说长了没关系，过后我们剪，说错了没关系，过后您再补。"

第二天在拍摄现场，田连元先向观众介绍了节目内容，接着放了段《奇袭白虎团》的电影胶片，然后是对徐福元先生的采访。田连元说："徐福元先生，我知道您是参与拍摄这个戏的执行导演之一。今天我们从山东把您请到沈阳来，大家非常想听听这个戏产生的过程。"

当时徐福元先生心情比较激动，他说："这部戏是在抗美援朝的生活基础上写出来的。生活当中就有这么一个原型，我们对他进行了艺术处理和艺术加工。

在《奇袭白虎团》这出戏里，有一句，就是'我们还要更警惕紧握枪，打败美帝野心狼'，正好和'雄赳赳，气昂昂，跨过鸭绿江'那首歌的最后一句非常相似，这都是来自生活的音乐创作。"

说到这里，他回想起当年《奇袭白虎团》到北京演出的盛况。他说，"我们在北京开始演出的时候，接连五场爆满，本来到期该走了，但是应观众的强烈要求，我们又接着往下演……"说到这儿的时候，田连元发现他的脸色突然变白了，嘴唇逐渐发青。

不好，田连元意识到这是他的心脏病发作了。当时他的老伴儿就坐在旁边，当即把救心药拿出来往他嘴里塞，可是已经塞不进去了。他牙关紧闭，面色苍白，嘴唇发青，人事不省。全场的人都惊呆了。

田连元收回话筒，喊了一声"快叫120！"

很快120救护车就来了，医护人员进行了一番抢救，然后用担架把徐福元先生抬上了救护车。

汽车开走了，可节目还得继续。田连元调整一下心情，回到台上，对观众说："观众朋友们，徐福元先生是京剧界著名的武戏演员。在《奇袭白虎团》这部戏的排练中，他有过很大的贡献，包括武打设计和全剧的演出，这里边都有他的功劳。今天我们重提往事的时候，作为当年的创作者肯定心情激动。今天徐福元先生在现场心脏病复发，我们已经把他送到医院进行抢救了。观众同志们，让我们衷心祝愿徐福元先生能够早日恢复健康。"大家自发地鼓起了掌。

节目做完了，医院里传来了消息：徐福元先生因抢救无效，已经与世长辞。

剧组的人无不为之痛惜，有的潸然泪下。而田连元更是觉得这是一个难以接受的现实，心情很沉重，情绪也很低落。

回到家，田连元看见昨天晚上曾经给徐福元先生沏的那壶茶还摆在桌上。便问夫人刘彩琴，问："这壶茶还是昨晚的茶吗？"

刘彩琴说："对呀，是昨晚的茶。"

田连元哽咽着说："昨晚的这位喝茶人，现在已经不在人世了。"

田连元的老伴儿不免为之惊讶和叹息。是啊，人生竟是这样的短暂，生命竟

是这般的脆弱。田连元不胜感慨,提笔为徐福元先生写诗一首,算是对他的悼念吧:

一壶茶水未曾凉,

生死离别各一方。

亡魂有知当笑慰,

银屏英雄万古长。

6.该出手时就出手——为电视剧《水浒传》当顾问

电视长篇评书《杨家将》让田连元红遍大江南北,接着在 1993 年,中央电视台邀请田连元录制了长篇电视评书《水浒传》。因为田连元早在三年前已经在中央广播电台录制了长篇评书《水浒传》,所以现在为了有所区别,就把电视评书《水浒传》改名为《水浒人物传》。

这部书,因为施耐庵的小说文本,几乎家喻户晓,人人皆知。要想把它搬上荧屏,必须进行改编,增添新的内容,该详则详,该略则略,人物该丰满的要进一步丰满。否则,很难吸引观众。

于是,田连元翻阅现有的各种有关《水浒传》的文字资料,精心研究,反复修改,既不能违背原作,又要让人爱看,每集的结束还都要留有悬念,又要恰好二十分钟。

中央电视台专门为田连元在外面租了个摄影棚,用了两个多月的时间,一口气录了一百八十集。田连元每天录三集,把录制《杨家将》时的甘苦,又重新品尝一遍。

播出的时候,中央电视台三个频道,一天能播六到九次,而这时北京电视台也正在播田连元的其他评书。田连元觉得,北京的观众一打开电视机,都是你田连元了,这样不好。为什么呢?因为时间长了会产生视觉疲劳,弄不好观众会讨厌你了。

于是田连元给北京电视台打电话说："能不能错开点时间，别把我捧杀了。"

北京电视台的同志笑着说："他播他的，我播我的，我们管不了他，他也不管我，这叫井水犯不着河水呀。"

田连元很无奈。

有一次，田连元在中央电视台碰上了相声名家李金斗。他一见面，就说："叔啊。"按辈分，李金斗管田连元叫叔，"叔啊，知道吗？最近联合国下文件了。"

田连元不解，问："什么文件？"

李金斗说："把今年定为田连元评书年啊。"

但是不管怎么说，中央电视台播出的《水浒人物传》影响还是相当大的，不但观众反映好，就是中央电视台里也是一致的好评，台里的很多工作人员甚至领导都听得入了迷。

当时在全国非常有名的一本杂志叫《三联生活周刊》，就《水浒人物传》的成功，对田连元进行了一个长篇访谈。记者提了很多的问题，其中有一点就是，"那么多人说《水浒传》，为什么偏偏你的能打响？"

田连元寥寥数语，便道出了评书的真谛。他说："人们都认为评书是在说故事，其实真正的评书是在说人物。比如说'武松打虎'，谁都知道武松在景阳冈上把老虎打死了，但是听众为什么还喜欢听你讲'武松打虎'呢？因为你讲的重点不在打虎这个故事，而是武松这个人物。过去讲'听书听扣子'，说的就是所谓的悬念。其实靠'扣子'吸引观众是说书艺术的低级阶段，真正要把书说好，还是得说人物。文学是写人的，说书是说人的。把人说透，才会唤起听众对你的关注。中国的艺术都是写意的、白描的，中国传统小说不像外国小说，会有大段的心理描写。它甚至会只描出一个表象，让读者自己去推测人物的内心是怎样的。但是说书需要加入心理描述，还要加入说书人对故事情节的评述，画龙点睛，在这一点上，是评书相比其他艺术形式而言，更需要下功夫的地方……"

田连元对评书的理解，其实也是作家对文学的理解。文学不是讲故事，文学是人学，是写人的。而田连元正是把评书从讲故事，上升到了讲人物的层面，这也是他对中国评书艺术和理论发展的一大贡献。

也就是在这个时候，中央电视台要筹拍电视连续剧《水浒传》。

中央电视台1982年开始拍摄《西游记》，1984年开拍《红楼梦》，1990年开拍《三国演义》，三大名著就只剩下《水浒传》了。而且前三部都很成功，被称为经典。那么这最后一部，也是要下大力气的，丝毫不可以松懈。

在已拍的那三部名著中，除了演员千挑万选外，每部电视剧都聘请了全国最著名的学者专家来做顾问。比如《红楼梦》的顾问有周汝昌、王蒙、周岭、曹禺、启功、吴祖光、沈从文、吴冷西等，可谓大师云集。

拍《水浒传》当然也要有顾问了。剧组经过选聘，一共请了五个人，有李希凡、冯其庸、孟繁树、周强，还有一个就是田连元。

显然，前面四个人都是学者和专家：李希凡既是红学家，又是著名的文艺理论家；冯其庸是红学界泰斗，文学史专家；孟繁树是中国戏曲史学专家、剧作家，博士生导师；周强是法律顾问。而田连元，连小学都没有毕业，居然当上了如此重要的央视电视剧《水浒传》的艺术顾问。以央视的地位，可不是什么人都请的，之所以请了田连元，就是他们看到了田连元的过人之处。而且，请田连元的还是《水浒传》的制片人任大惠和央视的台长（即《水浒传》的总顾问）王枫共同提出来的。

王枫台长那段时间天天看田连元的电视评书《水浒人物传》，觉得田连元的评书对《水浒传》的改动有许多独到之处，情节更细腻，人物更鲜活，待筹拍电视剧《水浒传》的时候，便对制片人任大惠说："一定要把田连元请来做艺术顾问。"任大惠说："我也是这么想的。"

王枫台长认为，田连元对《水浒传》的研究比较深、比较透，对他们拍摄《水浒传》有帮助。导演张绍林则把田连元《水浒人物传》的全部录像资料调过来，组织副导演、编剧和助手们观看，从中借鉴。张绍林还对田连元说："你的评书《水浒人物传》对我有很大的启发，其中《卖膏药》那段，特好，我都能背下来。"

其实不仅张绍林说好，就是很多名家也都说好。在施耐庵的《水浒传》中，打虎将李忠流落在江湖，使枪卖药，书中只有这么一句：

"中间里一个人，仗着十来条杆棒，地上摊着十数个膏药，一盘子盛着，插把纸标儿在上面，却原来是江湖上使枪棒卖药的。"

但是到了田连元那儿，这卖药的，可就不一般了。

　　……这是什么？膏药。那位说膏药我见过，药铺里有熬的，街上有卖的。我们家孩子闹肚子贴过"暖脐膏"，我腿上长疖子贴过"拔毒膏"。告诉您，人有男女老少，树有榆柳桑槐，一样的东西，一样的称呼，作用可不一样。都叫包子，有猪肉的，有牛肉的，有羊肉的，有狗肉的，还有没肉的——那叫素包。都叫膏药，我的膏药跟他们不一样。那位说了，你这叫什么膏药？告诉您，我这膏药是五辈祖传，真正秘方，给它起了个响名，叫'虎骨追风壮筋膏'！那位说，你这是什么药做的？请您海涵担待，祖传秘方，不能告诉您，这膏药您要都会做了，我吃什么去？要是全不告诉您，您该不高兴了，咱们见面都是有缘的，我告诉您一味药，什么药？虎骨。就是老虎的骨头，顺便再向各位报个名，小子外号叫打虎将，也许您说了，你叫打虎将？看你不像打虎的，这一堆儿，这一块儿，喂老虎还差不多。跟您说，打虎还不是一辈儿哪，打了三辈儿了！打虎打虎，可不是拿手去打虎，给老虎一个嘴巴子，给虎一个窝心脚，那老虎一急，一口就得把人给吧嗒了！我们家打虎是什么招儿都有，挖陷坑、下弩箭、撒网子、设套子、叉子叉、棒子打，反正老虎是没少打。为什么打虎？用它的骨头熬膏药。那位说了，这回你们家发财了！一个老虎的骨头那得多少？够你们家熬多少膏药的啊。那您可就猜错啦！我们家熬膏药用的虎骨，可不是逮什么地方用什么地方，为了不倒牌子不砸幌子，我们用的虎骨最讲究。那位说了，你们用虎前腿骨？不用！后腿骨？不用！脊椎骨？不用！尾巴骨？不用！肋巴骨？不用！下巴骨？不用！老虎牙？更不用！那你到底用哪呢？跟您说，我们用的是虎脑门儿上三横一竖有个王字后面的那块骨头，那叫天灵盖，又叫虎灵骨，还叫虎王骨，用这块虎骨熬出的膏药，专治跌打损伤，刀枪棒伤，扭筋创伤，磕碰硬伤，就是您从万丈悬崖上掉下来，摔得粉身碎骨，七零八散，贴上我这膏药——那也好不了，太重了不行。只要不是粉身碎骨，贴上我这膏药，包您见效！那位说了，要是不见效怎么办？您找我来。我找不着你怎么办？您放心，半个月内我不离开这地方，两山到不了一块儿，两人没有到不了一块儿的，山不转水转，水不转路转，您见到我，可以砸我的摊子，踢我的场子，折我的刀枪把子，踹我的脊梁杆子，打我的嘴巴子，我是一声都不带哼的，哼一声我就是大姑娘养活的。如果要是灵，您给我传传名，送送信，来个一传十，十传百，百传千，千传万，让他们都来买我的膏药。跟诸位交个实底吧，从我卖膏药那天起，还没有回来找我的呢……

精彩不？难怪中央电视台的领导亲自点名要田连元当顾问。

田连元进到剧组后，便和他们一起研究剧本和参加一些策划，并随同剧组一同去山东梁山实地考察。但因为梁山已无水泊，最后只好到广西去选外景。

考察期间，导演张绍林多次就《水浒传》中的人物和田连元进行深入探讨。平时研究的就不算了，外出考察期间，专门拿出三个晚上，到田连元房间，和田连元进行交谈，有时一谈就是半夜。田连元也毫不保留地谈了自己对《水浒传》的理解，以及对主要人物形象塑造的建议。

其实，人们从电视上看到的仅仅是评书艺术家田连元，而此刻在导演张绍林的眼里，田连元就是名副其实的《水浒传》的研究专家、学者，而他则是一个虚心求教的小学生。

田连元从水浒人物的史实，到民间话本，再到施耐庵的小说，谈到历代名家如金圣叹对水浒人物的评价，到近代从鲁迅、胡适、陈独秀以及毛泽东对《水浒传》的评论，还有当代专家学者对《水浒》的评价，真的是了如指掌，如数家珍，处处透着发人深省的真知灼见。

田连元对张绍林说："李卓吾看见的是忠义，金圣叹说是揭竿斩木之贼，陈独秀说没有别的深远意义，胡适说是一部奇书，'四人帮'说宋江架空晁盖。而鲁迅既肯定它'反政府'，又指出'受招安'替国家打别的强盗，终是奴才……这就说明其内涵是丰富的，其信息量是很大的，不同阶层的人从里边可以找到不同的见解。"

那时候，除中央电视台对中国古典名著改编外，还有很多电视台对一些名著进行改编，有的忠实于原著，有的则胡编乱造。田连元反对那些违背原作精神的改编，但他也不希望太拘泥于原著。他建议"《水浒传》这个电视剧，应该在尊重原著的前提下，注入我们当代人对《水浒传》这部名著的理解。这种理解应该是历史唯物主义的。要不脱离历史背景的理解，不能把它改写成现代人的《水浒传》。要给人一种历史的凝重感，历史的严肃性"。

田连元认为，老百姓心中早已定型的人物形象和故事情节，就不能去随意颠覆它。比如说武松、鲁智深、卢俊义、吴用等人物，他们的性格已经定型，没有多少伸缩的余地，就不要强行改变。但是宋江、潘金莲，这两个人物，却有很大的可塑性，留给我们很大的创作空间。

宋江在《水浒传》里，是提纲挈领的人物。作者从头至尾都把他当作首领来歌颂，不少英雄好汉见到了宋江纳头便拜称作"大哥"，外号是"及时雨"，头上有光环。梁山一百单八将，兴也在宋江，败也在宋江。但是施耐庵对宋江的塑造还不够丰满，没有把宋江这个人物的多面性、变化性、复杂性和必然性写出来。所以电视剧《水浒传》拍得成败与否，完全取决于对宋江这个人物的塑造成功与否，对这个人物，必须花大力气、下大笔墨。

对此，张绍林点头赞同。

田连元认为，《水浒传》中第二个有可塑性的人物就是潘金莲。潘金莲这个人物在施耐庵的笔下就是一个淫妇、荡妇。但是他写的潘金莲的人生轨迹、发展故事，给我们留下了极大的思考空间。我们应该站在今天的立场，重新审视潘金莲这个人物。在电视剧里，不能简单地把潘金莲当作一个荡妇来处理。当然，也不要把她视作"反封建的先锋"，这违背了历史的真实。

潘金莲生活的那个年代，她自己是决定不了自己的命运的，社会造成了她的人生悲剧。所以当潘金莲最后被武松杀死的时候，在施耐庵的笔下只有人们的谴责和愤恨。但是，今天我们再重新塑造潘金莲这个人物时，在演绎她人生发展的故事，她人生走过的道路时，不要只是给观众一个对她愤恨、指责的结果，而更应该有同情、怜悯和无奈。这不是在为潘金莲翻案，而是在为潘金莲翻理。

所以，如果把这两个人物写好演活，《水浒传》就会是个很有特色、很有新意的《水浒传》了。

田连元畅所欲言，把自己创作电视评书《水浒人物传》时的思考，毫无保留地跟张绍林导演谈了。张绍林很赞成这些观点。后来选演员时，选了李雪健演宋江。李雪健非常愿意担当这个角色，因为他和宋江是同乡，也是山东郓城人，他愿意把老家的这个人物演好。

电视《水浒传》播出后，田连元认为这个剧是非常成功的，但是也有些遗憾。主要是李雪健演的这个宋江，还有很多不足之处。田连元认为，宋江这个人，应该是让人一眼望去就很有人格魅力，让人信服，让人愿意依附，而做事又非常的大度、仗义，人们觉得跟着他不会有什么闪失差错，在这一百单八将中，他是佼佼者。但是李雪健演的宋江，随和大于刚毅，人格魅力未见突出，对朝廷的卑躬屈膝溢于言表，使人觉得宋江其人缺豪气，少大气，有奴气，没志气，最终是很厌弃。

至于台湾影星王思懿扮演的潘金莲，田连元也觉得不是十分出色。田连元曾和导演张绍林说过，潘金莲这个人应该是：一个屋子里有一百个女人，她在其中，有人从外边走进，第一个就能发现她的美。不然的话，像西门庆那样一个色鬼，怎么会一望之下就对潘金莲产生邪念呢？所以，潘金莲应该是一个很有魅力、很性感的女人。而这一点，在王思懿扮演的潘金莲身上体现得不太充分。

电视连续剧《水浒传》在正式播出之前，中央电视台各重点栏目都作了配合宣传。比如在中央电视台的大演播厅里，做了一期《精品赏析》，由田连元和赵忠祥共同主持。请来的专家有李希凡、胡晓伟，还有剧组的张纪中、张绍林、任大惠、赵季平、戴敦邦等人。在这次专题晚会上，大家各抒己见，谈了施耐庵《水浒传》的艺术特色，也谈了电视连续剧《水浒传》的拍摄过程和相关的话题。

崔永元的《实话实说》，也为电视连续剧《水浒传》做了一期节目《说水浒》，田连元作为嘉宾出席。崔永元见到田连元的时候，对他说："其实我们两个很早就熟悉了，我曾给一期《曲苑杂坛》撰过稿。"田连元已经不记得了，但是崔永元的屏幕形象是所有人都熟悉的，田连元和他有一种一见如故的感觉，他觉得，以崔永元的才华，如果说评书，一定是一个优秀的评书艺术家。

这期节目，小崔依然用他的惯用手法，通过正方和反方的激烈辩论，借此把各种观点推出来，引发思考，这正是他的聪明之处。

除了田连元，还有两位教授、一位律师。现场阵营分成两派：一方认为《水浒传》这些人物不是英雄，而是强盗；而田连元的一方则认为《水浒传》里的一百单八将是真正的英雄豪杰，双方争论得非常激烈。

田连元在发言时说，"《水浒传》里的一干人被称作盗匪，这不是从今天开始的，早在清朝就已经开始了，它曾经被列为禁书禁止人们阅读。《水浒传》叫作诲盗之书，《红楼梦》叫作诲淫之书。清王朝搞文字狱禁止它们的传播，是不是就不传播了呢？恰恰相反，它传播得更为广泛，就是因为它有人民性，人民群众希望看到这样的作品。记得在明末清初的时候，曾经有人写过一部叫《荡寇志》的书，就是针对《水浒传》写的。它的作者是站在封建帝王正统思想的立场上写的，结局是梁山一百单八将被作为匪徒、盗寇给擒拿了。和《水浒传》的立意是完全相反的，他想以此来诋毁《水浒传》，或是消除《水浒传》在人民群众中的影响。但今天，我们只记得《水浒传》，而不记得《荡寇志》了。这说明《荡寇志》的思想不是人民的思想，而《水浒传》的立意才代表人民的想法、人民的心声。"

田连元的发言，立刻赢得一片掌声。

整个节目，由于争论过于激烈，有些人几乎誓不两立，有的人甚至说了一些不合时宜的话。

这一期节目做完之后，崔永元高兴地对田连元说："你就看吧，这期节目的收视率一定很高。"

但是，过了一段时间，崔永元在电话里垂头丧气告诉田连元，说，"田老师，这期节目审查时，没通过，不播了。"

什么原因，田连元没问，崔永元也没说。

第七章

薪传使者

———

1.高山流水觅知音——登上北大讲坛

1995年6月16日，田连元走进北大校园讲学。

田连元的评书之火，并非只火在民间，也引起中国的最高学府北京大学的专家教授们的关注。这不，北大教授汪景寿先生就非常欣赏田连元。特别是1995年春，本溪市委、市政府为田连元从艺四十周年举办了一场盛大的纪念活动，汪教授专程从北京赶来参加。

会上，汪教授邀请田连元说，"田先生，您到我们北大来作一次评书艺术的讲座吧。"

虽然田连元多年前就到中央戏剧学院讲过革命故事的创作和表演，还在天津北方曲艺学校当过评书老师。但是，到中国的最高学府去搞讲座，不免有些担心。那里是什么地方？那里教授云集，精英遍地，大师辈出；那里是五四运动的发祥地；那里曾经是陈独秀、李大钊、胡适待过的地方，毛主席也曾在那里的图书馆当过馆员。我一个连小学都没毕业的人，怎敢贸闯北大，到那地方献丑？

汪教授笑了："田先生放心，您配得上。"

汪教授的一句话，给田连元吃了颗定心丸。田连元想，自己为评书奋斗了一辈子，从小剧场到大体育场，从广播到电视，如果能到中国的最高学府闯一闯，也不枉了此一生啊。再说了，能在高校的青年学生中播下评书的种子，对评书将来的发展也是大有裨益的。

见田连元答应下来，于是，在这次纪念会上，汪教授公布了自己的想法，他说："为了繁荣祖国的民族文化艺术，我们准备在北京大学也开设讲堂，讲述中国的评书艺术。我们选定的这个讲述者就是田连元同志，我们准备请田连元同志到北京大学去给我们的学生作《中国评书》的演讲。评书艺术在中国传承多年，我们要对这门艺术负责并把它传承下去，发扬光大。"

听到这个消息，正在给田连元拍一个专题片《话说田连元》的辽宁电视台摄制组，马上和田连元约定好，届时我们也参加。

汪教授回到北京后，很快就定好了讲课的时间，他电话通知了田连元，说时间定在 1995 年 6 月 16 日，还说，"到时候我在北大校门口接您。"

到了那天，田连元和辽台摄制组的同志，一起乘车来到北京大学，汪教授在校门口迎接。在我们的印象中，北大的教授不说风度翩翩，至少也是文质彬彬的吧？可是汪教授不是，如果不是在北大的门口，你无论如何也不会想到是他。

汪教授和田连元身高相仿，只是略胖一点儿，虽是初夏，但北京已经很热了。汪教授上身穿一件普通的半袖白衬衫，下身灰色短裤，圆口布鞋，也没穿袜子，手里拎了个红色的旧布兜。若不是戴了副高度近视眼镜，你无论如何也不会把他和北大教授联系到一起。

他看到田连元，热情地和田连元握手寒暄，还和田连元一起在校门口那块"北京大学"的牌匾下面照了张相。

其实，人不可貌相，汪教授是北大中文系的资深教授，就学于北大，毕业于北大，教书于北大，从进了北大的门，就没离开过北大。他在当代文学研究领域中颇有建树，尤其是台湾当代文学的研究，在 20 世纪 80 年代的中国，可谓独树一帜。同时，他还是北京大学民间文学教研室的主任，在中国曲艺界，也是理论权威。汪教授无儿无女，他的学生背地里都亲切地称呼他"老爷子"。

田连元的讲课地点在北大的电教室，这是个大教室，有 300 多个座位。在前排就座的是十几位北大知名教授，后面就座的是北大的学生。田连元一走进会场，掌声立刻响起。田连元望着那一张张年轻的面孔，感觉青春的气息扑面而来，立刻感受到那种"六月天正碧，青春正飞扬"的热烈氛围。

汪教授告诉田连元说，这次活动是由北京大学海外教育学院和北大中文系联合搞的一次讲学活动，学院的几位院长也都和田连元见了面，他们都听过田连元的评书，称田连元是"久闻大名"。

在这次讲座中，田连元谈到了评书的发展史，谈到了评书艺术在各个历史阶段的变化以及在各阶段出现的说书艺人，然后谈了近代评书艺术的发展，也包括当前评书艺术的走向。接下来，田连元介绍了评书艺术的特色、表现技巧、表现方法、语言特色，以及作为一位评书演员应该具备的修养。

不愧是最高学府，尽管田连元讲的都是些理论性的东西，但学生们听得津津有味。坐在前排的教授们也都全神贯注，不时地发出会心的笑声。加上田连元是评书演员，他讲课和大学教授讲课截然不同。有的北大老教授讲课几乎不看学生，只低着头看讲义，而田连元讲课，没有讲稿，眉飞色舞，上下五千年，信手拈来，这么多年的舞台经验，他知道该如何与观众交流。所以，田连元的一堂课，让老师和学生耳目一新。

讲座结束后，田连元问汪教授，"这次讲课效果怎样？"

汪教授说："学生们的反应就不用说了，坐在前排的这几位教授说，这是此类讲座讲得最好的一次，能看出田先生不仅评书说得好，而且有很深的文学功力和理论修养。"

田连元觉得北大教授们的称赞，受之有愧。他对汪教授说："总而言之，这次讲课没砸锅我就心满意足了。"

从1995年到2000年间，北大连续邀请田连元讲了三次课。

北大有一个由学生成立的曲艺协会，这个协会在北大校园里非常活跃，也经常组织演出，像相声啊，评书啊，大都是自编自演。北大人都知道，北大校园里各类学生社团非常之多，人称"百团大战"。要想不被众多社团湮没，就必须多搞活动，扩大影响。这个曲艺社团当时成立的时候，汪景寿教授就说，北大曲艺协会是全国高校中第一个曲艺社团。既然是第一个，那就要有点特色才行。

北大曲艺协会的会长叫韩松，在田连元第四次来北大讲课的时候，他对田连元说："田老师，听了您的讲座，同学们意犹未尽，您能否来北大给我们说场评书呢？"

田连元一听，说："好啊，只要你们有时间，我就可以来说。"

于是韩松通过汪景寿教授，把田连元来北大现场说书的事定了下来。田连元想，都说评书是通俗艺术，是平民百姓茶余饭后的消遣，我就要看看评书在中国最高学府，面对最优秀的学子们，会是一种什么样的状况，评书艺术的现实生命力究竟如何。

田连元把这次北大说书，命名为"北大检验"。

2004 年 11 月 29 日，依照汪景寿教授和北大曲协的安排，田连元在北大开起了书场，演出场地就在北大体育中心的二楼，里面约有 400 个座席。楼外高挂一个大横额，上写着："田连元北大书场《潘杨讼》。"这场评书准备连讲三天，每天一个半小时。

到北大讲课，说心里话，田连元心里多少有些没底，因为那里大都是专家学者和中国最顶尖的文科学子，他们有学问，有理论，有思想。但是说评书，那可是田连元的专长，就是万人体育场，坐着中央领导，他照样说得风生水起。所以，评书进校园，田连元信心满满。

田连元在汪教授和北大曲艺协会会长的陪同下走进现场，看见 400 人的席位已经坐满了，甚至过道也站了人，心里未免有些激动。他瞅着那一张张充满青春活力的脸，和一双双睿智的眼睛，如有一股清新之风扑面而来，感觉自己也年轻了许多。

田连元说的是《调寇》。三天说了三场，场场爆满，现场效果也大大地出乎田连元的意料，反响非常强烈，掌声笑声不断。

在第一场结束时，没等田连元问汪教授效果如何，汪教授就兴奋地对田连元说："北大的学生是不会客气的，不管你是谁，如果你讲得不生动，他马上拍屁股走人，或者提问题让你难堪。可是今天，你征服了他们。"

汪教授这话绝不是恭维，事实上，很多名嘴或者专家在北大走麦城，不是被问题提得尴尬下不了台，就是认为你讲得不好而被轰下台，这样的事情时有发生，只是田连元不知道而已，如果事先知道，他也就不会那样信心满满了。

不过，北大的师生也确实被田连元征服了。他们中有的学生曾在电视上听过田连元的评书，但是电视上的评书和现场的评书效果大不一样，用田连元的话说就是："评书是最讲究互动的，讲究现场氛围和观众呼应，用气功的术语就叫气场感应。优秀的评书演员在调动观众情绪的同时，也调动起自己的情绪，你说得越好，观众听得越兴奋，观众越兴奋，你说得便越有劲，效果便越好。"

第二场结束后，有的同学提问："田连元先生，您是不是把您的一些观念和思想都注入到了寇准这个人物中呢？"

田连元回答说："有这个意思，某种程度上说，借古人之口，说今人之心。"

的确，田连元讲的评书《调寇》中的寇准，其实就是田连元心中的寇准，也就是他把自己心中清官的形象，寄托在寇准的身上，成为他理想中的寇准、理想中的清官。而观众之所以喜欢寇准这个形象，也就是因为田连元塑造出了老百姓理想中的清官形象。

第三场讲完，会场上的北大学生全体起立，热烈鼓掌，献花。

田连元的"北大检验"圆满完成，而且收到意外之喜。这个意外之喜就是信心，就是对评书的信心。田连元意识到，无论社会如何发展，无论科技如何变化，只要你的评书足够好，即便是北大的学子也会喜欢。

转过年，田连元又被请到北大，这次他讲的是《程咬金传奇》，还是连讲三场。曲艺协会的同学告诉田连元说，这次情况有了一点变化，上次是随便参加，这次则不然，是凭票入场了，因为要来参加听田连元评书的人太多，无法满足，所以采取了发票的形式，谁知 900 多张票，一会儿工夫，就被一抢而空。还有要来听的，没办法，那些没抢到票的要加座也得让他加，站过道的也得让他站，虽然会场乱一些，但人多总之是件好事。

田连元何曾怕过人多，连连说，"没关系，没关系，多多益善，多多益善。"

演出结束后，田连元在回沈阳的列车上，接到北大法律系的一位姓夏的女同学的电话，她说田老师在北大说的评书，她每场都听了，本想现场和田老师交流，但人太多，没机会。她给田连元的评书概括了三个"到位"，她说："第一叫表演到位，现场看您说评书，您的举手投足都可以使我们看见您演的人物，这些人物给人一种立体感；第二叫语言到位，您在现场说的语言，幽默风趣、精练准确，使我们有一种增一句则多，减一句则少的感觉；第三点就是眼神到位，我们坐在观众席里，不管是坐在哪个位置上，看到您的眼睛好像能够目观全局，好像每个人都能被您看到，都能和您产生共鸣和交流，我觉得这三个到位是不容易做到的。"

不愧是中国最高学府的学生，总结概括起来也那么到位。

田连元很感谢这位同学，他回答说："谢谢你！虽然我做的还没有真正到位，但是你对评书的概括还是很到位。"

此后田连元又到过很多大学去演讲评书艺术，比如俄罗斯圣彼得堡的东方大学和加拿大多伦多大学，咱们中国台湾的教育大学、艺术大学，辽宁的辽宁科技大学、天津的中国北方曲艺学校，等等，甚至有小学的邀请他也是有邀必应。他觉得，传承中国评书艺术，校园是最好的孵化地。

2.明月何曾是两乡——带着评书出国门

田连元无论如何也想不到，评书居然也能走出国门。都说艺术是不分国界的，这话有些道理。可是，那得分什么艺术，音乐、绘画、舞蹈，这些肯定都没有问题，可是以语言为主体的评书走出国门，田连元从来都没想过。

在北大讲课的时候，汪景寿教授就跟田连元商量说，他有一个叫司各特的俄罗斯朋友，是圣彼得堡大学东方系的教授、汉语专家，他在北京的时候就听说中国有一个评书艺术家田连元，在电视上讲评书《杨家将》，火得不得了，就向汪教授打听，汪教授向他全面介绍了田连元和他的评书，司各特非常感兴趣，提出要邀请田连元到俄罗斯讲学，向俄罗斯的学生们传播中国传统文化和传统评书艺术。汪教授一口答应下来，对田连元说，这样的机会不容错过，评书要走出国门，向世界介绍中国的评书很有意义，你是第一个。田连元表示，我不会外语，这评书他们听得懂吗？汪教授说，你放心，司各特自有安排。

于是汪景寿教授便安排田连元和司各特在北大的一个教室里见了个面。司各特的个子没有田连元想象的那么高，估计在俄罗斯算是矮个子，他黄头发、蓝眼睛，见到田连元，马上迎上来和田连元握手，"您好，您好，见到田先生您很高兴。"

田连元一下子愣住了，看长相，的确是俄罗斯人，可是听说话，却是地道的老北京。汪教授解释说，司各特先生的父亲是俄罗斯驻中国的外交官，他的小学、中学都是在北京念的。回俄罗斯后，一直从事语言教学工作，他现在在圣彼得堡大学任教，教汉语和中国曲艺艺术，还和中国的著名相声演员一起登台说过相声。

田连元这才明白，怪不得中国话说得这么好。没有了语言障碍，田连元和司各特教授唠得很开心，于是此事敲定。

到俄罗斯的圣彼得堡后，住在司各特女儿的家里。第二天讲课定在圣彼得堡大学东方系的一个大教室里。听课的学生坐满了教室，司各特说其中大部分是学汉语的俄罗斯学生，还有一些是中国的留学生。

开讲前，司各特先生先作了一番介绍，讲了田连元在中国是一个非常了不起的评书艺术家，他在电视上说评书，那是万人空巷，大街上没人了，都回家坐在电视机旁，听他的评书，就这样有魅力，在世界上，没有任何一个艺术家能达到这个程度。由于司各特讲的是汉语夹俄语，学生们听得很明白，所以露出期待的眼神。然后是汪景寿教授讲话，他简单地介绍了一下中国的评书特点，又进一步介绍了田连元评书的艺术特点。讲得很慢，田连元看得出，学生们大部分都能听得懂。田连元放心了，于是先说了一个关于语言特点的评书小段，因为这些俄罗斯学生学的是汉语，对中国各地方的语言一定会感兴趣。果不其然，田连元在小段里说到"干吗？"这个词，在不同的地方有不同的说法和产生的不同效果。比如在北京是"您干吗？"，到了天津就是"您敢骂？"，到了东北就是"嘎哈呀？"。讲完，学生们都笑了起来，说明俄罗斯的学生听懂了。

于是田连元乘兴又说了一个段子《总统奇遇》，这次学生们都哈哈大笑起来。田连元高兴了，心想看来自己低估了俄罗斯学生的汉语水平啊。

在学生们的要求下，田连元一鼓作气，又说了《杨家将》里的《调寇》和《水浒传》里的《杨志卖刀》。因为这两个评书段子涉及的汉语词汇多了起来，田连元不时停下来，把一些特殊的词让司各特给解释一下。比如说到牛二是"地赖子"的时候，就问司各特，"地赖子俄语怎么讲？"司各特用俄语向学生们解释，刚说完，学生们都哈哈大笑起来。

田连元的评书一结束，学生们便一拥而上，有的让签名，有的要合影，把田连元忙了好一阵。最后上来一位女老师，不会汉语，不会俄语，是在东方大学教西班牙语的，她和司各特用英语交流了好一阵，然后司各特向田连元转达说："她是我们学校的西班牙外教，听说中国评书艺术家来讲学，就过来听了，虽然不懂汉语，但通过你的形体语言和面部表情，加上旁边同学的解释，居然把《总统奇遇》这个故事听明白了，而且还感觉这个故事很有趣。"

田连元笑了，这位女老师也真能耐，不懂汉语居然听懂了中国的评书，不知道这算不算是奇闻了。

接着田连元在圣彼得堡大学又进行了第二次讲课。开讲前，汪景寿教授也来了兴致，表演了一个单口相声小段《嘴大嘴小》，田连元和汪教授交往了这么长时间，只知道他对中国的曲艺有研究，是专家，没想到还会表演。

这次田连元说的评书小段是《事故的故事》《御史上任》《考御史》《石秀卖肉》，关键之处司各特在旁边用俄语加注，效果异常的好。

回国后，汪景寿教授写了一篇文章发表在《中国文化报》上，讲了中国评书走出国门的意义和评书艺术家田连元在俄罗斯讲学的成功案例，探索中国曲艺尤其是语言类艺术如何走向世界传播的经验。田连元也受《曲艺》杂志之邀，写了篇评书走出国门的体会文章。不久，司各特先生也寄来了圣彼得堡东方大学的校刊，有司各特的文章和七八幅田连元讲课表演的照片。田连元说："可惜我不懂俄文，只能收藏留个纪念吧。"

除了俄罗斯，田连元还应邀到加拿大的多伦多大学讲学。

多伦多大学是加拿大一座著名高等学府，有着二百多年的历史，加拿大排名第一，世界排名第二十三。这所学校里，中国的留学生很多。华人学生学者联谊会主席叫黄政，他向田连元介绍说："这个讲堂，世界上很多政治家都来做过演讲，比如英国首相撒切尔夫人、美国的布什总统。"果然，田连元看到讲堂的墙上挂着这两个人演讲的照片还有一些其他政界的名流。田连元笑着说："布什也好，撒切尔夫人也罢，都是为了政治目的到此演讲的，我今天来这是为了传播中国的评书艺术，我们是两股道上跑的车。"

黄政说："是啊，大学里，还是应该多谈文化。"

接下来，黄政向大家介绍田连元，他说："田连元先生是中国把评书推向电视的第一人，也是电视连续剧《水浒传》的艺术顾问，今天田连元先生给我们讲的是《中国的评书艺术》，下面就请田先生为大家作精彩演讲。"

掌声中，田连元走上讲台。台下的观众大部分都是黑头发、黑眼睛、黄皮肤的华人和中国留学生，没有语言障碍，所以田连元讲起来也就更深入了一些。他说："中国的评书艺术是语言的艺术，这种语言的艺术目前还仅限于国内的舞台，没有走出国门。今天虽然我站在的地方是加拿大多伦多大学的讲台，但仍然没有出国的感觉。尽管我们的很多曲种都曾出国演出过，但大多还是面对说汉语的华人，什么时候我们的曲艺演员，尤其是相声、评书这些演员，能够用流利的英语，包括英语里的俚语、俗语，甚至英语里的俏皮话都掌握得非常熟练，用英语的语言技巧来讲述我们的中国故事，让那些黄头发蓝眼睛的外国人也听得入情入理了，那才真正叫评书出国。"

看来，田连元的希望只能寄托在下一代的身上了。

接着，田连元从中国的评书起源讲起，又讲了评书的特色、评书的现状以及今后的发展。最后应观众要求，一口气连说了好几段评书。尽管观众意犹未尽，但日程安排很紧，不能再耽搁了，只好作罢。但观众依然不依不饶，围上前来，签名的，照相的，叙旧的，讲曾在国内老家听过田连元的评书的，让田连元忙于应对。

有一位叫杜蕴德的加拿大语言博士，不仅北京话说得好，还会说粤语。他对田连元说："我赞成您方才说的关于评书出国的观点，希望您的学生们将来都会用英语来说评书。不过，我又想，评书如此博大精深，如果让很多喜欢评书的外国人到中国学汉语，学评书，岂不更好。"

杜蕴德的这句话，让田连元思索良久，他想，一个国家的语言能否在世界上成为人们竞相学习的重要语言，关键还是看你的国力。唐朝的时候，世界各国纷纷前往西安，就是因为唐朝不仅国力强盛，而且文化先进。这些年，中国发展迅速，来中国学习汉语的外国人不断增加。而且，他们渐渐融入到中国的艺术之中，学习中国的京剧、相声。比如在中国很有名气的加拿大留学生大山，在中国几乎人人皆知，他还上过春晚，表演过相声和小品呢。

说到大山，他和田连元还有过一段缘分。他在北京大学留学期间，拜姜昆为师，学习相声，还在央视元旦晚会小品《夜归》中，因扮演洋女婿"大山"而让他成为在中国除白求恩之外，知名度最高的加拿大人了。他除了相声外，也喜欢田连元的评书，他通过他的老师汪景寿，找到田连元，要拜师学艺。于是汪教授牵线，大山做东，请田连元吃饭，正式拜师学艺，所以论起来，大山还是田连元的学生。但这个学生还不是那种入门弟子，两者有区别。比如著名评书艺术家单田芳有四十多位学生，但他没收一个徒弟。那天，田连元当场教了大山评书小段《胡不字》。不知天津《今晚报》的记者从哪里得来的消息，在报上还发了一条小消息，说大山跟田连元学评书。此后大山还到过田连元家里几次，田连元对他进行指导，大山人很聪明，很快便掌握了几个评书段子。

听说老师来到加拿大，大山自然要尽地主之谊，大山开车载着田连元，游览了加拿大的一些名胜景点。其间，受多伦多的北京协会邀请，田连元还去表演了评书，还写了一幅字"球分东西半，人聚异国情。隔洋不隔心，万里系北京"。

在俄罗斯圣彼得堡大学东方系讲学时，田连元偶然发现汪教授在上楼的时候有些吃力，这才知道汪教授身体其实不是太好，而且老伴去世，对他也是一个打击。但他天性乐观，一般人还真的看不出来。他从俄罗斯回来后，很高兴地对田连元说，这次评书出国门，比想象的要成功，以后我们一起努力，把评书介绍到美国去，推向世界更多的国家。但是回国不久，汪教授就住进了医院。

听到消息，田连元急忙赶到北京中日友好医院，到了急救病房，向护士询问汪教授的病床，护士说汪教授已经转到了四楼的监护室。田连元急忙上了四楼，护士问，你找谁？田连元说找北京大学的汪景寿教授。护士说，他是四号床，已经走了。

田连元想，这么快就出院了，看来汪教授的病不算太严重啊。这时田连元看到了汪教授的保姆小于，她含着泪告诉田连元说："汪教授已经去世了……"

汪教授是突发脑溢血去世的，享年七十三岁，他无儿无女，一生除了读书、著书、讲学，没有留下任何财产。田连元参加了他的追悼会，并写了一副挽联，悬挂于八宝山公墓的竹厅：

> 置身学府心系民众，言论文理俗和雅。
>
> 个性天成笑谈人生，达观世情假与真。

汪教授去世的第二年，田连元听说司各特先生到中国讲学，立刻打电话约了司各特。两人到了老舍茶馆，唠起了汪教授，都不胜感慨。

3.何须海峡分西东——三下台湾

在来台湾的前几年，田连元曾随文化部组织的一个演出团队，来到香港，搞了一场庆祝香港回归五周年的演出。演出场地就设在香港国际会展中心，五年前香港回归日，中国的五星红旗就是在这里升起的。

田连元了解到，此前，北方评书从未来到香港，他是第一人。为什么以前没有人来演出呢？田连元知道，这是因为语言问题，香港人大多讲的是粤语啊。上场之前，田连元端着放了茶叶的水杯，让会场的服务员帮忙倒杯开水。田连元说了几遍，但那位服务员睁大了眼睛，愣是没听懂。这下田连元犯了愁了，连倒杯开水的话都听不懂，那我要是说上大段的评书，岂不是"青蛙跳到鼓上——扑通（不懂）"，"擀面杖吹火——一窍不通"？但是，田连元没有放弃，他要作最后的努力，这是北方评书第一次来到香港，他要为他们展示出评书的魅力。于是田连元上台说了段经典评书《杨志卖刀》。出乎田连元的意料，坐了一千多人的会场，不时发出阵阵笑声。田连元越发说得起劲。整个演出结束后，国家文化部副部长陈晓光接见演员时，握着田连元的手说："看来这北方评书到香港演出还是可以的。"田连元笑着回答说："对，我这是尝试性演出。"

有了香港这次经验，说粤语的香港能听北方评书，说闽南话的台湾人听北方评书也是没有问题的，何况台湾很多人说的就是台湾的普通话，或者叫国语。虽然从未有评书走进台湾，但田连元还是信心十足。

田连元到台湾讲学和演出，先后去了三次。在台湾，田连元发现台湾人非常喜欢评书，走到哪，都受到热情款待，他们对大陆的评书非常痴迷，每场演出都是观众爆满。而且台湾的曲艺同行们对田连元精湛的评书表演艺术，十分赞佩，很多评书爱好者都来向田连元请教。

田连元在 2006 年第一次走进台湾，是随辽宁省文化访问团，当时的田连元正担任辽宁省曲艺家协会的主席。让田连元大开眼界的是，本以为台湾人能听得懂评书就很不错了，没想到，台湾人不仅喜欢评书，而且他们编的一些段子很有趣，也很大胆。

有一天，一个叫侯冠群的议员来看望田连元，吃饭时，坐在田连元的旁边，两人唠得非常热乎，原来他做议员之前是相声演员，也说小品、讲笑话，还在电视台主持政治模仿秀节目。这个侯冠群，出身可不一般，外曾祖父是黄炎培，奶奶曾任宋美龄的秘书，可谓名人之后。

他给田连元说了一个段子，用一种倒口的方式模仿陈水扁去见李登辉，这个段子给大家都说乐了，因为侯冠群用的是李登辉和陈水扁两人的方言，表演得惟妙惟肖。而且这个节目他还曾在台北的电视上表演过。

侯冠群说完这个段子，大家鼓掌，赞扬他说得好。接着，侯冠群也提出一个要求，说我说了一个段子，你们也出个节目，最好是京剧，我喜欢听。他还说，"我喜欢唱少剑波跟李勇奇的那段对唱，我唱少剑波，你们哪位唱李勇奇？"

这个文化访问团虽然大多是文化人，有在台办工作的，有档案馆的，有博物馆的，有搞书法的，有美术的，但没有唱京剧的。于是田连元自告奋勇地站起身，说，"我是说评书的，不过当年在桓仁时候，也唱过京剧，但是业余的。这样吧，我唱几句李勇奇的。不过，这是解放军剿匪的戏，这地方能唱吗？"

侯冠群笑了，说："可以，我们这没人管。"

于是田连元站起身，唱道：

这些兵急人难，
治病救命，
又嘘寒又问暖，
和气可亲
······

侯冠群清清嗓，接着唱道：

我们是工农子弟兵来到深山，
要消灭反动派改地换天
几十年闹革命南北转战，
共产党毛主席指引我们向前
一颗红星头上戴，
革命红旗挂两边
红旗指处乌云散，
解放区人民斗倒地主把身翻
人民的军队与人民共患难，
到这里为的是扫平威虎山

没想到就是这位台湾议员侯冠群，把大陆的样板戏《智取威虎山》中少剑波的这个唱段，唱得津津有味、有板有眼。他刚一落音，大家就给予热烈的掌声。田连元明白，这掌声，除了是赞赏侯冠群先生唱得有味道之外，还有着多重的含义——你看，大陆的文化艺术形式在台湾同样受到欢迎，而且样板戏《智取威虎山》的唱词并没有引起台湾人的反感，他们照唱不误。更重要的是，几十年过去了，不仅两岸同胞之间开始了经济和文化的友好交往，就是两党之间也有着"渡尽劫波兄弟在，相逢一笑泯恩仇"的良好开端。可见对两岸来说，骨肉同胞，统一是不可阻挡的历史大趋势啊。而李登辉和陈水扁们想拉历史的倒车，看来是很不得人心的。

田连元的第二次台湾之行，是他的第四个徒弟叶怡均牵线搭桥，由台北曲艺团邀请的。只是那时叶怡均还不是田连元的弟子。

原来，叶怡均当时是台湾艺术大学的讲师，对相声颇有研究，经常往来于大陆和台湾，与侯宝林、马三立、常宝霆、常宝华等著名相声演员多有往来和交流。后来又通过相声演员常贵田联系上田连元，因为她在对学生的讲课中常涉及评书，特别喜欢田连元的评书。但是不少人对她说过："田先生的评书不能只听，必须得看……"于是叶怡均萌发了见见田连元的想法，一个是当面求教，另一方面也想向田连元先生要些演出的录像资料，并想当面邀请田连元到台湾讲学和演出。

叶怡均说："如果您能到台北曲艺团来，可以请您到相关的大学讲讲课，讲讲中国的评书艺术。台湾这地方，大陆的评书艺术还从来没有进过台湾的大学校园，大学生们对评书艺术还很陌生，而且您还可以和我们台北曲艺团的同事们一起演出几场，让台湾的观众也见识见识大陆的评书。"

叶怡均的话立刻引起田连元的兴趣，他几年前去北大讲课开评书艺术专场，受到北大师生的热烈欢迎，在大学里传授评书，比在剧场里说评书更有意义，因为那是在青年学子当中传承中国的优秀传统文化，让古老的评书艺术后继有人。所以，能把评书带入台湾，这也是一件有着划时代意义的事，对传承中华文化，发展评书艺术，促进两岸和平统一，是一个大的贡献。所以田连元爽快地答应了。

于是，田连元第二次走进台湾。

田连元的演出被安排在宜兰，宜兰是台湾的一个县，位于台湾的东北部，距台北不远，东临太平洋，风景优美。台湾著名的传统艺术中心就位于宜兰，成为宜兰县的观光景点。台湾的民俗技艺活动及传统戏曲展演等，都在这里举办。而且由于这里环境清雅优美，很多台湾偶像剧都在这里拍摄。

田连元头一天就来到宜兰，住在传统艺术中心。一清早，田连元起床到外面转转。天气晴朗，太平洋的风带着湿气吹来，凉爽而湿润。田连元注意到传统艺术中心内分了好几个区域，有演艺厅区、工艺坊区、传统小吃坊及产业景观区等。也许因为起得太早，街上还看不到人影。田连元有些担心，我是来演出的，怎么街面上连个人影都看不到，而且也没有演出海报，那观众怎么会知道有演出呢？

田连元满腹疑惑，但他没对任何人说。吃过早饭，田连元来到剧场，有几位年轻的记者前来采访田连元，田连元一边回答记者的问题，一边还在想观众的问题，因为离开演的时间已经不多了，可是剧场里面空空如也，没有观众啊。

记者采访完，田连元开始化妆。他一边化妆一边问叶怡均："怎么没看到其他演员？"叶怡均说："今天是你的专场，就你一个人说啊。""观众呢？"叶怡均被田连元问住了，她愣了一下，说："有啊。"心想田老师怎么会问这个问题？田连元实话实说了："可是我刚才在剧场里没看到人啊？"

对田连元来说，从他第一次走上舞台开始，观众就是上帝，如果没有了观众，只剩下剧场，那他的演出也就失去了意义。所以，一直到现在，几十年了，观众时刻都被他放在心里。

叶怡均明白了，她笑着对田连元说："田老师放心，这里最不缺的就是观众，他们都是坐大巴来的游客。"

田连元恍然大悟，他明白了，这里是旅游景点，不是繁华的市区，观众就是游客，游客就是观众，他们是踩着钟点来的。

临近演出开始，田连元从侧幕往剧场看了一眼，果然瞬间观众坐得满满的。田连元一颗悬着的心，终于放了下来。

田连元演出的评书是《水浒传》里的《杨志卖刀》那段，因为中国古典四大名著两岸观众都非常熟悉。

台湾的观众热情而且有礼貌，听起来没有语言的障碍，该响的包袱都响了。田连元说得很起劲，观众笑得很开心。田连元一口气说了四十分钟，结束时获得观众的热烈掌声。

　　田连元在宜兰一连说了三场，第一场是《杨志卖刀》，第二场是《调寇》，第三场是《狮子楼》。这三段都是评书《水浒传》中最出彩的片段。叶怡均在演出结束后，兴奋地对田连元说："田老师，祝贺您啊，您在台湾的演出大获成功！"

　　接下来，田连元和台北曲艺团一起，走进台湾的几所大学演出，其中有艺术大学、东海大学、教育大学等。除了演出，还在教育大学安排了一场讲座，学校文学系的老师和学生们对评书很感兴趣。特别是田连元走到教育大学大讲堂的门前，看到一张海报，标题大字写着《久违了，评书——主讲人：田连元》，这是学校拟的标题，虽然短短的几句话，却含义深刻，为什么久违了？因为多年海峡两岸的隔绝，鸡犬之声相闻，老死不相往来，商贸阻隔，文化割裂，艺术也失去了交流，所以能不久违吗？田连元忽然之间感到自己肩负的使命，自己何止是来台湾说几段评书，这是来传承中华民族的传统文化，续接艺术的文脉啊。有了文化的交流和传承，两岸同胞才会真正感受到血脉相连，兄弟情深。

　　之后，田连元又到台北艺术大学为老师和学生们作了两次关于大陆评书艺术的讲座。讲座结束，学生们蜂拥上前，和田连元一起合影留念。

　　和台北曲艺团合作演出在台北的红楼剧场进行。

　　红楼剧场是一座以红砖建造的八角墙楼，有着百年多历史，位于台北最繁华的西门町成都路上，古香古色。在这里，田连元和台北曲艺团合作，一共演了八场。场场都是大轴，就是最后一个。按常规，最后的一个节目一般都是多人出场的节目，人多，热闹，压得住场，用我们常用的一句话就是"把演出推向高潮"。可是评书是一个人的节目，做大轴儿的话，压得住吗？不过曲艺团的郭志杰团长心中有数，田连元提出要调一下，可是郭团长决心已定，说："你之前的演出我都看了，很精彩，把你的评书做大轴正合适，节目单都这样安排的，不能调了。"

　　前几场的演出，让田连元得出一个经验，就是在台湾演出和在大陆演出有些不一样，在大陆演出，一般评书只能演个小段，说个笑话，三五分钟。可是在台湾，观众要的是一个完整的故事，否则就不是评书，这反倒给了田连元一个充分表现的机会。于是他把以往传统的精彩评书选段都挑出来，有《石秀卖肉》《杨志卖刀》《程咬金卖耙子》《挑花庄》《呼延庆打擂》，等等，痛快淋漓地表演给了台湾的观众。田连元一下子名声大噪，引起极大的轰动，甚至在第三次来台湾演出的时候，台湾"行政院"原院长郝伯村也率家人包了一张桌子，围坐在那里，津津有味地听田连元的评书。还有一回，田连元讲完回到后台，两个中年妇女搀着一位老太太来到后台，要和田连元见个面。

老太太见到田连元，拉着他的手说："你说得好啊，台湾这个地方啊，现在就需要这种清官精神。现在的台湾，真是世风日下，人心不古啊，你这样的节目应该多上台湾来演一演。谢谢你的演出……"

说完，老太太和两位夫人就离开了。

田连元觉得这个老太太可能不一般，就问台北曲艺团团长郭志杰先生。他告诉田连元说："老太太是蒋纬国的亲家，还有一个是蒋纬国的儿媳。"说这话时，郭团长没有露出半点惊讶的样子，倒是田连元对郭团长的平淡感到有点惊讶了。

台湾的媒体对田连元的台湾演出给予了详尽的报道，比如《中国时报》的标题是：《编导打拳挥刀都行　立体评书王田连元　说得绝妙　演得更棒》；台湾《联合报》的标题是《田连元来台　说书一人演百》；《申报》的标题是：《群贤毕至　盛况空前》。还有台北著名的"红楼"剧场贴出的海报是："书场岂能无书？特邀大陆首屈一指的国宝级评书名家田连元。"其间，田连元还到台湾教育大学去讲述"中国评书发展史"，学校贴出的海报是："久违了，评书。"

三次台湾的演出和讲学，让田连元深深地认识到，大陆和台湾，同胞情谊，血浓于水，同祖同宗，不可分割。为此，田连元赋诗一首：

> 三赴台湾三种情，
> 渐由浅淡化深浓。
> 炎黄子孙多支脉，
> 何须海峡分西东。

4.横祸飞来总无由—— 夜幕下的青年大街

2014 年 5 月 28 日，这是田连元人生中最黑暗的一天。

上午，田连元在北京接受中央电视台的采访，并录制端午节的节目。

下午三点，田连元登上北京至沈阳的动车。

田连元和小儿子田昱约好，到沈阳来接他。这时的田连元，大部分时间都住在北京。每次回本溪，都是小儿子田昱开车来接他。

田昱家住本溪太子河北岸的太子城。那天他下班回来，对妈妈刘彩琴打个招呼说："妈，我去沈阳接爸爸了。"

年近八旬的老母亲刘彩琴，先田连元几天从北京回到本溪，就住在小儿子田昱的家里。

母亲说："你爸是八点的车呢，你急什么？吃了饭再走，来得及。"

母亲怕儿子饿着，就先准备了一点饭菜。说话间，就把饭菜端上桌，有鸭蛋，有一小碗红烧肉，大米饭，还有豆角。

田昱着急，简单吃了几口，六点十分左右就开车走了。

从本溪到沈阳北站非常方便，高速半个多小时，下高速沿青年大街一直向北，不堵车的话，全程也就一个多小时。

到沈阳北站后，田昱把车停在了地下停车场，然后给老妈打电话，"妈，我到了。"这时是晚上七点多钟。

老妈嘱咐道："好，回来的时候慢点开，别着急。"

火车进了沈阳北站。

田昱在接站口看到父亲，高兴地迎上前，把父亲的拉杆箱接过来。到了地下车库，田昱打开后备厢，把拉杆箱放到车里。

田连元坐在了副驾驶，他以前坐车，一般都坐在后座，很少坐在副驾驶的位置。

儿子田昱从小就喜欢车，开车的技术非常好，坐在儿子的身边，田连元心里从来都非常踏实。

儿子田昱已经四十八岁了，时间真快。田昱才几个月的时候，就跟他下乡到了桓仁的深山沟，受了不少的罪，吃了不少的苦。田连元很心疼这个儿子，他没有让孩子跟他学习曲艺，因为自己在这条路上，吃的苦太多了，他不想让孩子也和自己一样。田昱学习很努力，从不用父亲操心。大学毕业后，在本溪市财政局工作，现在已经是处长，还是局后备干部。这孩子为人善良，工作努力，领导和同事们都喜欢他。看着儿子，田连元心中很高兴。

从地下车库开出，车子拐个弯，就上了沈阳的青年大街。这条路南北贯通，是沈阳市的一条主干道，路很宽，两边高楼耸立，灯火辉煌。

车驶过沈阳皇朝万鑫酒店，再往前开一些就过浑河大桥，进收费站上高速了。此时下班高峰已过，但路上的往来车辆依然不少。

就在这时，田连元突然听到"咣"的一声响，这响声不知是从何而来，也不知道响声的远近。他向左边儿子的方向看了一眼，但左边垂下的一块黑色帘幕挡住了他的视线，他什么也没看到。他问了一声，"怎么不走了？"他感觉自己的声音似乎从遥远的地方飘来，他没有听到儿子的回答。

此刻的田连元，对发生的一切，一无所知。他明白自己是在车里，但是司机是谁？这是在哪？自己来做什么？上哪去？是演出还是开会？他怎么也想不起来。

他觉得车是停靠在路边，便伸手打开车门，下了车。但感觉自己已经站不起来，便就势坐了下去。

他还是极力去想，司机是谁呀？谁接的我呀？这里好像是沈阳，为什么围了这么多人？

这时，一个警察来到他身边，声音有些急促，问道："你怎么样？知道家人的电话吗？我们要和你的家人联系，你别动，'120'一会儿就到。"

田连元告诉了电话号码，依然想不起来发生了什么？我怎么在这？"120"？我怎么了？田连元没有一点儿疼的感觉，不知道头上全是血。

这时，他听到了救护车的声音。一辆救护车停在不远处，救护人员对田连元进行了简单的包扎，然后把他放到担架上。

就在抬上救护车的一刹那，田连元感觉自己清醒了一些，他看到儿子田昱站在救护车旁边，两眼看着他。田连元急忙问，"田昱，这是哪儿？"田连元连问了两句，田昱没有回答。

这时救护人员对田连元说了一句："老爷子，你拣条命啊。唉，司机完了。"

司机是谁啊？这时田连元突然想起来，我明天要参加法院的演出，接我的是田昱啊，他刚才不是站在我身边吗？他怎么样了？

田连元昏迷过去了。

"120"急速驶向距离最近的沈阳陆军总医院。

这是一场非常惨烈的车祸，地点在青年大街皇朝万鑫酒店南 300 米处。

据警方通报："28 日 20 时 40 分许，在沈阳市青年大街浑河桥桥北，一辆号牌为吉 AFD033 的黑色越野车由南向北越过中心护栏驶入逆向车道，与一辆出租车及三辆轿车相撞，造成一轿车驾驶人田某当场死亡，车内一名乘客受伤。出租车驾驶人及车内一名乘客轻伤的后果。经现场核实，轿车内受伤乘客为著名评书表演艺术家田连元。"

一位女士目击了车祸的整个过程，她惊魂未定，"太可怕了。当时我就听见几声巨响，也就几秒钟，5 辆车就撞在了一起。"她说，"事发时，黑色现代吉普车由南向北行驶，不知怎么就撞到了中间护栏，先刮了一辆长城吉普车和一辆红色轿车，但并没停下，而是整个越过护栏，砸在了田氏父子的车上。但这辆越野车还是没有停下。"

另一位姓张的目击者说，"这辆车最后整个拍在了红色出租车上，这场车祸才结束。当时这辆黑色现代吉普车的车速很快，否则它也不会从对面车道飞过来。"

整个车祸现场绵延几十米，占据了整个西侧车道，惨烈程度让所有在场者头皮发麻。由于撞击力巨大，现场受损车辆的汽油大量外泄，赶到现场的消防人员对汽油进行了稀释。空气内夹杂着浓重的汽油味，在百米外就能闻到。

事故共殃及了 5 辆车，最南端的一辆长城吉普和排在第二位的红色轿车受损都不太严重。而排在最后的两辆车叠在了一起。顶上的那辆肇事的黑色现代吉普，悬挂长春号牌，车体严重变形，车内气囊弹出，被其压在身下的红色出租车前部也受损严重。

车祸中受损最重的是排在第三的，也就是田昱开的那辆黄色名爵轿车。

田昱的这辆车，停靠在西侧的路边，车内气囊全部弹开，驾驶室严重变形。田连元已被救护车拉走，而田昱则被卡在车内，头部低垂。营救人员利用破拆工具对困在车内的田昱进行营救。但遗憾的是，经现场"120"救护人员证实，此时的田昱已经没有了生命体征。

事故发生后，沈阳警方迅速赶到现场处置，将肇事车辆驾驶人当场控制。肇事者，男，36岁，是吉林省长春市人，就职于中铁九局第三分公司沈阳南站项目部。经沈阳市公安司法鉴定中心血液乙醇定性定量检验，肇事者静脉血中乙醇含量为203.9mg/100mL，属于醉酒驾驶。

车祸发生时，现场恰好有记者路过，该记者立刻通过微博发出了消息。

田连元遭遇车祸的消息，瞬间传遍全国。

沈阳市内各新闻单位的记者赶到了医院，本溪市的领导赶到了医院，省曲艺家协会主席崔凯赶到了医院……而大批曲艺界人士纷纷打电话，急于了解田连元的伤情。田连元的大徒弟张洁兰慌忙中忘记了高铁比高速快，匆忙开车从长春赶往沈阳。众多的田连元评书迷听到田连元车祸的消息，也纷纷赶到医院……

现场不得不动用战士和民警把守，很多匆忙赶来的田连元评书迷，不断地被战士和民警劝离。

躺在担架上的田连元，头部包着厚厚的纱布，颈部戴着固定的颈托，只露出嘴部以下的部位。

22时20分左右，田连元从放射线科CT室被推出来，转到ICU病房。紧接着，田连元又被安排磁共振检查。

面对社会各界的关注，沈阳陆军总院神经外科主任医师宋振全向媒体介绍说，"田连元此次受伤包括颅内血肿，颈椎处一锥体爆裂性骨折，头部少量出血，此外，脊柱、胸肺也有不同程度的损伤。目前，病人意识清楚，问话能正确回答，唯一的问题是头痛，偶有恶心，右上肢感觉发麻，肌肉力量稍差。"

宋医生表示，他们医院还将组织专家对田连元的病情进行会诊。尽管病情不排除仍有加重可能，但目前观察到的情况还是相对乐观的。如果病情能够得到进一步控制，起码站立、行走是不成问题的。

两天后，家人处理完田昱的丧事，便又匆匆赶回了陆军总院。

在重症监护室整整抢救了八天，现在田连元病情已经稳定，要转到普通病房了。在转到普通病房之前，田连元见到老伴。这些天大家一直都在瞒着田连元，谁也无法张口告诉他田昱去世的噩耗。此刻，老伴再也忍不住了，面对田连元的一再询问，她不得不说出实情："田昱没了……"话音未落，已是泪如雨下。

田连元沉吟了片刻，他没有流泪，这最坏的后果他早已想到，他之所以老是在问田昱的消息，就是想得到田昱还在的回答，哪怕是还在抢救。可是，老伴的话，让他明白，这最后的希望也没有了。看着精神快要垮下去的老伴，田连元不得不赶紧安慰，他拉着老伴的手，费力地说："儿子没了，咱俩得撑着。"

两位老人互相安慰，谁都不敢流泪。因为只要有一个流泪，另一个就难以支撑。

来看的人太多了，送来的花摆了满走廊。这几天，好多人前来看他，有中国曲协秘书长董跃鹏，有田连元天津儿时的伙伴，有方方面面的领导，有曲艺界的朋友。病榻上的著名评书艺术家单田芳也对田连元的车祸和儿子去世很痛心，让儿媳给田连元打电话，还有很多各界人士和网友在网上为他送上祝福……

这期间，田连元的大儿子和女儿还有徒弟一直守在田连元的身边，不离左右。躺在病床上的田连元不时发出微弱的呻吟声，每有声音传出，家属立刻低头附耳想听清他说什么。有时田连元会感到恶心难受，甚至说"我要吐"。医生听见，便嘱咐家属，要是患者呕吐，要格外注意了。医院也安排护士轮流值班，二十四小时护理，为他翻身、吸痰。医院还派来了心理方面的专家为田连元作心理疏导，护士长也来陪他聊天。

一个多月后，田连元转入了大连康复医院，进行康复治疗。

在大连期间，前来探望的人依然络绎不绝，各大媒体也一直跟踪报道。

有些人对新闻媒体比较反感，说总拿人家的痛苦来炒作。其实不是这样，作为一个公众人物，他的一言一行、一举一动，他的悲欢离合，都是人们所关注的，这种关注不是幸灾乐祸。尤其像田连元这样被大众喜爱的评书演员，他的伤情，他的失子之痛，牵动着亿万人的心。新闻媒体对此关注，一方面是对观众的负责，另一方面也说明了评书艺术家田连元的影响力。

在大连康复医院，田连元每天在老伴的搀扶下，忍着疼痛一步一挪地开始训练走路，每走一步，他都能听见全身的骨头在响，疼得他一身冷汗。十米，一百米，一千米，田连元每一天都在进步，身体每一天都在恢复。当时田连元的主治医生、沈阳军区总医院神经外科主任医师宋振全曾说过"不排除高位截瘫的可能"。可是现在，他可以走路了，尽管慢一点，尽管疼一些。

田连元颈椎爆裂骨折，胸腔因为骨折造成多处积液，医生要求他必须戴着固定脖套，但是他又必须适量运动，否则脖子以下的肌肉将会萎缩，那样的话，站起来的希望将会很小。然而，经过治疗和努力康复，2014年8月28日，距离车祸整整三个月，田连元便扔掉了拐杖，也不用人搀扶，自己可以慢慢走路了。

大家看到，车祸后的田连元已渐渐走出悲痛的阴影。其实，要走出这一步，实在是太难太难了。

沈阳陆军总院正好位于青年大街东侧，田连元所住的病房一推开窗就可以看见肇事地点的那几幢楼房。能够下床后，田连元总是不由自主地推开窗户凝望那个方向。他仿佛看见了儿子田昱，用他生命最后的一点意识，向右打轮，让父亲躲过死神。

田连元曾痛苦地拒绝治疗，他想和儿子一起离开这个世界，他曾在内心哭喊："昱儿，老爸对不住你，你为什么不让老爸随你去？"他多想死去的是自己而不是儿子，如果可能，他愿用自己的生命换回儿子的生命。那些日子，内疚、自责和痛楚像毒蛇一样紧紧缠绕着他。妻子见状，痛心不已，请来田连元的好友轮番劝慰。

主治医宋医生也耐心地劝田连元："老爷子，如果您不积极康复治疗，您很有可能会从此瘫痪呀。"

其实，当田连元听说儿子已死的时候，他痛苦到了极点，他也不想活了，因为儿子是因为开车接他而死。作为父亲，如果是为保护儿子而死，那他死得其所，死得心安理得。可是儿子是为他而死，用一个年轻的生命换回已经垂暮之年的生命，他觉得不值。他也曾懊悔，如果不用儿子来接，这一切也许就不会发生了。

特别是当肇事车辆撞向田昱车的瞬间，田昱选择了右打轮，一般情况下，人的潜意识动作是保护自己而左打轮。可在那一刻，田昱克服了自己的潜意识，保全了自己的父亲。甚至在撞击之后，田昱用最后一口气，把车稳稳地停靠在路边后，才趴到方向盘上停止了呼吸。

想到这些，田连元更是心如刀绞。

很多人用各种道理来让田连元解脱，但是这些道理在丧子之痛面前，都显得那么苍白无力。最后，还是老伴的一句话，才让田连元幡然醒悟，有了活下去的勇气。老伴刘彩琴对田连元说，"儿子用他的命换了你的命，你要为他活着，要不然他不是白救你了吗？如果你死了，儿子不会答应的。"

这句话，让田连元如梦初醒。

是啊，田昱知道老爸在撰写评书的高校教材，这是中国有史以来，评书艺术的第一本高校教材。这本教材，历史地落在了田连元的肩上。此时评书的四大名家，袁阔成已经不在，单田芳和刘兰芳也身体欠佳。能对中国评书艺术进行理论阐述，并写成高校教材的，也只有田连元了。如果田连元不在了，这部教材就再也没有人能够接手写下去了。田连元认为，这是儿子把生命给了我，让我把这部著作完成啊。

这场车祸，在田连元心中留下的阴影实在太深了，他常常想，自己的这场车祸为什么发生在2014年，为什么2014年的重大灾难会那么多？难道仅仅是一个巧合？

你看，2014年这一年，真的是灾难频仍：

3月，马航370失联，二百三十人无一生还；

7月，马航又一架波音777飞机坠毁，三百余人死亡；

7月，中国台湾复兴航空一架客机坠毁，近五十人死亡；

7月，阿尔及利亚一家民航客机坠毁，一百一十二人死亡；

12月，印尼一家飞机失事，一百五十五人死亡；

还有，4月，韩国一艘客轮沉没，三百多名乘客遇难，其中大多是学生；

就在2014年即将过去的那一刻，12月31日，也就是2015年元旦钟声即将敲响的时刻，上海外滩发生了踩踏事件，三十多人死亡，其中也多是学生。

其他像台州一鞋厂大火、昆明火车站暴恐事件、乌鲁木齐爆炸案、昆山工厂爆炸事故、云南鲁甸强烈地震……都造成了人员的重大伤亡。至于其他小的事故，就更是数不胜数了。像田连元遭遇的这起车祸，几乎可以忽略不计，只不过因为他是名人，才被更多的人关注罢了。

过去，看到媒体对灾难的报道，田连元虽然也充满了同情，但和现在却是大不一样的，现在是感同身受，因为他知道，这一个个生命的背后，是多少母亲的泪水，是多少个家庭的破碎。这些消逝的生命不再是一个个的数字，而是难以抚平的伤痛。

田连元不是在用这些悲剧来为自己的痛苦解脱，而是经过了这场生与死的变故之后，他看到了这个世界原本就是悲剧的，有些灾难是躲不过去的，只要上帝想夺走你的生命，你便无处可逃。他看到了生命的脆弱、命运的无常，在大自然面前，人的力量微乎其微，谁也做不了自己的主，劫难随时会发生。

病榻上的田连元，常常在心中默诵李白的那篇作品《春夜宴桃李园序》：

夫天地者，万物之逆旅也；光阴者，百代之过客也。而浮生若梦，为欢几何？……

还有李白的那首《拟古》诗：

生者为过客，死者为归人。
天地一逆旅，同悲万古尘。
月兔空捣药，扶桑已成薪。
白骨寂无言，青松岂知春。
前后更叹息，浮荣何足珍？

这首诗，田连元年轻时就喜欢，且烂熟于心。而现在再度背诵，则别有一番滋味。

佛教有偈语："积聚皆消散，崇高必堕落。合会终别离，有生无不死。"不管什么人物，高位者也好，普通百姓也罢，有生便有死，有来便有去。彭祖八百岁，不也走了吗？"鹤寿千岁，以极其游；蜉蝣朝生而暮死，而尽其乐。"千岁与旦暮，对生命来说，它们的区别究竟在哪里呢？人如果参透之后，生与死，还那么重要吗？

2015年11月29日，中央电视台播出了由公安部交管局制作的一则公益广告：拒绝酒驾，文明出行。广告的代言人便是被酒驾伤害到的田连元。

电视里的田连元，刚刚从车祸重创和失去儿子的巨大悲痛中走出，面容似乎有些疲惫和苍老。田连元在视频里动情地娓娓道来："那一刻，宁愿醒来的不是我。我很想念他，从那天开始，生活还在继续，心里的疼痛，却一刻没有停止。你的不负责任带给别人的是一辈子无法抹平的伤痛啊。"

遭受人生重大变故的田连元，在述说这段话的时候，其声音已显苍老，然而坚韧的眼色中，没有怨，没有恨，而是充满了悲悯。他说："我好好活着，告诉更多人酒驾的危害，就是对儿子最好的告慰。"

田昱的女儿苗苗在父亲去世的时候只有18岁，还有一周的时间就要参加高考，对父亲的去世一直无法接受。有时孩子想爸爸了，就会在纸上写些东西烧给爸爸。

田昱的妻子时晓红在一家银行工作，夫妻恩爱。可是从这一天起，她将一个人带着孩子度过余生。她还会再嫁吗？这辈子还会找到像田昱那样爱她的人吗？

田连元的老伴已经80岁了，老年丧子的悲痛让她难以自拔，为了田连元，她极力克制自己，可是那失子之痛，早已渗透骨髓。

田连元将凡有儿子的照片都小心地收起来，他不忍心看到这些照片，只靠回忆去怀念。临近中秋，田连元和老伴从大连康复医院回到儿子田昱的家，看到儿子的遗像，他泪如雨下。他独自来到太子河边，一遍遍呼唤儿子的名字，痛哭失声……

5.少壮功夫老始成——著书立说

《评书表演艺术》这部大学教材的写作，历史地落在了田连元的身上。

大学教材，不是评书故事，是理论著作，是对评书历史的一个概括的总结。这对一个连小学尚未毕业的田连元来说，其难度可谓不小啊。

既然叫理论，那就要脉络清晰准确，要提炼出规律性的东西，要概括出有理论色彩的概念，对千百年来口口相传的评书术语要作出准确的定义，要反映这些术语的本质属性，不是废话连篇，半天说不明白，而是要三言五语道出精华。

千百年来，所有的说书师傅对徒弟的传授都是从感性出发，从经验道来。但是现在，田连元要把这些感性认识，上升到理性认识，从经验属性上升到本质属性。这可是一场从蛹到蝶的美丽蜕变啊。

"衣带渐宽终不悔，为伊消得人憔悴。"三年的时光，书房的灯几乎一直亮到深夜，而黎明的曙光又常常照在那张刚刚睡下的疲惫的脸上。写得顺畅的时候，兴奋得手舞足蹈；写不下去的时候，恨不得把手中的笔丢到一旁。田连元想起他的朋友，北京大学的汪景寿教授，他那么有学问，写了那么多的著作，那可不是徒有虚名，人家那可是"板凳需坐十年冷"啊。其实何止十年，而是二十年，三十年，甚至在枯燥的理论研究中，度过一生。

田连元看到当下评书的状况，他真的有一种紧迫感。在他眼里，要将评书艺术真正地传承下去，以往这种以师带徒口传心授的方式，已经不能适应快速发展的社会，那是小农经济下的作坊生产方式，只有学校办学，大量地培养学生，才能出成果、出人才。而现在，一些高校开设了曲艺课，开设了评书课，这对培养评书艺术人才开辟了一片广阔天地。但是如果没有教材，就如同播下了种子，却没有阳光雨露一般。

学生嗷嗷待哺，学校和老师在等米下锅。而这米就等着田连元去播种、去收获，然后奉献给学校，别无选择。

可是，就在田连元筹划撰写这部教材的时候，他在沈阳意外地发生了车祸。儿子去世，他受重伤，这对他无论是身体还是精神，都遭受了重大的创伤。但是，当他想到"是儿子的命换来他的命"，是儿子让他活下来，让他去继续完成这部教材时，他便忍着悲痛，从病床上爬起来，走到书桌前，顽强地开始了这部教材的写作。

看着田连元夜以继日地伏在写字台前，老伴有些担心，劝他说："悠着点儿，身体吃不消啊。"田连元对老伴笑了笑，感慨地说，"没办法，时间不等人啊！"

老伴听出了他的话外音。是啊，袁阔成先生已经走了，单田芳先生卧病在床，田连元车祸重伤，且已古稀之年，留给这部书的时间的确不多了。

但是，由于身体状态还不是很好，田连元头经常迷糊。所以，开始的时候，田连元常常写写停停。但是，一旦进入状态，田连元又像换了一个人似的，那劲头，就像当年在沈阳录制电视评书《杨家将》时一个样。

当年辽宁曲艺家协会主席王铁夫曾对田连元说过这样的话，"当你50多岁的时候，你就可以回到家里著书立说，总结自己的艺术经验，整理自己的艺术作品，要成大说书家、理论家。"

王铁夫的话，虽然当时的田连元认为自己很难做到，但却让他开阔了眼界，知道了怎样做才能成为一个优秀的评书演员，甚至自己一生的艺术道路应该怎样走，著书立说的想法也深深地沉淀在田连元的心头。

所以，当中国曲艺家协会和辽宁科技大学找到他，要他编写一部《评书表演艺术》教材时，田连元便一口答应下来。他想，机会终于来了，尽管晚了二十年。

田连元这一生，只要和评书沾边的，没有他不答应的。按理说，给大学写评书教材，难度极大。因为在大学里，无论哪个学科，文学也好，历史也罢，甚至哲学、法律等，几百年来，其教材数不胜数。有可供参考的文本，有现成的体例，有大量的资料。可是，评书教材，那可是前无古人啊，没有任何可供参考的东西，一切都是原创。

田连元说："中国曲艺家协会和辽宁科技大学将任务交给了我，向我交代说，'这是史无前例的任务'，'前无古人的作品'，说得越重我的压力就越大，承蒙两个单位的领导信任，且做个要上架的鸭子，展开翅膀，全力扑棱。"

但是，再难，田连元也不会退缩，因为他有一种紧迫感。是啊，老一辈评书艺术家渐渐退出舞台，新生代评书演员尚未挑起大梁。如果再不抓紧把这部教材拿出来，恐怕评书理论这部书，很难再找到合适的人选了，几代评书艺术家一生积累的评书经验，就要随他们的逝去而烟消云散了，那将是他终身的遗憾。所以，完成这部书，虽说不是"天降大任于斯人也"，但他却是责无旁贷，义不容辞。

最艰难的日子他挺了过来，他终于把这部书稿完成了。四年的时间，却是一生的心血。

2019 年的初夏，中国曲协、辽宁省文联、辽宁科技大学和本溪市委宣传部，为田连元这本教材的出版隆重召开研讨会。田连元拿起这本沉甸甸的教材，心中感慨万千，这本书虽然凝聚了田连元先生一生的心血，但也是他的儿子田昱用生命换来的。因为如果不是儿子用生命换来他的生命，这本书就不可能问世。

田连元特别喜欢《商君书》中的一句话："疑行无成，疑事无功。"一个人立了志向，立了恒心，有了信仰，只要他坚忍不拔，就可以成功。可见信仰、决心和毅力多么重要，它可以激发人的潜能，让你做出原本认为无法完成的事。

一个连小学尚未毕业的说书人，能在中国评书界占据最高舞台就已实属不易，可他还登上中国最高学府北京大学的讲台，甚至还为大学撰写评书教材，对中国的评书实践进行系统的理论总结和梳理，让评书这个流传千年的艺术形式，上升到一个前所未有的理论层面，田连元的本事从何而来？

还记得那次辽宁汇演吗？辽宁省曲协主席王铁夫问田连元："你爱读书吗？"田连元爽快地回答："爱读。"因为田连元爱读书，所以这位从延安走出来的老干部，便悉心为田连元指点，还为田连元开列了书单。

几十年了，王铁夫的话，他始终记在心里。他不仅把王铁夫推荐的书买来通读，还把自己的一生，和读书捆绑在了一起。

其实，在遇到王铁夫之前，读书就已经成为田连元生命中最重要的部分了。

他从小就熟知杜甫的那句诗："富贵必从勤苦得，男儿须读五车书。"所以，当他辍学离校来到天津的时候，他在南市的小书摊，找到了自己的一片天地。后来又通过和同学借阅课本，自学了中学和大学的课程。正像有人说他的那样"大学毕业书摊，博士论文坊间"。

　　他读老舍，读巴金，读茅盾，读中国的，还读外国的。有一段时间，他很喜欢鲁迅的书，开始的时候虽然有些读不太懂，但他能感觉到鲁迅文章中的味道。"在我的后园，可以看见墙外有两株树，一株是枣树，还有一株也是枣树……"开始的时候，他并不明白鲁迅为什么要这么写，便反复读，读了几遍之后，他明白，鲁迅是在表达一种心境，这种心境是一种孤独，也是一种单调。因为读鲁迅读得多了，田连元的评书和写作的风格中，也能看到鲁迅的影子——幽默、含蓄、深刻、耐读。于是，他的《贾科长买马》《梁上君子》就有了鲁迅的批判精神和讽刺的味道。

　　人们说，田连元的评书有味道，这味道就在一个"评"字。田连元书读得多，思考得便多。思考一多，就使得他的评书比别人的深刻，评人论事，寥寥数语，发人深省。他说，"其实说书就是说故事，你说的故事对观众能否有启发，跟说书人的思想有关系，跟说书人的知识面有关系。要有哲理，否则便是白菜汤。"

　　田连元有三个家，本溪、沈阳、北京，虽然这三处家都那么简单、朴素，和普通老百姓的房子没有什么区别，但唯一不同的是，他这三处都摆满了他那一本本心爱的书。别人是在用最新的材料装饰出豪华的房间，而田连元却是在用这些书装饰了他的墙，装饰了他的心。田连元说："英国哲学家穆尔说，一间没有书的屋子，正如一个没有窗户的房间。他说得很对，你的书多了，你的屋子打开的窗子就多了，窗子多了，你的心就敞亮多了。"

　　当年他的夫人刘彩琴，之所以看上了比自己小五岁、尚无名气、刚刚出道、给自己弹弦的田连元，就是因为田连元看的书多，知道的多，"腹有诗书气自华"，在刘彩琴的眼里，这小伙子将来一定有出息，是个角儿。

　　说到书，还有一个有趣的故事。田连元的电视评书《大话成语》在电视台播完后，由出版社出版发行，而且还邀请田连元到北京和沈阳签名售书。田连元没想到会有那么多的家长带着孩子来买他的书。大家排着长长的队伍，等着田连元一个一个地给签名。

　　这时，一位读者拿着田连元刚刚签完的《大话成语》，轻轻地说了声"谢谢田老师"，然后把一本书放到田连元的签名桌上，说："这是您的书。"田连元一直忙着低头签名，没有时间抬头看读者。待他反应过来，那位读者已经走远。

田连元拿起书，是王瑶的《中国诗歌发展史话》，纸已泛黄。然而让田连元惊喜的是扉页上竟有他的印章，这个印章在"文革"搬家时已经丢失。扉页上还有一个购书纪念的章，写着"购于新华书店咸水沽门市部，1961 年 8 月 15 日"。

田连元想起来了，那年的 8 月，彩琴要生大女儿，他们一起回到了老家咸水沽，这本书就是那时买的。可是，这本书什么时候离开了他，又到了谁的手里，遭遇了哪些命运，谁都不知道。可是四十七年过去，由一个陌生的人重又交到了他的手里。这本书就像一个遗失的孩子，流浪多年，重又回到家中。

其实，把成语改成评书难度是极大的，因为没有现成的东西可用，那就得靠你的大量阅读才行。他要翻每个成语的历史背景、出处、典故，他查询二十四史、《资治通鉴》、笔记小说、四书五经，不但要读正史，还要参考笔记史料。对于史书中的历史人物传记，都反复阅读并研究、考证，这是一个很艰难的工程。这样做的目的，是让艺术的真实不能违背历史的真实。他要向观众传递的是准确无误的历史，避免以讹传讹。那段时间，田连元累得头昏脑涨。他把《大话成语》看成是一个严谨的"治学"过程。而且，还要在"治学"的基础上，加上"评书"的元素。他曾开玩笑地说，"早知道这么费劲，这活就不接了。"

有人说，"田连元知识渊博，在文艺界是一个学究式的艺术家。"还有人说，"在中国的评书界，田连元是最有学问的一个。"这学问，除了他几十年的舞台实践，除了他遍访名家，虚心求教，集各家之所长之外，余下的就唯有读书了。所以，他才能在车祸之后，在古稀之年，编写和出版了《评书表演艺术》这本书，在评书的道路上，又攀上了一座新的高峰。

这样一部近 30 万字的著作，其中有评书概述、评书要义、评书的起源、评书的形式、评书的创作、评书的结构、评书的情节设置、评书的表演，等等。这部教材，不仅总结和概括了中国评书的来龙去脉，更让我们看到了千百年间，中国评书中沉淀着的中华民族最深沉的精神追求，和我们这个民族之所以坚忍不拔，生生不息的来自民间的精神支撑和文化滋养。

中国文艺评论家协会主席仲呈祥高度赞扬高校曲艺学科教材的编写，他说：

教育部和中国曲协对曲艺学科的建设，"正是以高度的文化自觉与文化自信，在这方面做了一件有意义的事情。他们抓住时机，看到中国曲艺作为中华民族当代艺术的一个重要组成部分，同时看到曲艺学学科建设上的症结所在……努力蹚出了一条具有中国特色的曲艺学学科建设之路，并且已经迈出了第一步，这真是了不起的贡献"。

看看田连元的评书作品，再看看这部大学教材，你很难想象这是出自艺人之手，因为理论著作和文艺作品，完全是"两股道上跑的车，使的不是一股劲"。田连元笑谈他是被"赶鸭子上架"，他上架了，但他不是鸭子，因为他不但有丰富的表演经验，更有扎实的理论功底。当年他不仅阅读了王铁夫先生推荐的那些有关艺术的理论著作外，自己还收集和阅读了大量的艺术理论方面的著作，以及外国的艺术理论书籍，包括德国戏剧家布莱希特所著的《布莱希特选集》、法国思想家狄德罗的《论戏剧艺术》，甚至连苏联斯坦尼斯拉夫斯基厚厚的四大本戏剧理论都啃一遍。

中国的评书是幸运的，因为它造就了田连元；田连元是幸运的，因为他被评书的历史所选择。

有了这部高等学校的评书教材，有了这部"前无古人"的评书理论著作，田连元的艺术人生，真的很完美了。

6.一枝一叶总关情——十二弟子

评书界拜师可不是一件容易的事儿，人说"徒弟访师要三年，师父访徒要三年"。也就是说，徒弟访师父，要看师父有什么本事，配不配当师父；师父访徒弟，要看徒弟的天分、性格、人品，够不够当徒弟。而且，学习评书艺术，不像别的艺术，可以一炮走红，评书必须拿出一辈子的功夫去打磨才行。不仅无捷径可走，更是无利可图。田连元坦率地告诉弟子们，学评书就是上了"贼船"，付出多、收获少。上船容易，乘好船难，拜了师了，就别后悔，干了这个活儿，就要甘于寂寞，甘于孤独，甘于清贫，就要为之奋斗终生。

田连元认为，评书衰落，主要是演员问题，不只是年轻演员有问题，中老年演员也有问题。下功夫不够，缺乏精益求精的精神，一个节目如果连观众都拿不住，那还能叫艺术吗？现在的很多段子，演员说得松松垮垮，最多抖个包袱，逗大家一笑，这就不是评书了，评书应该靠人物和故事。

当然，评书衰落有多种原因，现代人生活节奏快，没时间，这确实是一个因素，但不能忽略另一个因素，就是演员自身不努力，自己淘汰了自己。

到目前为止，田连元一共收了十二个徒弟，每个徒弟都有一段和师傅的故事和缘分。田连元的大徒弟叫张洁兰，本来田连元在评书界有了名气之后，想要拜师学艺的人不少，而且那时候正是评书的黄金时代，田连元也是如日中天。但他却给自己定下一个原则，不收徒弟，一是没有精力，自己创作、演出、社会活动等，再加上又担任本溪歌舞团的团长，已经忙得不可开交，哪有时间带徒弟啊。二是田连元不想误人子弟，因为评书这门艺术，看起来全凭一张嘴，会说话就行，可是真要上台比画，那可是要真功夫，不仅需要天赋，还有吃苦的精神。三是学评书的人，忙活一辈子可能也说不出什么名堂来，而且还要自甘寂寞，自甘清贫。

但为什么田连元破了戒，收了徒呢？这里有好几个原因，缺一个恐怕都不行。一个是张洁兰这个学生自身的条件好，用田连元的话说就是张洁兰形象好，声音好，而且是吉林曲艺学校科班出身，她那届曲艺班里，学评书的只有她一个人，是独苗。而且她热爱评书，有很大的可塑性。

二是两位领导的推荐，这个领导，不是那种纯官员的领导，而是业务出身的领导，他们其实也不是推荐要田连元收张洁兰为徒，而是推荐张洁兰来向田连元学习、请教，让他给指导指导。你想，咱不就是刚刚说了几部评书，在全国出点小名，人家要来学学，你就拒人千里之外，那也说不过去呀。而且这两位领导一个是吉林曲艺团的阚泽良先生，曾在吉林省戏曲学校曲艺科当主任，著名的单弦艺术家，也是天津人，是田连元的老乡，年长于田连元。他亲自写信给田连元，说他们团里一位女演员，是学评书的，想请田连元帮着给辅导辅导。另一个是曲艺团的书记，拿着吉林省文化厅的介绍信和吉林省文化厅副厅长王充先生的亲笔信，来到本溪市文化局，希望能让张洁兰来本溪向田连元学习。这位副厅长王充先生是播音员出身，也曾在电台上播讲了不少部评书，是一位颇有影响的演员。

所以田连元一看人家吉林如此重视评书演员的培养，老乡、领导纷纷出面，于是答应，那就来吧，咱们互相学习。

第二年，正逢东三省评书故事邀请赛，袁阔成先生和田连元都是评委。张洁兰的评书故事《皇姑屯炸车案》获了金奖。于是吉林省曲协的秘书长就找到辽宁省的曲协秘书长崔凯，让他帮着说服田连元，收张洁兰为徒。田连元一口回绝，说："这事咱们先放放，张洁兰对我不了解，我对张洁兰也不了解。俗话说，徒访师三年，师访徒三年，拜师学艺得有个相互了解的过程。"

崔凯说："不就是了解嘛，这有何难？我帮你了解。"崔凯创作认真，办事也认真，很快就了解全了，告诉田连元，这是个好苗子，她是吉林省舒兰人，在校是好学生，从小就爱好戏曲，高中毕业考入吉林戏曲学校，专业评书，全科独苗，在学校入了党，毕业进了吉林曲艺团，思想积极，学习刻苦。

袁阔成先生也劝说："你到了这个岁数，也该收个徒弟了。"

就这么多种因素在一起这么一撺掇，田连元不好再说什么了，那就收吧。所以张洁兰成了田连元首开山门的弟子。

有了一，就会有二。

收了大徒弟张洁兰十五年之后，才又收了两个徒弟，一个叫卞志明，一个叫关永超。卞志明是辽宁武警总队宣传队曲艺队的演员，后来调到广州边防武警文工团曲艺队担任队长。当时他还在辽宁的时候，就向田连元表达了拜师的愿望，但是田连元没答应。直到十五年后，还是崔凯出面说："田老师啊，小卞你就收了吧，人家你都考验了十五年了。这十五年，这小伙子表现得真不错，挺勤奋，人品也不错。"

田连元无奈只好说："好吧，那我就收了。"

崔凯见田连元松了口，马上又说，"既然收了，你就再多收几个，我再给你介绍几个，都挺不错的。"

田连元忙说："别介，这收徒弟可不是买菜，一个得人家愿意，再则我也得熟悉了解才行。"

崔凯说："那你就再加一个吧。"

田连元说："我想了，我在天津曲校的学生关永超不错，文化课、专业课都好，早想拜师，就把他也收了。"

田连元在天津曲艺学校教书的时候，关永超便是田连元的得意门生，不仅在学校时，对关永超悉心指导，毕业时还向学校推荐关永超，说像小关这样的好学生，学校应该把他留下。在田连元的推荐下，关永超果然留校任教了。

第四个徒弟是台湾弟子叶怡均。在拜田连元为师之前，叶怡均在台北曲艺团已经是一个小有名气的相声演员，也说评书，还自己写作品。并且在台湾艺术大学担任讲师，教学生相声和评书。和叶怡均认识之前，叶怡均多次往来大陆，已有二十多年，主要对大陆的相声演员比较熟悉，像侯宝林、马三立、常宝霆、常宝华、常贵田她都数次拜访，多有交流。后来她对大陆的评书很感兴趣，并央求常贵田引见，拜访田连元。见面后，叶怡均向田连元拜求评书资料，回台湾后可给学生讲课用。田连元答应下来，回到家把一些评书的录像资料刻成光盘寄给台北的叶怡均。接着叶怡均邀请田连元到台湾讲学，讲一讲中国的评书艺术。因为到目前为止，大陆的评书还没有走入台湾的大学。田连元爽快地答应，他知道，把评书艺术带到台湾，和台湾的观众见个面，对两岸的文化交流，促进和平统一，也是一件很有意义的事情，他愿意做这个文化使者。

在台湾讲学和演出结束后，叶怡均向田连元提出拜师的想法，因为叶怡均的特殊身份，田连元欣然答应，他也希望台湾能有一位评书弟子，两岸同胞，薪火相传。现在叶怡均是台北曲艺团文教部执行长、台湾佛光大学和台湾艺术大学兼职讲师，曾获得台湾广播综艺节目最佳主持人"金钟奖"，是中国评书界唯一的博士。

第五位弟子是王静，王静也是田连元天津就教中国北方曲艺学校时的学生。从学校毕业后被分配到了中国大戏院工作，但他一直喜爱评书，经骆玉笙先生推荐，调进了天津市曲艺团，成了一名专业的评书演员。在田连元七十岁生日那天，正式拜田连元为师。

2017 年，是田连元车祸复出后的第三年。4 月 9 日，已经七十七岁的田连元在沈阳收下他第六位和第七位徒弟。其中，穆凯是沈阳曲艺团副团长，也是田连元收下的首位辽宁弟子。穆凯能拜田连元为师，也是得益于崔凯先生的推荐，崔凯评价穆凯时说，"曲艺界在传承传统艺术方面，'跨界'的传统由来已久，曲艺不能局限于师门，否则只能越学越窄。穆凯做过辽宁省曲艺史的研究，相声、评书都会表演，拜师理所当然。"拜师后，穆凯便从相声门跨界进入评书门。

另一位叫宋春明，是来自吉林的评书演员，在曲艺圈深得田连元的赏识。田连元电视评书《杨家将》在荧屏大火那年，他才八岁，刚上小学，从此便迷上了评书，也迷上了田连元。他连听三遍《杨家将》，不仅会说，还模仿田连元的语调身段，在学校里只要有班会或学校组织活动，宋春明就会上台表演一段儿。2012 年他在互联网上首创听觉微故事《春明微评书》，颇受好评。

到了 2018 年，田连元又收下五个徒弟。至此，田连元已经收下十二个弟子，并表示，此后将不再收徒。

此次田连元收入门下的五位弟子中，有几位观众熟悉的面孔。其中第八位徒弟王声是青曲社相声演员，2015 年央视春晚舞台上，与苗阜搭档表演相声《这不是我的》而被观众熟知和喜爱。2017 年央视元宵晚会，王声和苗阜搭档表演相声《打灯谜》，也备受好评。

第九位徒弟是本溪市著名的评剧演员张丽华，她自幼学习评剧，在辽宁评剧界小有名气。但由于在本溪耳闻目睹田连元的评书演出，加上对田连元的崇敬，便也爱上了评书。而且，田连元是本溪人，曾是本溪歌舞团的团长，又是"本溪评书"的传承人，张丽华义不容辞地把传承"本溪评书"的重担担到自己的肩上。

第十位李刚是辽宁广播电视台《新闻正前方》的主持人，主持风格幽默风趣，观众亲切地称他为"刚子"。荧屏之外，刚子热爱曲艺事业多年，在拜师仪式上，他对着田连元和刘彩琴说："今天终于可以正式叫一声师父师娘了。田先生是我从小的偶像，今天正式拜在门下，可谓梦想成真。"

第十一位徒弟张军，是天津北方曲艺学校首届学生，现为某影业公司行政、创作总监。

第十二位徒弟武秀征，是武警部队曲艺演员。她不仅能表演评书，还创作了很多反映部队生活的评书。她创作并表演的评书《军婚药方》获得了文化部第十七届群星奖。

在那天的拜师仪式上，田连元兴致很高，他坚决要摈弃过去那种传统的跪拜仪式，而是采取了行礼的方式。他说，评书要与时俱进，咱们这拜师的仪式也要与时俱进才行。田连元还说，"用鞠躬礼的形式来拜师，是希望弟子们能用'鞠躬尽瘁，死而后已'的精神来学习评书、研究评书、献身评书，将评书这门传统曲艺艺术传承下去。"

辽宁省曲协主席崔凯在评价田连元时说，"田派评书代表着辽宁曲艺的一个高峰，在辽宁曾经出现过很多评书大家，甚至可以说是中国北部评书的半壁江山，现在要将评书传承下去，是一件非常重要的事。田连元先生收徒的意义就在于，辽宁曲艺方面后继有人了，但能否像过去那样辉煌，我还是充满信心的。"

能成为田连元的弟子，这些弟子们感到非常幸运。不过，他们也认为，田派的评书是最难学的，很难达到师父的高度。这是因为时代的局限，他们不可能有师父那样的人生阅历，不可能像师父那样有广泛的涉猎，师父是泡在书场里长大的。

但是师父也说了，时代发展了，科技发展了，舞台也更广阔了。现在要学的东西太多了，新事物、新名词、网络语言、手机购物，都需要掌握，只要一息尚存，就要学习不止。学习给了艺术以生命，也给了艺术以青春。

"弟子不必不如师，师不必贤于弟子，闻道有先后，术业有专攻。"所以，田连元希望他的弟子们，利用新的媒体，占领更高的平台，取得更大的成就。

把评书艺术传承下去，这种责任感和使命感，时刻装在田连元的心中。自己年纪一年比一年大了，要拿出更多的精力，带好他的徒弟。他说，"你收了徒弟，不是挂个名就万事大吉，就得为他们负责啊。你不但要为他传授技艺，还要为他们搭建一个演出的平台。"

在2019年中华人民共和国成立七十周年之际，田连元亲率弟子们，在沈阳辽宁省文化遗产保护中心文馨苑，演出了《曲艺留芳 薪火相传》的评鼓书专场，徒弟们从四面八方赶来，相聚一堂，两场演出，座无虚席。在弟子们的精彩演出之后，年近八旬的田连元登台表演了评书《事故的故事》，精彩的表演赢得满堂彩。在热烈的掌声中，连续返场数次。

弟子们看到师傅年近八旬，台前幕后，忙忙碌碌筹备这台大戏；台上台下，又是接待又是演出，感动得热泪盈眶。很多观众对田连元生命的活力也是赞叹不已。

是啊，看田连元忙碌的身影，看田连元精彩的演出，你真的不敢相信这是一位年近八旬的老人，而且几年前还经受了失子之痛和车祸之伤。

也许田连元的夫人刘彩琴说得对，是儿子用他年轻的生命换来了田连元的生命。于是，田连元用儿子给予的生命，和评书的理想、责任、使命交织在一起，焕发出了生命的春天。这春天，怎能不是百花齐放，万紫千红呢……

第八章
艺海泛舟

————

1.天翻地覆慨而慷——播讲红色经典

田连元早就有了这个愿望，就是用评书的形式来播讲波澜壮阔的党史。

在二十多岁的时候，他就在本溪的各个单位巡回演讲毛主席的丰功伟绩。那时尽管党史材料还不够丰富，但通过多方收集上来的材料和集中的学习整理，他对党的历史有了深刻的了解。他的演讲广受欢迎，各单位前来邀请的络绎不绝。但是由于特殊原因，这个演讲被中途停止，田连元很遗憾。所以，多年来，这个愿望一直存留在心里。尤其电视评书《杨家将》红遍全国以后，他便产生了录制一部实景电视评书的想法：站在上海一大会址旁，坐到嘉兴南湖的船上，登上井冈山的八角楼……在这些实景面前，讲述那个风云变幻的年代，讲述一代伟人的奋斗和牺牲。

机会终于来了，为纪念建党九十周年，中央人民广播电台邀请他播讲了评书《领航中国——中国共产党执政新中国发展纪事》。

这部作品，是中央人民广播电台建党九十周年的重头大戏，也是对新中国成立以来执政成果的一次总结。它以在中国共产党的领导下国家强盛，民族崛起为主线，通过恢宏大气、扎实厚重、全面深刻的评书报道形式，宣传党的治国纲领和方略，全面、系统地报道中国共产党领导新中国六十二年的经济建设成就。

这部作品被列入中央人民广播电台和中宣部纪念中国共产党成立九十周年的重点宣传计划。2011 年 5 月 22 日，《领航中国》在浙江嘉兴南湖红船旁正式启动。

这部作品的落脚点是党的经济工作，要突出党在各个时期经济工作的闪光节点。但是，党史宣传的难点一直没有很好地突破，而党领导经济工作的历史播讲，难度就更大了，因为要有理论的概括和时间上的限制，很难使其生动鲜活。于是编导组想到了田连元。因为田连元是著名的评书艺术家，他曾经讲过党史，而且效果还不错，有一定的经验。通过用评书形式的播讲，还可以在这部类似于政论的节目中，加进情节的描述、故事的冲突、人物的形象、感情的发展等，给这部作品增添亮丽的色彩。

于是，田连元就被确定下来。当节目组找到田连元的时候，田连元非常兴奋，他喜欢这样的节目，这也是他早就想要做的。如今一拍即合，"正合吾意"。

一台政论性的广播节目，一旦和评书结合起来，立刻变得轻松而生动起来。

由于田连元多年来始终没有放弃对党史资料的收集，没有放弃播讲党史的愿望，所以始终在心里谋划着评书党史脚本的写作。而这部《领航中国》的脚本，田连元读了之后，不禁啧啧称道。这部作品，对党史的研究非常透彻，尤其是中华人民共和国成立以来党在各个历史时期的经济建设，取得的成就，写得恰到好处。可以说是内容纵横捭阖，气势恢宏，既高屋建瓴，又高度凝练，既引人思考，又让人振奋。

节目共三十三集，每一集都有一个侧重。如第一集《大地风雷》讲的是土地革命；第二集《扬帆破浪》讲的是金融改革；第三集《工业蓝图》讲的是共和国工业建设；第四集《五谷丰登》讲的是农村改革。

特别是第二十五集，讲的是《铁西变迁》，说的是共和国长子，素有"东方鲁尔"之称的老工业城市沈阳铁西的历史变迁。田连元在播讲中，说到铁西的衰落，他心痛，语调深沉：

在六十多年的发展变迁中，铁西有过令人尊敬的自豪与荣耀，也曾经一度陷入到了举步维艰的困境。

说到铁西的振兴时，他振奋，语调激昂：

铁西，这个寄托着历代党和国家领导人殷殷期望、承载着几代工人阶级无限希望的老工业基地，如今也重又自信地站在了"十二五"这一历史时空转换的节点上，满载着来之不易的硕果，充满豪情地向世人宣告：铁西，未来还将在党中央的领导下再创辉煌……

田连元说，在说这部书的时候，他有很多的感慨，尤其是铁西从辉煌、衰落再到重生、崛起，铁西区的转变令人惊叹，它的发展足迹成为中华人民共和国国有重工业的缩影，见证着中国共产党人所进行的市场改革的伟大探索。

田连元是本溪人，本溪也是一座有百年历史的老工业基地，此刻他不能不想到自己的家乡，他真诚地希望本溪也能像铁西那样，早日焕发青春，早日振兴。

《领航中国》的成功，让田连元播讲红色经典的任务接踵而来。在2017年中国人民解放军建军九十周年的时候，中央教育电视台邀请他播讲大型实景评书《星火燎原》。

正如田连元所愿，这个一共二十集的电视实景评书，把评书讲播的背景放置到历史现场，通过田连元的讲述，生动形象地展示了那个逝去的峥嵘岁月和老一辈革命家的精神内涵、人格意志、思想风范和时代风采。

田连元说，"要讲好中国故事，我认为最好的中国故事，莫过于中国共产党的故事，这是最好的中国故事，而且它是最生动的中国故事。"

为讲好这部故事，田连元下了极大的功夫，查阅了大量资料。田连元说，"整个文字的内容都是我自己来写，创作很困难。而且创作过程中，重大历史题材的作品要求也非常严谨，必须符合史实，又要有评书的特点，必须反复修改。"

其实，在这之前，田连元与辽宁电视台合作，创作了一部三十集的纪实电视评书《为信仰而奋斗的人们》，赢得了专家和观众的好评。这部作品曾在中央电视台文艺频道播出。虽然这部作品可以作为参考，但是，因为从纪实电视到实景电视，形式上有很大的区别，选取的历史场景也不相同。所以尽管有了那部《为信仰而奋斗的人们》纪实电视，仍须重新创作。但是，由于田连元多年来对党史的关注和材料收集，做过大量的准备，所以创作起来还是比较顺利的。

田连元说，"这种实景评书和在电视台的棚里录的那种评书是不一样的，在棚里录，就是一个人在那说，没有引发观众开阔的想象余地。而实景评书则是站到当年的实景面前，你讲的历史就发生这里，有着语言故事和实景的双重刺激，更易激发和引导观众的想象，营造出更好的效果。"

在田连元看来，用这种以实景拍摄与评书演员"说表"同步的方式来呈现中国共产党的历史，本身就是一种突破和创新。

《星火燎原》的副导演郭毅说："实景拍摄和评书演员讲述同步进行，就是为了让评书演员能够在实景当中更真实地讲述这些历史，达到最大限度地再现历史，让观众能有一种身临其境的感觉。"

当年的那个年轻的田连元怎么也不会想到，半个世纪以后，他真的实现了自己的梦想，来到湖南上坪会议旧址，来到南昌八一起义纪念馆，来到江西萍乡芦溪，来到湖南茶陵古县城西门，来到井冈山茨坪八角楼……痛快淋漓地用评书的形式讲述当年戎马倥偬、浴血奋战的历史。这正应了那句老话："机会是留给有准备的人的。"

在田连元从艺六十周年研讨会上，辽宁电视台导演史艳芳曾深情地讲述了几十年来和田连元的合作。在她担任制片人和总导演期间，和田连元一起除了录制了评书《瓦岗寨》《小八义》《续小八义》《施公案》《水浒传》等传统评书外，在2001年建党八十周年之际，录制了反映中国共产党斗争历史的红的经典评书《为信仰而奋斗的人们》，这部作品一共三十集，田连元下了很大的功夫。特别是在录制其中的《独特的婚礼》一场，为确保声音画面的最佳状态，这一集比其他集录制的时间多出三倍之多，但是田连元不厌其烦，不仅积极配合，还认真地出谋划策。辽台著名导演张惠中见了，感动地说："没想到田先生这么开明，这么接受新事物，这么认真。"后来这部作品送到广电部参评，获得了全国电视文艺最高奖星光奖。

史艳芳说她第一次做导演是在 1999 年，刚一接手，就来了一个重头戏，要拍摄电视评书《辽沈战役》。事后有专家评论说"《辽沈战役》，可谓电视评书创演探索的新收获，不仅在评书创作的题材内容上实现了重大突破，而且在评书说演艺术表现的本体方法上，进行了大胆而又成功的革新尝试。"

为什么说是一次重大的突破呢？

这部评书从 1945 年抗日战争胜利，我军进入东北始，到收复沈阳，挥师入关，东北全境解放止。事件纷纭，人物众多，场景壮阔，规模宏大。评书以人带史，以人带事，以人为中心安排事件。而且人物众多，有罗斯福、丘吉尔、斯大林，有国共双方的领袖人物及军队的高级将领。

这部书的最大亮点是采用三说一评的形式，充分运用了评书艺术一人多角、跳出跳入、时空自由的特点，借鉴了影视艺术扮演角色的长处，很好地发挥了评书艺术内心独白、说表评述等形式。这是评述艺术的一次创新，也为红色经典评书的创作闯出了一条新路。

所谓的三说一评，就是三个人说故事、扮角色，一个人用旁白的方式进行评论。田连元演播共产党一方，他既演毛泽东，也演周恩来，以及林彪和其他共产党将士；单田芳扮演国民党一方，既演蒋介石，也演其他国民党官兵；叶景林演国际一方，既演罗斯福、丘吉尔，也演斯大林和其他国际人士。而田连元的大弟子张洁兰则进行评说。

史艳芳感慨地说："田连元先生说书从来不是照本宣科，而是经过他反复推敲琢磨，既把书面语言口语化、通俗化、表演化，又有相当水准的文学性和表演技巧。从各个方面、各个角度，把党中央和毛主席，以及我党的高级将领，在这场战役中的指挥若定、大智大勇，表现得淋漓尽致。"

在这部评书中，田连元在塑造毛泽东、周恩来、林彪等人物形象时，都模拟人物的方言和语调，这样既增强了人物的真实感和个性，又满足了电视观众的审美要求。史艳芳说："当时的中央电视台主管文艺的副台长胡恩看了《辽沈战役》这部作品后，亲自安排在央视播出。"

在 2015 年，为了纪念中国人民抗日战争暨世界反法西斯战争胜利七十周年，辽宁省文联精心打造了长篇评书《铁马冰河丹心谱》。评书二十集，特邀著名曲艺作家崔凯等人进行创作，内容主要选取从 1931 年"九一八"打响抗日第一枪，至 1945 年"八一五"日本投降这段时间中的典型事件、典型人物，如"九一八"事变、平顶山惨案及东北人民在抗日战中的优秀代表，如杨靖宇、赵尚志、李兆麟、赵一曼等。

为了写好这部作品，省曲协主席崔凯带领省内曲艺创作名家如郝赫、于清涌、崔立君、董凌山等人，先后赴辽宁的沈阳、鞍山、抚顺、丹东、锦州、朝阳、葫芦岛及吉林、黑龙江等地深入生活，采风创作，精心打磨，完成了评书的文本创作。

文本有了，可是由谁来播讲呢？崔凯第一个想到的就是田连元。

可是有一个问题，2014 年田连元在沈阳出了车祸，身负重伤，痛失爱子，虽然身体很快康复，在辽台春晚还亮了相，但是崔凯还是担心，此时的田连元演个短节目尚可，录一台大戏，他的身体能吃得消吗？想到这，他真的有点愁眉不展。但是没有田连元来播讲，就可惜了这部好作品，也对不住那些和他一起辛苦创作的艺术家。

于是他硬着头皮打电话给田连元，没想到田连元非常高兴，大声地说："身体没问题呀，我来说。你放心，别说身体没问题，就是出点问题也不会找你，你怕什么？"

老哥儿俩在辽宁曲艺事业上合作多年，用东北话说，关系特铁。田连元好几个徒弟都是崔凯推荐的呢。两人在辽宁省曲艺家协会的工作上，也是配合默契。田连元是第五届、第六届辽宁省曲艺家协会的主席，崔凯是第七届辽宁省曲艺家协会的主席。田连元做主席的那些年，崔凯是竭尽全力地支持，现在人家当主席了，你田连元能袖手旁观？

"铁马冰河丹心谱，七十春秋话当年……"田连元凝重的面容和略带沙哑的声音，把人们带回到七十多年前那个战火纷飞的年代，重现当年东北人民抵抗日本侵略的峥嵘岁月。

此部评书也是田连元车祸后首次录播的长篇评书，尽管他感觉身体已经完全恢复,但在录制过程中,还是感到了身体上的种种不适,一个是体力上,一个是手脚的动作,但他极力克服,以至于录制人员没人看得出来。而且田连元从修改本子、背稿到播讲,每个细节都认真对待,一丝不苟。电视台为了赶时间,一天录4集,仅仅用了五天时间,就把这部长书录制完成。这真是高强度的工作啊。田连元说,"一天录两集是最好的,但我也考虑进度问题。有时候声音、嗓子有些吃力,眼睛也不好,但是也坚持下来了。"

崔凯非常感谢田连元的支持,他说:"田先生去年不幸遭遇车祸后,受到全国观众和听众的关心,重新走了出来。我们和他沟通的时候,田先生有一份报答全国听众和观众的心,而他现在身心的创伤还没有完全恢复,但他坚持下来了,我真的很感谢他。"

这些年,田连元录制了多部红色经典评书,但他并没有满足现有的成果,他说我这个人从来就不知道什么叫满足,虽然年龄大了,但还老想着要有什么突破。

田连元现在还在收集材料,还买了大量的党史书籍,包括著名的党史研究专家金一南创作的《苦难辉煌》等。只要有时间,他就潜心阅读,做笔记、拉提纲,因为他计划还要完成一部的"鸿篇巨制",用评书的形式,说一部完整的党史,虽然是一个巨大的工程,但他信心十足。

2.语必关风始动人——评书舞台上的语言大师

文学是语言的艺术,那评书就更是语言的艺术了。

田连元反对人家称他为大师,但是在评书艺术上,他取得的成就最突出的一点,就是他的语言。正因为他掌握了鲜活而又形象的语言,所以他的评书才赢得了广大观众的喜爱。这语言,既来自生活,也来自书本,更来自他的创新。所以,我们说田连元是评书舞台上的语言大师,一点儿也不为过。

我们先看一下他的即兴语言。

在一次辽宁兴城的"海会节"上,田连元一上场便说:

我是第一次来兴城参加七月海会的，兴城的海是美丽的，我们中国的语言非常丰富，表达的意思有褒有贬，但我发现对海的表述却都是褒扬的。比如，说一个人心胸开阔是心如大海，叫人容让是海涵，管盛东西的大碗叫海碗，形容一个人能喝酒是海量，等等。特别是年轻人搞对象更是离不开海，总要"海誓山盟""大海作证""海枯石烂不变心"，以此来表示态度坚决不能黄了……海是深沉的，海是辽阔的，海是真挚的，海是伟大的，因此我向兴城人民致以海的问候！

在深圳的"庆五一文艺晚会"上，田连元说：

深圳是全国瞩目的城市，我对这个"圳"字查过字典，"圳"当田边水沟讲，这说明深圳是有田有水的地方，地肥水美，物阜民丰。所以今天才高楼林立，经济繁荣。愿深圳，超香港，赶纽约，称雄世界！

在大连金州演出时，田连元说：

我们这里叫金州，金州金州，黄金之州，发财致富，俯首可求……

在老山前线，他深情地对解放军战士说：

在本溪我曾为诸位送行，在这里我又与诸位重逢，这叫：本溪湖畔壮行酒，老山脚下迎客茶。万里关山心相系，前保边防后卫家。待到胜利凯旋日，戎装佩戴英雄花……

虽为即兴发言，尽管寥寥数语，却紧紧地抓住观众的心，拉近和观众的距离，密切和观众的感情。听起来，既亲切又贴切。

在1988年春晚，田连元为冯巩创作了一个人物开脸儿，并和冯巩一起表演：

田：（看着冯巩）你从整体上、宏观上看，是时装模特照镜子——呗儿帅！

冯：大家都有这个反应。

田：看你这大个儿、身材，那是电影明星上银幕——呗儿漂亮！

冯：您要这么说，我容易骄傲。

田：如果要是具体地、从微观上说，就更有特点啦！

冯：您给说说什么特点？

田：比如你这脸，是墨西哥电视连续剧——呗儿长！

冯：咳。

田：眉毛——"广而告之"电视节目——呗儿短！

冯：不怎么样。

田：眼睛——保定的健身球，呗儿圆！

冯：……

田：脖子，龙须面——呗儿细。声音，唐老鸭唱歌——呗儿瘪！脑袋……

冯：快别说了，我对象要吹了你得负责！

传统评书的开脸儿大多是一代一代传承下来的，有一定的模式。但是，要为现代人创作一个开脸儿，那是很难的一件事。如果在春晚那样的大舞台，一两分钟的时间之内，来一个开脸儿，还要把大家逗乐了，创作的难度该有多大？要在二百多个字里，把冯巩从身高、长相、脸型、眉毛、眼睛到脖子说全了，语言必须简捷，比喻必须恰当，还要幽默风趣，没有一定的语言功底是根本做不到的。

其实，这些小品的创作，对田连元来说，不过是牛刀小试，他真正的文字功夫，则是在他的评书创作上。

一般说来，人们大都以为，说评书的，不过是把人家现成的书拿过来，照本宣科，从头到尾讲一遍而已。

你错了。

这样的说书人有没有？有，可他就是一个朗读者，算不上是一个真正的说书人，更别说一个评书艺术家了。所以，田连元被冠以评书艺术家的桂冠，可不是浪得虚名。

有专家这样评价田连元，说："田连元以扣人心弦的评书艺术在书坛独树一帜。他所创作、改编的评书，不仅具备了立体丰厚的精神内涵，同时亦不乏卓尔不群的艺术优长。他的评书是立体小说，具有独到的文学色彩，他以阅读文学的长处，弥补评书的直、浅和千人一面的程式，创造出一种全新的审美境界。"

这话说得理论性有些强，理解起来有些费劲。其实，说白了，就是田连元说的书，不是原本意义上的那本书了，他是经过自己的二度创作，和原作相比，他的评书人物更丰满，形象更立体，故事更精彩，立意更深刻。

比如在他的评书《水浒传》中，当林冲发配沧州，被安排看管大军草料场的时候，他荒村沽酒，独酌无亲，田连元有一段精彩的描述：

> 林冲望着外面的雪，开始是小雪，像柳絮一样，后来就像棉花桃一样，最后好像棉花套子一样，纷纷扬扬，漫天而降。
>
> 看雪景和人的心情一样，唐朝张打油有一首诗："江山一笼通，井上黑窟窿，黄狗身上白，白狗身上肿。"这是幽默打油咏雪诗。刘玄德三顾茅庐有一首诗："一天风雪访贤良，不遇空回意感伤。冻河溪桥山石滑，寒侵鞍马路途长。当头片片梅花落，扑面纷纷柳絮黄。回首停鞭遥望处，乱银堆满卧龙岗。"这是英雄争霸咏雪诗。
>
> 如今林冲的心情和他们都不一样，他的处境、遭遇使他觉得：愁云密布天无缝，漫天银花，飘飘扬扬，柳寒飞荡，芦绒舞狂，山川原野白茫茫，雪也茫茫，人也茫茫，关山千里不还乡。一壶热酒，万转愁肠，英雄气短怨满腔，荒村酒肆空荡荡，盛不下情感上的凄凉、心底里的悲伤。

从景到人，由形写神，人景融汇，形神贯通。

而在《水浒传》这本书中，对这场景的描写，虽有两处，但也只是简单的几句，然后便是一首词而已。

第一处：

正是严冬天气，彤云密布，朔风渐起，却早纷纷扬扬卷下一天大雪来。那雪早下得密了。怎见得好雪？有《临江仙》词为证：……

接着便是一首词。

第二处：

林冲与柴大官人别后，上路行了十数日，时遇暮冬天气，彤云密布，朔风紧起，又早纷纷扬扬下着满天大雪。行不到二十余里，只见满地如银。但见：……

后面又是一首词。

显然，书中的寥寥数语，远不及田连元对大雪的描写来得精彩。

而在京剧《野猪林》中，也是如此，林冲那段经典唱段《大雪飘》，其中唱到大雪的也就四句：

大雪飘，扑人面，
朔风阵阵透骨寒。
彤云底锁山河暗，
疏林冷落尽凋残。

……

后面的唱便是叙事和抒情了。

还有，田连元在说鲁智深醉打山门时，给鲁智深加了一段《醉了好》歌，这是田连元的独创：

鲁智深一边走着，一边想起来当提辖的时候，朋友们编的《醉了好》的歌：

醉了好，醉了好，人生有酒须当醉，醉了无烦恼，管什么买卖赔挣，管什么官大官小，管什么人世艰难，管什么悲伤欢笑，摇摇晃晃，晃晃摇摇，天地昏昏，人世嘈嘈，一醉解千愁，大家一边高，你好我也好，酒醉乐陶陶，醉了好。

显然，这是受了《红楼梦》《好了歌》的影响，说古也是说今，说你也是说我，浅显的语言中蕴含有着深刻的哲理。

在评书《水浒传》中《杨志卖刀》那段，牛二的出场就更为精彩：

杨志等了半天，没看见老虎来，只见由远而近，晃晃荡荡走来一个人，此人走近的时候，杨志才看清楚他的长相：

内檩子眉毛铃铛眼，缺翅的鼻子橘子皮脸，厚嘴唇，大马牙，连鬓络腮的短胡子茬。一嘴的酒气，一脸的流气，浑身上下从每个汗毛眼里边，都透着一股邪气。

这位是谁呀？本地有名的泼皮牛二。泼皮是外号，牛二是本名。什么叫"泼皮"？就是地癞。一块地当间长这么一块癞。

这牛二，从小不着调，长大了管不了，十六岁气死他爹，十八岁气死他娘。有个二叔没让他气死，得了脑血栓——半身不遂了。打架斗殴，设赌抽头，吃喝嫖赌，坑蒙拐骗，五毒俱全，全面发展！

此人在这条街上，有个外号叫"净街虎"。要不怎么刚才老百姓说老虎来了呢。不过也有人背地里说："他算什么虎呀，他长出毛来就是疯狗，安上尾巴就是野驴！"

一个月前，因为打群架，进了监狱了，老百姓满大街放鞭炮——庆祝牛二入狱。可今天他又出来了，为什么？看监狱的是他表兄，他打架斗殴，判不了重罪，所以出来了。

这牛二刚在前边吃了顿饭，喝了瓶酒，没给钱掌柜的也不敢要。

牛二一边走一边嘴里嘟囔："他妈的，一个月没到这街上来了，我看看有什么变化。谁家姑娘肚子大了，哪个寡妇要出嫁了，牛二爷都得过问过问。"

你看，在这段描述中，田连元没有使用传统的开脸方式，而用的是现代语言，为观众描绘出一个活生生的牛二，而且这牛二，何止是生活在宋代，何止是和杨志纠缠，他就是生活在当下，就在我们的身边。

再比如，评书《水浒传》"野猪林"那段中，描写两个公差贪吃的丑态：

他俩举起了迎风的膀子，旋风的筷子，托住了大牙，垫住了底气，抽开了肚子头儿，甩开了腮帮子，吃得鸡犬伤心，猫狗落泪。

这段描写形象生动，使人发笑。用田连元的话说，这是"立起来的语言"。其实何止是立起来，它生动得有些活蹦乱跳了。

田连元曾把观众的笑分成三个层次：第一个层次是笑后还想笑，笑里深思；第二个层次是笑后想一想，笑得合理；第三个层次是笑完很后悔，笑的可气。

这仅仅是观众笑的三个层次吗？不是，对一个说书人来说，这三个层次正好对应了说书人的三个层次。最好的说书人让观众笑，笑后有思考，笑后获启迪；第二个层次是让观众笑了之后，认为你说得还算合情理；第三个层次便是等而下之了，勉强笑笑，然后就会说你净胡诌八扯，甚至胡说八道了。

田连元一生说书，都在追求第一个层次，而且，他也真正跨越上了这个高峰。

他在评书中，敢于大胆摒弃那些老旧的语言，融入新的语言。在改编《调寇》时，他引进大量的新的词汇，如"爆炸性新闻""高级酒""甩大盘子"之类，说的是古人，喻的是今人，这样使观众尤其是青年观众更易于接受。

比如在《调寇》中，田连元开门见山，第一句话就是：

现在人们把引人关注的消息叫新闻，非常引人关注的叫特大新闻，使入听之震惊的叫爆炸性新闻，今天我们要说的是发生在大宋朝太宗年间的一件爆炸性特大新闻。

什么事呢？皇帝的岳父潘仁美和八王千岁的妹丈杨延昭打起官司来了。杨延昭弹劾潘仁美利用职权，官报私仇，害死了他的爹爹抗辽名将杨继业和七弟杨延嗣。为此事皇帝派人把潘仁美拿获回京，交御史府审问。这一审问，潘仁美却说杨延昭妄告不实，诬告皇亲。御史大人刘玉当堂把杨延昭这个原告给当成了被告，连问三堂，毫无头绪，正在这良莠难辨真假不分的关键时刻，问案的御史大人刘玉死了。原来是刘玉贪图了正宫潘娘娘给他的贿赂银子，心眼儿向钱不向理，竟向着潘国丈说话。不料他贪赃纳贿的事儿被八王千岁抓到了证据，八王一怒之下，用曾受过皇封的金铜把刘玉一铜打死。这一来，潘、杨两家的官司竟无人敢问，无人敢理。弄得原告、被告俱在，审案官却无……

上面这段背景交代，从文学创作的角度来讲，难度不小，因为要用最短的时间，最少的语言，把问题交代得清清楚楚是很难的，必须高度概括，又要交代明白，条理清晰，让观众记得清楚，没有一定的文字概括功夫是做不到的。

其实，我们还可以从他的一篇小传中，看出他的语言功夫。他写道：

田连元，河北省盐山县人，一九四一年生，属蛇。才不出众，貌不惊人。少年家贫辍学，没有一纸文凭，学艺未敢偷闲，登台即告失败，很想改行，但无路可走。二十岁入本溪曲艺团，新、旧书说了数十部，成就不大。一九六五年参加辽宁省汇演，创作了篇评书，大家说是好节目，把自己吓了一跳。旋又在省电台录长篇评书，旋又有中央电台邀请录长书，旋又来了"文化大革命"，旋又下乡当农民，旋又改行演样板戏，旋又调回本歌团。

演过京剧，导过歌剧，学过诗，写过戏……爱好多，精通少。出版过几本书，皆非上乘之作；发表过短篇稿，更属"下里巴人"。多次参加全国汇演获奖，但没陶醉；多次在广播、电视上录长篇书，但没发财。信奉勤能补拙，讨厌沽名钓誉，喜欢承认失败，鄙视作假吹牛，慨叹奉迎无法，自诩"穷酸堂主"，坚信"少一种人不成天下，这世上应该有我"。

一般说来，大凡给自己写的小传，都是干巴巴的罗列，而田连元的这篇小传，短短的不足三百五十字，写得风趣幽默，文字洗练。如果田连元不是去说评书，而是去搞文学创作，一定是一位好的小说家、散文家或者是一位诗人。

田连元的语言功夫不是天生的，而是刻苦学习得来的。田连元平时有一个小本子，凡是听到的，看到的，无论是哲理还是俚语，还是普通的群众语言，只要鲜活，就把它记下来。尤其是读小说的时候，更是把小说里面他认为有启发的句子，摘录在本上，熟记在心里。这样记多了，这个小本就成了取之不尽、用之不竭的语言仓库。

田连元在评书《贾科长买马》中，有这样一句话，"这世界上有两种人，一种是骗子，一种是傻子。"这话从哪来的？是从巴尔扎克的小说《高老头》那儿来的。如果不读书，不读《高老头》，就不会有这样深刻的语言。

田连元对自己的评书语言，要求很严格，即便是长书，几十万字，但每句话，他都认真琢磨，要求既生动，又明白。用杜甫的话来说，就是"语不惊人死不休"。这句话既是诗人杜甫追求的目标，也是说书人田连元的最高境界。

这正是：

话须通俗方传远，

语必关风始动人。

3.面貌能惊市井人——让人物活起来

田连元的评书为什么大家喜欢？是他会讲故事吗？不是，田连元的评书打动人的，是因为他的评书中一个个鲜活的人物。田连元说："会说的说人物，不会说的说故事。"这句话，是田连元六十年评书舞台的经验总结，也是他评书演播和创作的真谛。

在田连元看来，评书创作和小说创作其实是有共同之处的。会写小说的人，其实就是写人物，以人物来带动事件的发展。人物鲜活了，小说就完美了。如果忽略了人物，而只注重编故事，把人物埋没在情节里，虽然挺热闹，但听完，你也就忘了。

田连元认为，评书艺术家有点像小说家，和演员不同。一部戏里，演员只要下功夫演活一个人就行。而作家如果在一部书中只写好一个人物，那就是失败。李默然演《甲午海战》里的邓世昌，就是邓世昌的化身，他只要把邓世昌演活了就是成功。但曹雪芹写《红楼梦》，只写好贾宝玉、林黛玉还不行，他要写活书中的几百号人才能称为名著。

说书人也是这样，他在一部评书里，要刻画所有的人，男男女女，老老少少，上至帝王宰相、王公大臣，下至黎民百姓、贩夫走卒、流氓恶棍。要说好所有的人，他就要努力站到时代高度，重新审视历史人物与历史故事，寻求今人与古人在心灵上的契合点，用通俗生动的语言细细道来，使人们听了时惊时喜、时悲时乐，而且有感有悟。

田连元说："对《水浒传》整部书我都下了比较大的功夫，因为它是名著，名著不能给说砸了，得说出点味道来。所以，我对每个人物的性格发展走向都是认真反复地琢磨过的。"

的确，田连元的评书在人物塑造上，确实下了极大的功夫。他在每说一部书之前，都要对这部书反复研读，然后寻找相关史料，研究历史背景，分析人物在特定历史时期、特定历史环境中的性格发展轨迹，结合自己的人生阅历，对人物反复分析研究，力争在人物塑造和情节、细节的处理上有新的突破，使传统评书中的人物艺术形象，得到充分的发掘和升华。

著名曲艺评论家戴宏森先生在评论田连元的评书时说："田连元的电视评书能够惹人喜爱，还有重要一点是他说活了一批书筋式人物。"

何谓书筋？书筋指的是评书中诙谐幽默的人物。这种人大毛病不犯，小毛病不断，但往往又因为他的小毛病而出大问题，是让人又爱又恨的正面人物。过去评书曾有"四梁八柱"一说，这"四梁"便是"书根、书领、书胆、书筋"。盖房子什么重要？房梁最重要，这书筋被称为"四梁"之一，可见其在评书中的地位。所谓"书无根不生，书无领不起，书无胆不立，书无筋不俏"，说的就是其在评书中的重要性。

拿评书《杨家将》来说，"书根"就是杨家将这部评书所依赖的历史背景——宋辽之战；"书领"就是统率全篇的人物，如宋太宗、八千岁、杨六郎、潘仁美；"书胆"就是书中的正面主要形象，寇准、佘太君等；"书筋"就是孟良、焦赞等人物。书筋人物往往带有喜剧色彩，与书胆式的人物相辅相成，交相辉映。但是书胆人物必须历史上实有其人，而书筋人物则是虚实参半，可塑性强，在书中起推波助澜的作用。一部书能否说好，就看说书人塑造书筋式人物的本事。

比如田连元《小八义》中的唐铁牛，《杨家将》中的杨兴，《瓦岗寨》中的罗士信，《施公案》中的小脑瓜赵璧，《瓦岗寨》中的混世魔王程咬金，《水浒传》中的李逵，等等，经过田连元的二度创作，都赋予他们新的生命。

在中国的几部古典名著像《三国演义》《水浒传》中，虽然被称为名著，但其中的瑕疵并不少见。而其他的那些明清时期的小说，像《说岳全传》《杨家将》《施公案》等，写得就比较粗糙。所以，对着书本去说，肯定不行，这就需要对人物进行二度创作。也就是说，让人物活起来，一个重要的先决条件，就是要使评书中人物的存在、发展、结局更趋合理。

田连元说："所谓的人情事理，第一个前提就是合理性。合理性包括事物发展的情节合理性、人物性格的合理性。你不可能让李逵做出非常细腻的事情来，也不可能让宋江做出违反他个性的事情，必须顺应人物的性格发展去说。同时还要考虑到宋朝的时代背景，符合那个时候的典章制度、道德基准，不能让宋朝的人做出现代人的事。"

比如田连元在评书《水浒传》中对林冲这个人物的处理，就与小说有所不同。小说中梁山泊被招安之后，林冲随宋江征讨方腊。胜利后，在班师回京的路上，患了风瘫，留在六合寺中，不幸半年后身亡。而在田连元的评书《水浒传》中，梁山英雄接受招安之后，林冲却留在山上，因醉酒而身亡。这样的处理，就符合林冲这个人物的性格。为什么？因为林冲原就是高俅属下，被高俅害得家破人亡，有着不共戴天之深仇大恨，可是逼上梁山之后，转了一圈，最后招安还要回到原点，仍然在高俅那帮奸贼手下，他们不会放过自己。所以，以林冲的人生经历和性格，他不会接受这样的现实。但是梁山招安大局已定，他无力回天，所以只好饮酒自杀，这也正符合了林冲的性格。

其实，在以往的评书中，有些人物是并不丰满的，甚至比较突兀，没有交代前因后果。这方面，田连元下了极大的功夫，要把这些地方补全，让人了解人物的来龙去脉，使人物更加丰满。

比如"母夜叉"孙二娘，在《水浒传》这本书中，孙二娘为什么叫母夜叉？她为什么卖人肉馒头？书中对菜园子张青有了些许交代，但是孙二娘的来历，让人一头雾水，只是说她的父亲曾与张青厮斗，打翻张青，但见张青手脚灵活，教了许多本事，又招赘做了女婿。

但是在田连元在电视评书《水浒传》中，他没有按照书中的说辞，而是用倒叙的手法，增加了孙二娘卖人肉馒头的缘由，讲清楚了孙二娘为什么叫母夜叉，为什么要卖人肉馅儿馒头：原来孙二娘的父亲年轻时也是一个绿林好汉，外号"山夜叉"，人到中年时金盆洗手，开了家小饭馆。他有两个女儿，大的叫孙美娘，二的叫孙二娘。孙美娘喜女红，孙二娘喜武术。孙美娘长得美，孙二娘长得丑。一天县官少爷在孙家饭馆吃饭，见孙美娘貌美如花，便心生歹意。一次孙美娘独自外出，路遇县官恶少，被其强奸。回家后，美娘对妹妹孙二娘哭诉后，第二天投河自尽。孙二娘将详情告诉爹爹，爹爹发誓报仇。几天后，县官少爷又来饭馆想找孙美娘纠缠。此时孙二娘正在后厨烧水烊猪肉，恶少误把孙二娘当成孙美娘了，在孙二娘背后搭手。孙二娘一看是他，怒火中烧，顺手将恶少塞进大锅，盖上盖，加把火，把恶少给炸了，然后和爹一起将恶少的肉做成包子，卖到县衙。结果县官在包子里发现儿子指甲，将孙二娘的爹打死。孙二娘带着母亲逃到十字坡，遇到张青。张青也是因杀人逃亡，于是两人便结为夫妻，在十字坡开起了饭馆。这样一来，孙二娘之所以卖人肉包子，便有了缘由，而且她也不是逢人便杀，而是见了歹人，才会将其做成人肉包子的。这样一来，孙二娘这个人物，来龙去脉也就清楚了，形象也更丰满了，她的人肉包子也有了一个能够让观众接受的合理的理由了。

在评书《水浒传》的人物塑造中，田连元总是把人物放到历史的大环境中，对人物进行研究，但是他既不拘泥于人物产生的时代，也不超越当下的社会。比如潘金莲，在施耐庵的《水浒传》和以往的评书中，潘金莲就是一个淫妇、荡妇。田连元认为不能这样简单地下结论。但是他也不赞成因对潘金莲同情而为其翻案，甚至把潘金莲说成是反封建的先锋。在田连元看来，潘金莲就是一个普通的宋朝底层社会的妇女，既不能说她天生淫荡，也不能说她是反封建的先驱。

在评书《水浒传》中，田连元是这样塑造潘金莲的：

潘金莲是清河县潘员外的侍女，因人长得漂亮，潘员外对其心存邪念，潘金莲不肯就范。于是潘员外一怒之下，将潘金莲嫁给了清河县最丑的武大郎。武大郎人善，知道潘金莲的身世，让其自寻生路。但是潘金莲既想走，又无处可去，想着武大郎是个老实忠厚之人，加之结婚三天，武大郎没有碰她一指，让潘金莲感动落泪，于是只好认命。但是当她见到小叔武松的时候，情心萌动，对武松产生了爱慕之情，这本在情理之中。但是武松自幼父母双亡，由长兄带大，后因犯罪，被哥哥送去少林习武，视兄为父。这样的武松，不会对嫂嫂有任何不恭行为，所以武松拒绝也是合理的。但是，在王婆、西门庆一步步引诱、唆使下，潘金莲不知不觉地上了贼船，再无回头之路。最后丑事败露，在王婆指使下，毒死武大郎。潘金莲毕竟人性并未泯灭，在哄骗武大郎喝完毒药后，她又后悔莫及，想起武大郎事事依她，难得这样的好人时，不禁哭了起来。田连元在评书中着力剖析潘金莲这个负罪的灵魂，说出了人性的复杂和社会的丑恶。比起书中对潘金莲那种淫贼荡妇的指责，更有批判意义和社会教育意义，也使得潘金莲这个人物更真实可信。

田连元说："潘金莲是封建社会的一个底层妇女，她的命运并不掌握在她自己的手里，不是她自己说了算，是那个社会环境、时代背景逼迫她走上了这么一条路。所以最后我把这个故事处理成这样，我觉得还是较为合理的。"

再比如，过去有些评书人物，在当时那个时代，他们的所作所为是合理的。但若拿到当下，就要考虑观众的接受心理。在元朝和明朝，说书人在底层市井之中讲故事，讲究的是热闹，什么最热闹？杀人最热闹，是不分青红皂白的快意恩仇。所以无论是说书人故事中的水浒人物，还是小说《水浒传》中的人物，杀人是不需要动脑子的，只要痛快，杀多少都不必去计较。至于该杀不该杀，没有人去追究。于是就出现了李逵这样"抡起板斧便砍"的典型人物。但是，这种杀法，如果在今天的评书中，还用以往赞赏的眼光去说，那就不是鲁莽，而是血腥了。所以，在田连元的评书中，李逵也就不再是那种不分青红皂白、见人就杀的魔头了。

同样，原著中的武松在《血溅鸳鸯楼》中，也是杀了一些无辜的人。在田连元看来，这不符合武松的性格，武松是一个恩怨分明的人，做事比较冷静，他杀人和李逵不一样。所以他在说"血溅鸳鸯楼"的时候，就没有像原作那样说他逮谁杀谁，他杀的顶多是蒋门神、张都监等一干仇人。田连元说"像这样的改动我认为是有必要的，它体现了故事的合理性，更符合人物的个性"。

为了让人物更鲜活，更有个性，田连元对人物的行头也进行了大胆的再创造。

比如在传统评书《杨家将》中，说书人为了强调寇准是一介清官，便描述他穿着有补丁的衣服面见皇帝。但是田连元认为这一情节不合理，在他的电视评书《杨家将》中，作了调整。老的评书《杨家将》是这样描写寇准的：

> 寇准头上戴着纱帽，这边有一个翅儿，那边就一个铁丝儿，身上穿的衣服带着补丁，再看穿的那双鞋，前面张着嘴，后来掉了底，叫喷土二靴……

这种写法有些过分，他不是寇准，而是一个乞丐。

在田连元的电视评书《杨家将》中，田连元对寇准进行了重新设计：

> 头上戴乌纱，乌纱上顶着乡间的尘土，身上穿着袍服，袍服上补着粗布补丁。再瞧这脚底下穿的鞋，前面打着包头，后边钉着后掌，这就说明这个官员起码比较整洁。但是，寇准往外走的时候，走到二堂上，全堂的官员，衙门里听差的都过来了，寇大人，您要走，要上东京见皇帝去了，我们给您做了一身袍服，您得穿上。寇准一听，那我这身衣服怎么办？您这身衣服不要紧，咱换。您把这身衣服脱下来，我们给您挂在墙上，对我们来讲永远是一个警诫，我们看到这衣服就想到您的为人，想到您的为官……

这样的描写，就符合寇准的性格特点，也讲出了寇准的廉洁深得民心，而且也引人思考。

还有在《施公案》这部评书中，田连元对黄天霸这个历来评价迥异的人物性格，也处理得很有分寸，恰到好处。他既不是站在狭隘的民族主义立场上把黄天霸说成汉奸、卖国贼，也不把他说成完美的侠义英雄；既肯定了他帮清官除奸斩恶，但也不隐讳他有骄横、狠毒的人性和性格缺陷。

有专家在评论田连元的评书时说，"田连元的评书以刻画人物见长，紧张中又有幽默。他对评书进行了后期的加工，喜欢把现代元素糅入他的评书艺术之中。"

田连元说，"人们老说，文学是人学，人学就是研究人的。其实，说书也是人学，也是要研究人的，只有把人物说活了，你这个评书才有生命力……"

4.问渠那得清如许——把艺术做到极致

中国是文明古国，对人有很多的尊称，这些尊称中，最让人看重的是哪一个呢？毫无疑问，是"先生"。

何谓先生？古人说，"先生长者，有德之称。"韩愈在他的《师说》一文中说"闻道有先后，术业有专攻"，他希望先闻道的人要去"传道授业解惑"，帮助那些尚未闻道的人。所以，先闻道的人便是先生，后闻道的人便是后生。我们现在把教书的人都称为老师，但是在中华人民共和国成立前，可都是叫教书先生的。把教书的称为先生，自然是因为他"传道授业解惑"，受人尊敬。

在旧社会，演艺界的从业者，社会地位不是很高，演员被称为戏子，下九流，也有称伶人、优伶的。但是却把说书人，称为"说书先生"。

为什么？因为他们知道的多啊，中国大多数老百姓的历史知识是从评书中来的。他们的爱恨情仇，他们的善恶标准，他们的忠奸尺度，也大都是从说书先生那里得来的。所以，他们给了说书人和那些传道授业解惑的老师一样的称谓——先生。

田连元最清楚这一点，他最看重"说书先生"这个称谓，他一生都要求自己，要对得起"先生"这个光环。

在田连元看来，评书不仅仅是讲故事，评书还承载着"高台教化"的职能。所以，作为一个说书人，必须始终向观众传递正确的价值观、历史观、人生观。

有一首评书开篇词这样写道：

说书讲古劝人方，
三条大道走中央。
善恶到头终有报，
人间正道是沧桑。

这个"方"，就是端正，就是劝人行为要端正，为人要正派。"走中央"就是要走正道，别走歪门邪道。所以说，评书是有使命的。尤其在今天，在世风不古、人心向利的时候，说书人更要向观众传递一种正能量，传递时代的主旋律。要宣讲和彰显的是仁义忠信孝慈善美，这是中华民族优秀的传统文化。要让听众分清什么是忠，什么是奸，什么是爱国，什么是卖国。要歌颂民族英雄，要谴责乱臣贼子。更要敢于向低俗说不，向见利忘义说不，让观众在听故事看表演的过程中，接受"润物细无声"的教化，这正是说书人肩上的责任。

有人这样评价田连元："田连元先生无论是现代评书还是传统评书，都有着浓浓的英雄气、爱国情。从作品看，田先生的评书都在传扬真善美，贬斥假恶丑，引导人们追求讲道德、尊道德、守道德的生活。在田先生的评书中，爱国主义题材占了很大部分，比如《杨家将》，所传达的忠烈爱国思想影响了一代人。他总是能够将核心价值观巧妙融入评书艺术之中，然后生动活泼、活灵活现地传达出来，取得感化人心的效果。"

这位专家的评价可谓中肯。

把说书人称为先生，是先生，就不是照本宣科，而是要做学问。

拿中国的汉字来说，比如大学校长，学问大不大？比如领导干部，学问高不高？但他们也还是难免读错字。比如某位省长，是位法学博士，在念稿时把"滇"缅铁路读成"镇"缅铁路。还有一位名校的校长，也是一位博士，把"鸿鹄之志"念成了"鸿浩之志"。

这样的事情一经公开，立刻舆论哗然，除了有人嘲笑之外，更多的人是感慨中国字太多了，学起来太难了。有人说，你勤查字典不就解决了吗？不是，小时候老师就这么教的，记忆中这就是对的。如果是生僻字不认识，可能还会去查查字典，以为认识的字，谁还会去查呢？于是就永远错下去。还有一种情况就是小时候学错了，长大以后就是想纠正也很难，因为第一印象在脑子里生根了，你无论怎么纠正，也很难记住了。

所以，对田连元来说，他把说评书当成做学问，第一就是要把读音弄准了。

田连元从艺六十多年，创作、编写、整理、演出，播讲长、中、短篇评书100余部，达几百万字，涉及的古代人名、地名以及生僻字难以计数，但他每个字都去较真，可谓较真了一辈子，敬业了一辈子。

比如田连元的评书小段《口令》中说到韩复榘，这个"榘"字，很多人读作"渠"。而在田连元的评书里，他读的就是"举"，非常准确。再比如，科举时代的乡试第一名叫解元，很多人读成"谢"，而真正的读音是"借"。这些细微之处，如果不格外小心，对一个常在河边走的说书人来说，难免有湿鞋的时候。

田连元常说，"说书人的肚子，杂货铺子"，这是过去老艺人们常说的一句话。因为说书人要说人生、说社会、说古今兴亡成败之理，说社会人情，说习俗风范，凡与此有关的知识，说书人都应该知道。还有像逸闻趣事、寓言传说、乡俗俚曲，说书人都要涉猎；还有各种才艺，歌舞弹唱、琴棋书画……虽不能样样精通，但也要知其要领，不但要说得明白，还要观众听得清楚。

人非生而知之者，怎么办？你就得学习，就得研究，甚至像大学教授一样，去研究，去考证。

在说《隋唐英雄》的时候，虽然故事主要源于小说《说唐》，但改编成评书时，田连元还是往信史上靠。在讲评书《水浒传》的时候，田连元光前期准备就花了一年多的时间。他研究了很多相关资料，包括《宋史》、宋人笔记，以及名家的说法。他既参照民间的传说故事，也参照专业学者的水浒研究，包括对《水浒传》和人物的评论。

比如田连元在说《水浒传》的时候，说到武大郎卖"炊饼"，他就想，为什么叫"炊饼"，不叫蒸饼，不叫馒头，不叫花卷呢？于是他就翻书，就找资料，还真的就找到了，原来宋朝第四位皇帝宋仁宗名字叫赵祯，"祯"的读音类似"蒸"，所以为了避御讳，就把蒸饼叫作炊饼了。

再比如《水浒传》中的"智取生辰纲"，白日鼠白胜挑卖白酒，军汉们买来解渴。白酒怎么可能解渴呢？田连元还是反复查找资料进行考证，于是得知宋代的白酒是手工作坊的白酒，度数极低。而六十度的蒸馏白酒则是到了元代时才有的。所以，宋代的酒是可以用来解渴的。

还有《水浒传》中的一百单八将，每个人都有一个绰号，"及时雨"宋江好理解，但是"旱地忽律"朱贵就不知所云了。"忽律"是什么？施耐庵可以这么写，可是评书不能这么说，你得告诉观众，什么是忽律才行。田连元经过考证，"忽律"其实就是鳄鱼，"旱地忽律"就是旱地上的鳄鱼，说这个人像旱地上的鳄鱼，很凶残。

因为田连元是以做学问的姿态来说评书的，所以即便是在和北大教授商榷的时候，也是底气十足。电视评书《杨家将》让田连元享誉京城，同时也引起专家学者的关注。比如北大的吴小如、吴晓玲两位教授，就在报纸上撰文和田连元商榷。针对吴晓铃把评书《杨家将》看作西河门绝活的观点，田连元写道：

> 吴先生在文中最后提到《杨家将》属于西河大鼓说唱门户，此见不敢苟同。早在南宋时期，就有了《杨令公》《五郎为僧》的话本（见罗烨《醉翁谈录》甲集卷）。宋末元初人徐大绰《烬余录》中也说当时民间已有了《杨家将》话本，就是在《杨家将》正式成书时的明万历年间，西河大鼓这个曲种也还远远没有形成。虽然我也是西河门中人，但不敢把历代说话艺人的传世之作，窃属本门所有。

这篇文章一登出，不仅评书界，就是学界也是赞佩有加。

说评书离不开编故事，但编故事不应该是没有根据的胡编乱造，而是要根据史实，对旧评书进行改编。

比如说，在传统评书《杨家将》中，没有"澶渊之盟"的情节，但这是宋代历史的一个重大事件。田连元因为读了《宋史》和《资治通鉴》，感觉这一事件对北宋历史的影响非常深远。所以田连元在他的评书《杨家将》中，就把这段历史加了进去。

再比如，田连元还对《杨家将》老本子里的"三关"进行了考证，把原书中的"雁门、平型、宁武"三关改为"高阳、瓦桥、益津"三关，还原了历史的本来面目，避免了以讹传讹。

他还有对评书中一些不合情理的段子，给予了一个合理的解释。比如评书《刘秀传》，其中有一段刘秀跨虎登山，逃脱敌兵追赶的故事。传统评书有封建迷信的色彩或者说有点神话故事的成分。但是在田连元这里，则剔除了神话的部分，在不改变原故事的基础上，给予合理的解释。他说，刘秀跳崖是砸在斜生悬崖边的小松树上，然后骑着松树落下来，又砸在涧底的虎屁股上。刘秀与枝叶藤蔓缠绕在一起，惊虎不及辨认，慌忙蹿到山梁上头，恰遇追捕刘秀的申屠宝儿等人，它吃掉跑在最后的头领申屠宝儿。余下士兵为免遭责罚，编出刘秀跨虎登山，神虎吃掉头领以示惩罚的神话来。其实刘秀并没让老虎驮走，他还在崖底下呢。这样的创作，合情又合理，可谓化腐朽为神奇。

北京电视台《光荣绽放》栏目记者在访谈田连元时，称田连元为"较真的批判主义者"。说田连元从来不去迎合，绝不人云亦云，别人都说好的，他不一定认为就是好。别人说不好的，田连元则要自己辨别之后才能表态。田连元认为，中国人讲中庸之道，但是中庸之道不等于不批评，不是没有是非。

他在为电视剧《水浒传》做艺术顾问的时候，常常直言不讳，说出自己的观点。甚至在电视剧上演之后，还对剧中的一些不足之处表示遗憾。在别人的一片赞扬声中，他敢于说出自己的观点和提出批评，他对《水浒传》中某些演员的表演就认为有不到位的地方，并指出了他们的不足。

田连元在舞台上，可以滔滔不绝一讲就是几个小时，可是在台下，却少言寡语，即便是开会发言，也是三言两语。可是在 2015 年本溪举办的《"本溪评书"传承与保护论坛暨田连元先生从艺六十周年》研讨会上，田连元第一次讲了这么长时间的话，可以说，这些话，是他集六十年之经验，对评书艺术的理论概括，也是肺腑之言。他说：

　　让我谈感言，真有点不知道怎么说了，从昨天展览开幕，到今天座谈会，给我的感觉有点诚惶诚恐。我听到的都是一片赞颂褒扬之词。听得我呀，心跳加速，血压增高。我没有大伙说的那么好。

　　如果非要我说说感言，那我就谈谈自己的感受，这种感受只能说是对评书艺术的感受，因为评书已经说了六十年，不能说没什么感受，要那样，这智商也太低了。

　　我感悟评书艺术的第一个特点，就是这是门干到老学到老永无止境的艺术。我感受到评书是一门深奥的艺术，它的深奥体现在千古兴衰、人间百态、上下纵横、哲思真理，无所不有，探索终生，不见终极。这一点虽然我感悟到了，但我没做到，在这里说出这个感悟，提供给后来的从艺者，继续努力，接力前进。

我感悟的评书艺术第二个特点，是它传承千年，有群众基础。两千年的历史，从形式上看几乎没有什么变化，就是一个人在那说、演、表述故事，历朝历代朝代变换，但评书的形式却依然故我，没什么变化。这说明一个道理、就是这种形式，有群众基础，群众喜欢。喜欢的原因是它能为广大人民群众分忧解愁，形式简单，易于接受，内容广泛，爱听爱看，它能使人们在劳累后得到些轻松；在苦闷里找到些快乐；化解愤怒的情绪；弛缓不平的冲动；在听书中增长历史知识，在历史知识里总结人生智慧。

我感悟到评书的第三个特点，是它是一种高台教化的艺术，在历史的变化中，说书人向观众传递的始终是社会正能量，时代的主旋律。明朝的大说书家柳敬亭的老师莫后光曾说，说书艺术要"辨性情，考方俗，洞悉万物，不与儒者背道……"就是说要说好书，得分辨清人物性格，还要懂得各地的风俗习惯，得明白世间万物，更重要一点是不要与儒家背道。所谓儒家背道即当时明朝还没有马列主义，人们尊崇的正能量就是儒家的思想道德，所以不能违背。评书所传播的世界观、人生观、价值观、伦理观，都和中华民族的优良传统精神不相悖离，它宣讲的和彰显的是仁、义、忠、信、孝、慈、善、美。说历史书歌颂的是民族英雄、忠臣孝子，说武侠书赞誉的是侠客义士、除暴安良。让人们在听故事看表演的过程中接受"润物细无声"式的教育。

我感悟到评书的第四个特点，是她与中国文学同脉承袭，有着不可分割的血缘关系。中国四大古典文学名著《三国》《水浒》《西游记》《红楼梦》，有三部是先有"说书话本"，后有的文学作品。从唐人小说到明代冯梦龙、凌濛初的《三言》《二拍》话本小说，以至清朝的《包公案》《施公案》《彭公案》等公案书，都与说书有着密切联系。

我感悟到评书的第五个特点，即很多文艺形式的母体和载体，因为电视剧也好，电影也好，总得有故事、有情节，就是现在的动漫作品也得有故事、情节呀，评书就是最讲究故事、情节的。它又是门非常讲究语言的艺术，诗人杜甫不是说"语不惊人死不休"吗？评书演员也应有这种精神。有的记者采访问我："评书会不会灭亡？"我说："只要人还说话，它就不会灭亡，因为它是语言艺术。"

我感悟到评书的第六个特点，是它艺术本身的特点，或叫作艺术个性，没有个性特点的艺术是没有生命力的。评书的特点是一个人的艺术，简单地说，是"想象艺术"，这是跟其他任何艺术都不相同的。评书凭着一个人的表演、语言、形体动作、个人气质、知识积累，把大家带入规定情境，去营造艺术的真实，这是一种美学，想象之美。

这是我六十年从艺过程中感悟出来的，也是我想做而又没做到的。

我想到今后不定在什么时代，什么时候，能够出现一个较理想的人物，往那一站，形象好；一说话，声音好；一讲，知识丰富；一论，见解独到。抬手投足，引人入胜；一颦一笑，富有魅力。这就把一个人的艺术做到了完美、极致。遗憾的是，我远远没有做到，我的声音并不太好，我的形象也不动人，其他诸多方面都有差距。我总结自己，就是因陋就简，将将就就干了六十年，悟出这些想法供给从业者，向这个方向继续努力。

谢谢各位。

田连元的话，是对评书艺术的总结，更是对说书人的寄语，可谓弥足珍贵，语重心长。

5.领异标新二月花——创新才有活力

从学艺那时开始，田连元就不断地向各位评书大家学习。在学习的过程中他发现，同一部书，每个人说得都不尽相同，那些评书艺人们在说书的过程中，不断融入新的东西。渐渐地，田连元悟出一个道理，评书不是照本宣科，评书必须随时代而变化，要不断超越，不断创新。作为一门有着悠久历史的评书艺术，之所以历经千年而经久不衰，其生命的原动力就在于创新。为什么历代不乏评书大家？其原因就是因为他们是在创新中脱颖而出的。

田连元在读诗的时候，偶然读到清代赵翼一首《论诗》的诗，这首诗中有一句是这样写的："诗文随世运，无日不趋新。"这句诗虽然说的是诗应该怎么写，但对田连元的启发却特别大。他想到，时代在发展，观众的欣赏水平、趣味爱好无时不在变化，如果你的评书一味地因循守旧，故步自封，就会被时代，被观众所抛弃。所以，创新是文艺的生命所在，更是评书的生命所在。

六十多年的评书生涯，田连元之所以能够从众多的评书艺术家中脱颖而出，就在于他勇于创新。

在《"本溪评书"传承与保护论坛暨田连元先生从艺六十周年研讨会》上，中国曲艺家协会副秘书长曲江华先生在发言中说："田连元先生从不仅仅局限于继承，而是在不断继承的基础上进行新的创造。比如他将评书搬上荧屏，开创的电视评书就曾风靡大江南北；再如，他探索将视觉艺术与评书艺术相结合，录制的实景评书也收获了观众的好评。在评书内容的创新方面，田连元老师也从不拘泥于传统的评书内容，而是赋予了新的时代特征和时代精神。"

创新需要勇气。田连元知道，将评书《杨家将》搬上荧屏，这将是评书历史上的一场变革，变革需要的是创新，而创新首先需要的就是勇气。因为这是前无古人的一件事，要面临失败的考验。如果不成功，以前积攒下来的那些声誉就会毁于一旦。而且，《杨家将》在播出前十几集的时候，毫无反响，本来就心里没底，此时谁能不慌？好在一场因足球赛而停播一场节目，才知道观众早已沉浸其中。

创新需要积淀。电视评书之所以和剧场评书、广播评书迥异，就是因为它是集剧场评书和广播评书之大成，既要有说，还要有演。田连元从小学艺，流浪说书，书摊大学，习武弄枪，以及后来的唱京剧，演歌舞，做导演，写剧本，这一系列的非常之功，使他在电视荧屏之上，得心应手，说演自如，让观众耳目一新。这就叫"非常之人立非常之功"。

现代评书就是伴随着社会发展、科技进步，通过不断创新而发展起来的。

早些年的评书是在茶馆里说的，有了广播，评书进了录音棚，形式也有创新，以前是面对观众，你的表情、动作都要进行研究，而且时间是两小时。进了录音棚，表情和动作就不是重要的了，但声音却要讲究，时间也由两个钟头变成了三十分钟，在评书的情节上就要有创新。有了电视，田连元第一个把评书搬到了电视上，这本身就是一个大的创新。这个创新，对形体和表情有了很多的要求，因为观众面对着屏幕，听你的评书，更要看你的表演。而且时间要求更严格，只有二十分钟，这二十分钟，每一秒都是黄金时间。如果在这二十分钟的时间里，把你的评书说得让人听得津津有味，听完恋恋不舍，余音绕梁，就得在故事结构上进行创新，把内容加实，把节奏加快，把观众的胃口吊足。要达到这个效果，靠什么？靠的就是创新。

田连元说："我们在书场，一说俩钟头，开始一上去，把这醒木一拍，诸位都来了？接着跟您说，这个是大宋朝的事，宋朝如何如何。讲到二十分钟的时候，调门才上来，再到三十分钟的时候才渐入佳境，到了一个钟头的时候，到高峰，一个半小时的时候，才往前进一个阶段。俩钟头的时候要接下去收尾，是这个过程。"

但是在二十分钟内，要讲得有故事，有人物，有起伏，有悬念，那就难了。于是田连元来个大胆的改编，打乱原本《杨家将》的结构，重新裁减。《杨家将》是传统评书，几百年来，这部评书都是从七郎八虎闯幽州开始，说杨家将金沙滩赴宴，杨继业碰碑，杨六郎告状，朝廷拿下潘仁美，然而案子却审不下去，这时才去调寇准来朝。

但是田连元却大胆地从"调寇"开始，最先出场的不是"七郎八虎闯幽州"，而是皇帝派内宫总太监崔文到霞谷县调寇准进京审潘杨之案。这一结构变化，带来巨大的悬念，观众一下子就被这悬念牵住，不容你不听下回分解了。

田连元说："我从《调寇》开始，把寇准调到了京都以后，审问潘杨两家的案子，至于七郎八虎闯幽州，这些个故事，我用倒叙的手法再讲述出来，这样的话整个故事更完整紧密，结构不松散。"

田连元在《杨家将》中的情节设置上，有意把现实逻辑反着用，力求把矛盾冲突推向极致。例如：十八九岁的姑娘当三关元帅，七品芝麻官寇准奉调进京审理潘杨之案，不擅武功的孟良大模大样打入北国番邦做地下工作，面目丑陋的王怀女爱上三关元帅杨六郎。正是这些在生活中极难发生的奇特情节，撑起了整个评书的骨架，引起观众的兴趣。

田连元在评书中还大胆地借鉴姊妹艺术。

京剧的历史在中国戏曲历史上，并不是时间最久的一个，应该算是后起之秀，但是在发展过程中，那些京剧大师们，不断从秦腔、汉调、昆曲、京腔等剧种汲取营养，不断变革，不断创新，终于演变成今天国宝级的剧种。田连元深谙此道，在他的评书中，大量借鉴姊妹艺术，比如话剧的语言、歌剧的形体、戏曲的唱念做打，这些东西都拿来为我所用。但这种拿来不是照搬，而是把它化了，化为己有。表面看，田连元还是在说书，但此说书非彼说书，这里面已经融入了诸多艺术形式在里面。

比如杨家将大破天门阵，杨五郎是被从五台山上请下来的，本不想杀生的杨五郎，看到宋将董铁锤死了，宋铁棒也死了，杨五郎被激怒了，唤起了他的国恨家仇。说到这里，田连元模仿着杨五郎，手拿禅杖，把禅杖一摆，咣，往起一扔，大喊一声："贫僧要大开杀戒了！"一个骗腿、亮相，杨五郎的英雄形象立刻屹立在屏幕上，竖立在观众的心里头。田连元说，"这就是借助京剧的东西。"

因为电视评书，观众不仅要听，还要看，所以，电视评书在田连元的眼里，就不仅仅是听觉艺术，而是听觉艺术和视觉艺术的结合。于是，田连元在电视评书中精心设计了表情动作，使画面具有动感和美感。有专家评论说田连元将评书这门"半身"艺术变为全身艺术，言出色动、色动形随，使手、眼、身、步、神达到完美的统一。比如《水浒传》中"杨志卖刀的举脚动作，《瓦岗寨》中用扇子模拟双枪将定彦平耍出枪花儿，《杨家将》中模拟孟良盗马的上马架儿……"

本溪有个评论家叫李一萍，和田连元是好朋友，他有一段评论田连元的话非常形象。他说："田连元可以不要舞台，不要布景，也不需要桌子凳子，甚至连祖传的醒木都不要，只凭一把扇子，文武带打满场飞，扇子打开，左右上下扇扇，便似铺天盖地风雨交加；合拢扇子向前翻腕，即丈八蛇矛，方天画戟，点钢银枪，翻滚直刺；微启扇面，抖臂劈下，又像金斧舞动；在播讲《演兵场上》时，只见田连元左手护右腕，右手似握刀，分双臂如大鹏展翅，旋即跃起'大跳'，之后收式亮相，又如紫燕欲飞，可称得上舞姿婆娑，芭蕾味足……"

田连元说："我十分叹服舞蹈演员的表现技巧，他们有语言偏不用，硬是胳膊腿儿说话，或哭、或笑、或愁、或怒，都可以用形体表现出来；我更欣赏哑剧演员的虚拟表演，把一个什么都没有的舞台，演得什么都有。评书就应该向他们学习。"

田连元说，创新要有时代感。

老的评书都是几百年间一代代评书艺人心口相传而流传至今的，这些评书中免不了要有那个时代的特征。时代不同了，那些老旧的东西必须进行更新，虽然瓶子还是那个旧的瓶子，但一定要装进去新酒，这样才能适应现代观众的口味。

比如赞赋，在评书艺术里，赞赋是一种不可或缺的辅助手段，可以起到画龙点睛的作用。

田连元在评书《刘秀传》中就有大量的赞赋创新。比如老的评书说王莽"大白脸，三角眼，胡子稀不棱登，说话声音也特别难听……"这就有些脸谱化了，和说曹操的开脸没有太大的区别。于是田连元用现代人的眼光，对王莽重新进行了开脸：

　　王莽这个人哪，长着一张四四方方的脸，很排场，但是这张脸非常的白，他的肤色非常的细腻，突出的是脸上这两道眉毛，这两道眉毛就好像拿着毛笔沾着浓墨，啪啪往这两边点了两下一样。非常重，这个脸煞白，眉毛又非常重，白黑产生了明显的反差，而鼻子下边这张嘴呢，嘴唇又比较红，说明他营养非常良好。这张脸整个的从远处一看，突出就瞧见他那两道眉毛了，就好像大雪天在枯树上落着两只乌鸦。

这样说，就符合现代观众的欣赏习惯，也把王莽的形象说得有了自己的特点，是"这一个"而不是"那一个"。

田连元还创作了很多有了时代感和体现时代精神的赞赋，也叫贯口。比如虎年的春节晚会，田连元创作了一个"虎年说虎"的赞赋：

今年虎年，咱们虎年说虎，说起虎，有印度虎、华南虎、西伯利亚虎、苏门答腊虎，有人送外号的跳涧虎、插翅虎、锦毛虎、通城虎，还有说虎不是虎，人都叫他虎。毛毛愣愣是二虎，稀里糊涂是马虎，没有说有是穷虎，有一个说仁是愣虎，胡编乱造是瞎虎。这种虎那种虎，都不如咱兴安岭长白山的东北虎。东北虎意志坚，不怕风刺骨，不怕雪满山，不怕三九冷，不怕腊月寒，不怕三伏热，不怕烈日炎，不怕环境恶劣，不怕生存困难，凭着自身的体魄，创一块地天。东北虎最好看，浑身毛似织锦缎，黄里透黑光灿灿，金光闪闪穿青线，虎头大虎尾长，四肢壮四脚强，出入森林溪水旁。画家画虎多雄伟，画不出东北虎的自然美，东北虎本领大，生来什么都不怕，斗野猪追野鹿，追山羊追野兔，追豹子追豺狼，追的野驴四蹄忙，吼一声震山冈，抖威风压四方，能穿山能跳涧，能下水能上岸，能追云能逐电，风扫残叶一条线，体魄强速度快，气死奔驰二百迈，虎年说虎力量强，强者才是兽中王。

后来他又为马年的春晚写过一个赞赋：

雾沉沉全光万道，朦胧胧紫气千条。啪，鞭敲金蹬响；呼，平地起风雷。云滚天边，尘沙荡漾，眼前出现赤橙黄绿青蓝紫，五彩缤纷一条龙。来的什么呀？八匹骏马一字排开，四蹄飞奔，啼啸咆嚎，鬃尾乱炸。为首这匹马，口衔一张大红喜报，上书两个大字：报春。春是希望，春是生命，春是吉庆，春是起点，春是四季之首。此马是众马之首，这匹马真好看，一团红似火炭，毛色美光灿灿，远看好像织锦，细蹄穗儿大蹄碗儿，竹签耳朵没杂色，马尾巴还是羊毛卷，膘儿又肥体又大，生来什么全不怕，筋如钢壮如铁，不怕强者来撒野，踢过豹子住了院，踢得老虎吐过血，四条腿更矫健，能穿山能跳涧，过长河走天堑，追白云逐闪电，气死飞机赶火箭。眼一瞪撒个欢儿，能围着地球转一圈儿，陆上马海里龙，龙马精神放光明，杜甫赞马有诗在，龙马精神传方代。奔千里荡尘埃，渡水登山此路开，扯断丝缰接玉佩，火龙飞下九天来。

田连元这些新创作的赞赋，内容新，时代感强，亲切鲜活，这正是他深入生活、体验生活、了解生活，敢于创新的结晶。评书艺术是不断发展、不断往前推进的，今天，给观众讲述评书的时候，如果还用传统的、固定程式化、有辙韵的开脸儿，是远远不够的，观众难免会觉得腻烦，没有新鲜感，没有时代感。这就要求评书演员本身要有创造性的劳动，不能仅仅满足于历史传承下来的、已有的人物赞语。

除了评书内容创新，这些年，田连元的在评书的形式上也在不断地创新，比如他的《星火燎原》，是一个实景评书，到上海一大会址去说中国共产党的建立，到井冈山去说武装斗争建立革命根据地。这样的评书就是把你带到真实的语境中去，让观众有更深刻的体会。比如说《辽沈战役》，几位艺术家进入角色，如同众口评书，把人们带回七十多年前那炮火连天的峥嵘岁月。还有他尝试用电视评书来解说成语的《大话成语》，都是他探索评书艺术表现形式的创新之举。

但是创新不等于随心所欲，尤其是对历史题材的创新，是有一个大的原则的，就是不违背历史的真实性和故事的逻辑性。要在不改变历史这个大的前提下的创新，尽量还原历史真实。他说，"比如，《水浒传》虽然我早已烂熟于心，但是讲的时候，准备过程还是花了一年多。我研究了很多相关资料，包括《宋史》，还借鉴了各家的说法。我讲的《隋唐英雄》，故事主要源于小说《说唐》，改编成评书时我会让它往历史方面靠，毕竟像秦叔宝、程咬金等人在《旧唐书》《新唐书》中都有传，他们的事迹在《资治通鉴》中还有记载，你不能有大的改变。而电视剧《隋唐英雄传》却让英雄变成了情种，罗成与秦叔宝成了情敌。山东一位评书名家曾被邀请参加一部隋唐故事题材电视剧的策划，制片方告诉他，程咬金只有一个媳妇不行，要给他弄两三个媳妇，这种做法就很荒唐。"

不过，田连元认为对创新要持宽容的态度，这一点很重要。

创新难，难在缺少宽容，创新要遵循一定的规则，但也要有一个宽容的环境。田连元拿京剧作例子，他说，"京剧本来有那么多流派，但解放以后没有新的流派了，就因为国家一养，所有流派诞生的途径都封死了，老先生们整天端着茶缸子一听便说：'你这儿不对啊，梅先生（梅兰芳）没这么唱啊！'以前为什么出了那么多派，就是因为有突破。马连良马派是学谭派的，言菊朋言派是学谭派的，奚啸伯最早也是学谭派的，但最终都自成一派，才有了这么多派别。可是今天京剧有了这么多派后，京剧界反而谁也不能再出新的流派了，这本身就不正常。因此我觉得艺术必须有新意。正如齐白石提出'学我者生，似我者死'，任何艺术都是这个道理，评书当然也不能例外。"

有人说，现在，媒体发达了，网络普及了，艺术多元化了，观众多元化了，留给评书的空间越来越小了。但是田连元不这样想，他认为越是时代变化，越是科技发达，留给评书创新的空间便越大。因为你要适应这个时代，适应就要创新，就要发展，止则僵，僵则死。评书作为一门传统艺术，要想生生不息，必须要不断出新出彩。田连元时刻关注着评书领域的新动态，他说，"据我所知，网上有不少说评书的，他们特别年轻，这说明评书没有销声匿迹，它随着时代的变革也在变，所以评书也应该随着时代的发展而创新。"

有专家在研究田连元评书艺术的特点时，概括为一个"新"字，他说："田连元的评书艺术究竟新在哪里呢？从内容看，田连元评书艺术生动地体现了传统民族艺术与现代审美心理的有机结合，使传统评书平添时代色彩。"

田连元说他还有一个愿望，就是说《岳飞传》。

当年刘兰芳的《岳飞传》火了之后，再也没有人说了。这是评书界的一条不成文的规矩，因为一个人说火一部书之后，别人再去说，就会吃力不讨好，很难达到当时的高度。但是田连元就想打破这个魔咒，挑战一下。他认为，时代在变化，刘兰芳在说《岳飞传》的时候，正是刚刚粉碎"四人帮"，一些"文革"中受到迫害的老干部，蒙受"莫须有"的罪名，后来得到平反，从岳飞身上获得同感，迎合了大众的心理。但是四十年过去了，时代发展了，社会变化了，岳飞的意义是什么？他的爱国主义精神体现在什么地方？这都需要我们重新定义，重新研究和探讨。而且历史的研究也提供了不少新的资料。所以，在新的形势下，田连元想要为广大观众奉献一个更真实的岳飞，更饱满的岳飞，更有价值的岳飞，以及更真实的秦桧和那个时代的真实的历史。

炒冷饭当然没人听，要想有人听，就必须要创新。

田连元坚信自己。

6.长风破浪会有时——不仅仅是希望

田连元坚信，评书还会有它焕发青春的那一天。

评书已经有了上千年的历史，很多人说它垂垂老矣，迟早会退出历史舞台。但是田连元坚定地说，只要人类还说话，它就不会衰亡，因为它是说话的艺术。

然而，随着市场和艺术本身的多元化，观众对评书的热情已渐退去。而且，目前全国专业的青年评书演员人数寥寥，评书名家年事渐高，评书艺术后继乏人，很多记者在采访田连元的时候，都不无担忧地向他询问同一个问题：评书会不会衰亡？

这是一个很残酷的问题。

作为一个有着六十多年演出经历的评书艺术家，伴随着新中国曲艺事业的起起伏伏，田连元始终站在评书发展变化的历史潮头，本身就足以成为一部中国的评书史，他对评书倾注了全部的爱，付出了全部的心血。他不愿意看到评书的衰落，他还在倾尽全力去做自己所能做到的一切。

田连元说："近年，常有人问我，评书现在发展低落，会不会有一天消亡？我对此倒是很乐观。首先，评书生命力扎根于'讲故事'这一最基本、最朴素的人类传统。讲历史、讲现实、讲人生，这种形式是广大人民群众最易于接受和乐于接受的，同时它也是很多其他艺术形式的母体和载体。作为一门说话的艺术，只要人类还有听故事的需求，评书就有生存基础。其次，评书具有与时俱进的品质，它的历史沿革是这样，现代的它同样如此。"

田连元说得没错，评书艺术之所以能够传承千年而不衰，这是因为评书这门艺术具有随时代而变的特点，从诞生的那天开始，评书就具备了这种先天的优势。因为评书是语言的伴生品，语言存在，它就存在，语言发展，它就发展，除非语言消亡了，评书才会消亡。

而且，评书从诞生的那天起，它就深深地扎根于民间。千百年来，它始终与最普通的老百姓同欢共乐，同悲共喜，从来都是放低身段。尽管也曾走进殿堂，尽管也被文学大家带进名著，尽管也出过艺术大家甚至万人空巷，但它也从没有翘起尾巴，没有认为自己高大上，依然"上得厅堂，下得厨房"。但是，有些艺术则不然，比如芭蕾舞，它离不开舞台，下不了矿井，进不去田间地头，到不了工地车间，它永远都是小众的。而评书，一把扇子，一方手帕，信步闲庭，随遇而安，人生大世界，天地大舞台，它的生命力能不顽强吗？

评书有着敏锐的触角，它和时代的脉搏共振。有广播了，评书走进了广播电台，出现了广播评书，袁阔成成为一代人的偶像；有电视了，评书又走进电视，出现了电视评书，田连元成了一个时代的明星；遍布城市各个角落的出租车里，哪辆车里没播放过评书，那个司机不喜欢单田芳？

评书船小好调头，而且无孔不入。如今网络盛行，评书马上渗透网络，出现了网络评书；观众喜欢动漫，马上便有了动漫评书吸人眼球。田连元说他播讲的《隋唐演义》《海青天》等都被改编成了动漫评书，他认为这种形式非常好。他说："动漫评书将评书演员的语言与动漫画面有机结合，是一种新的艺术表现形式。现在有很多讲故事的电视栏目，比如《王刚讲故事》《牛群讲故事》《巩汉林讲故事》等，他们在讲故事的同时，配上电视台录制的画面，把故事的场面立体呈现在观众眼前，让观众既有身临其境的感觉，又可以产生联想的效果，这是评书艺术特有的一种表现形式。"

田连元认为，所有这一切都表明，评书在新时代，在科技高度发展的时代，不仅使评书的表现形式更加轻便灵活，内容也在不断改变更新，并可以随时代变化而变化。比如通过手机可以听书，网络上可以随意下载，动漫画面可以给评书配画面等。所以他不担心评书被边缘化。相反，评书有了更强大的传播力和生命力，以全新的形式向观众展示它的新姿。

但这并不等于就可以高枕无忧了，现实还是很严峻的。

时代的发展，娱乐方式的多元化，观众被分流，这不仅仅是评书面临的问题，也是所有的艺术所面临的问题。但是，相比起其他艺术，评书更有着自我优化的能力，更有自我变革创新的优势。

田连元认为，一种艺术形式的生还是死，不要把希望寄托在外部力量的扶持和挽救上，就像人的生命一样，医生再高明，救得了你一时救不了一世，关键还在于你自己的生命力。不要抱怨外部环境，不要抱怨演出场地减少，不要抱怨观众抽签，不要抱怨政府不扶持，首先要在自己身上找原因，你的东西为什么老百姓不喜欢？

中央电视台《百家讲坛》栏目开始的时候，定位是纯学术电视栏目，请国内顶级的专家学者讲课。但是，很长时间，观众居然不知道央视有这样一个栏目。《百家讲坛》把原本学术化高大上的宗旨调整为"在专家、学者和百姓之间架起一座桥梁"，这座桥梁，是大众化的，是单向的，不是让百姓通向专家，而是让专家通向百姓。于是阎崇年的《清十二帝疑案》，尤其是易中天的《汉代风云人物》《品三国》大火起来。用央视制片人的话说："易中天采用了更像老百姓所熟悉和易于接受的类似于'说书'的方式，采取章回小说的方式，每集结尾设几个问号，留下悬念。"

央视著名主持人王志说，"观众反映听易中天老师讲课像听评书一样，很有意思。"易中天说他没有听过评书，更不是参照了评书，但是观众就是按照评书来听的，因为易中天的《百家讲坛》中，有太多的评书元素。所以，评书的渗透力和生命力无处不在。

说了一辈子评书的田连元，他认为评书看似非常简单，但是其中非常复杂。说简单，只要会说话，就能讲故事，只要能听懂话，就能听故事，三岁的孩子不识字，每天晚上闹着妈妈讲故事，否则不睡觉。说复杂，一个评书演员，不下一辈子功夫，不做一辈子学生，你就只能是个说书匠，而成不了评书艺术家。

所以，要说好评书，首先是评书演员的个人修养，除了道德品质的修养外，更需要知识的储备。田连元说，"一个好的说书艺人，要博览群书，博古通今，要懂得方方面面的知识，尤其是说一些传统书目，一定要有深厚的传统历史文化知识积淀。演员说不明白，观众听了就更糊涂，自然就不会喜欢。"易中天的《百家讲坛》为什么更受欢迎，是因为仅有了评书的元素还不行，更要有学问，有思想。这就给评书演员们提出一个课题，就是学习，学习再学习。

田连元认为，评书演员无论什么时候都必须加强四个方面能力：一是"说"，也就是讲故事的叙事能力，这是基本功；二是"演"，要把讲述的人物演活，人物形象塑造得活灵活现；三是"评"，说书人在关键时刻必须得有个人见解，而且要站在一定高度上，富有一定哲理性；四是"博"，也就是修养和素质，评书演员到老都得做学生，必须不断丰富和更新自己的知识和素养。

但这是需要时间的，田连元他们这些老一辈评书艺术家，从茶馆到舞台，再到广播电视，骨碌了一辈子才骨碌到现在这个样子。所以田连元老跟他的徒弟说，你们脑子要老记着一个事儿，凭什么人家要买票看你？你得说得好，让人家爱听才行，否则人家在家里睡觉好不好？

田连元说："评书是一个人的艺术，站在台上演员就是一个艺术整体。你的声音、气质、感觉、形体，对观众都有着直接的影响。观众只看你一个人在台上表演，凭什么就看你一个人，这就是你的艺术魅力，形成这种艺术魅力就需要你反复实践和锻炼。"

田连元常告诫他的徒弟，评书不像影视剧，演员只要拍一部片子就可以爆红。评书是慢工细活儿，付出的多，收获的小，需终身努力，不能急于求成，指望尽快成名成家，有的用手段炒作成名的，红一阵就过去了，自我标榜的往往达不到目的。所以要安于清贫、耐得住寂寞，没有这种精神，就别干这个。

现在评书观众减少和评书创作也有关系，没有好的吸引人的评书，观众当然不买账了。

所以，评书演员除了会演，更重要的一点就是要会创作。和小说一样，比如说，有了中国的四大名著，有了那么多世界经典，有了那么多诺贝尔文学奖获奖作品，现代人就不要再写小说了吧？其实不是，时代在发展，社会在变化，人们的生活、思想、情感、世界观无时不在更新。所以古人的情感、古人的经历，代表不了当代人的情感，也代表不了当代人的经历。人们更愿意看到当下的社会变革，看到当下人们的喜怒哀乐。所以，人们还是希望看到当代人写的当代事，读者可以从中反观社会，反观自己。评书就是这样，人们喜欢《水浒传》，喜欢《杨家将》，喜欢岳飞、寇准、杨志，但是也喜欢《平原枪声》，喜欢《林海雪原》，只是这样的长篇评书少之又少。

田连元说："评书历来都是关注当下，随时代发展，如果只拘泥于古法，拘泥于旧题材，只会捆住评书艺术向前发展的手脚。评书在历史上也不是都说古代的，《杨家将》这本书早在南宋末年就有人说。那个时候说《杨家将》就如同我们听《铁道游击队》一样，是当代的故事。明朝的《三言二拍》是话本小说，里面的故事就是当时现实生活中发生的事情。所以，对评书从业者来说，创作观众喜欢的，紧扣时代的，反映当下人们喜怒哀乐的评书是当务之急。"

这些年，田连元创作了大量的现代评书，比如《追车回电》《没演完的戏》《贾科长买马》《新的采访》《梁上君子》《事故的故事》，等等，都成为评书艺术史上的经典。还有把全国道德模范先进事迹写成短篇评书《英雄三兄弟》等，在全国巡演。但是这些还都停留在短篇上。近些年，田连元在评书创作上进行了大胆探索，以实景评书的形式来讲党史故事如《星火燎原》，还有群口评书《辽沈战役》，以及《领航中国》《铁马冰河英雄谱》等长篇巨制，都取得了很好的社会效果。田连元说："不仅是评书，任何一种艺术形式，都必须有时代感，有当代性。如果观众一接触评书，就觉得距离自己非常遥远，那评书艺术真的就面临衰亡的危险了。"

谈及评书的今后发展，田连元认为最迫切的任务是赶紧构建评书艺术的表演理论。在他看来，评书传承，完全依赖师傅徒弟之间的口口相传，已经过时，那是在旧社会氛围之下可行的形式。而在今天，学校开课优于广纳弟子。而且，评书人才要从小开始培养，只有形成从小学到中学再到大学这么一个完整的教育链条，才能培养出好的评书人才。而学校授课，必须要有好的理论、好的老师、好的教材才行。

这些年，田连元一直没有停止为评书而奔走的脚步，尤其是经历过车祸和丧子之痛的变故之后，已年近八旬的老人越发感到时间的紧迫。

曾有人找他去尝试网络直播，他拒绝了。直播对他来说，真的是小菜一碟，但他没有时间，他说他这个年纪了，不想花精力去扬名，不想做网红，只想把宝贵的时间用在传承评书的事业上。

有人对他说，你的评书有很多盗版，只要你起诉，保证你能赢。但是田连元还是拒绝了，他说他没有时间和精力去追究这个事。什么名啊利啊，对他都早已云淡风轻。田连元把他的全部精力用在了传承评书艺术上，他倾尽全力编写了评书的大学教材；他的身体刚刚恢复，就马上又收入门下两批徒弟；他抽出时间参加下基层曲艺汇演，传播评书艺术；和电视台电台合作，创作和播讲红色经典。他还忙于各类社会活动，到大学、图书馆讲学，到各级电视做访谈节目，接受报纸杂志采访，目的只有一个，弘扬评述艺术，让广大群众了解评书，热爱评书。

唐代诗人李白诗曰："长风破浪会有时，直挂云帆济沧海。"这句豪迈的诗句，对田连元来说，何止是一种希望和信念，它一定会再次成为现实。

第九章
京师闲客

————

1.深扎泥土沁芬芳——六十年的"深扎"生涯

在田连元的心里，舞台是一块神圣之地，他喜欢舞台，他一生都贡献给了舞台。但是在他的心中，舞台又无处不在，是啊，剧场里面有舞台，书场里面有舞台，可是体育馆、体育场、电台录音室、电视台摄影棚也是舞台。还有天地大舞台、营房舞台、工厂舞台、田间舞台、矿山舞台、井下舞台……舞台无处不在，有观众的地方，就是田连元的舞台。

田连元是在舞台上获得成功的，但是这成功却是台下的观众给予的，没有观众，他什么都不是。没有火热的现实生活，离开了生活的源泉，他什么也写不出。

2014 年 5 月 14 日下午，厦门广电集团千米演播厅里掌声阵阵，由中央宣传部、中央文明办等联合主办的"讲述道德故事弘扬中国精神——2014 全国道德模范故事汇基层巡演活动"走进厦门首场专场演出在这里举行。演出的一个最大的特点就是，全部节目都从第四届全国道德模范中选取主人公，创作成故事、二人转、数来宝、莲花落等曲艺节目，用栩栩如生的艺术表现，集中展示那些道德模范的先进事迹和崇高品德，生动诠释社会主义核心价值观的时代内涵，为观众奉献一场精神盛宴。

在第二天中国网海峡频道的报道中说，这场演出中，"尤其是著名评书艺术家田连元用评书形式讲述的《英雄三兄弟》故事，更是让现场观众特别感动，几度落泪"。

评书《英雄三兄弟》是田连元创作并演出的。

之前，"全国道德模范故事会基层巡演活动"已经搞了两次，这是由中国文联组织的下基层巡演，田连元虽然年龄大了，但他愿意参加这样的活动，前两届都是组委会提供的演出剧本《英雄无悔》和《尘封的小布包》。但是在筹备第三次巡演的时候，田连元想自己创作一个作品。

所以，在中央文明办和中国曲艺家协会召开的创作研讨会上，田连元听到了"英雄三兄弟"的事迹介绍，很感动，觉得这是一个好素材。

事情是这样的：在厦门，有一位年轻姑娘下班很晚，路遇两个歹徒抢劫，她拼命呼救。这时三个骑自行车的年轻人见状，奋不顾身与歹徒搏斗。歹徒抽出刀来砍伤了三个年轻人，其中一人伤势很重。后来歹徒被抓到判刑，三个年轻人被评为"全国道德模范"。

三个青年见义勇为的事迹虽然很感人，但毕竟仅仅是一篇报道，过于简单，很难写成评书。当年田连元创作评书《追车回电》的时候，线索也是一篇报道，但是经过他深入生活，到铁路的列车上体验生活，熟悉列车长的工作状况，终于创作出这部评书作品。

于是田连元提出到事发现场的厦门去深入采访，体验生活。到了厦门，见到了厦门文明办的同志，他们找来了当时的多篇报道。在田连元看来，光看报纸那还算不得深入生活。于是又在文明办同志的帮助下，与三个青年见了面，详细地听他们讲述当时的情景，又亲自到事发现场查看了一番。

原来这三个见义勇为青年都是"90后"，其中两人是亲兄弟，另一个是姑表兄弟，都是农村的孩子，来厦门打工，人很朴实。于是，材料翔实了，细节丰富了，人物鲜活了，三个青年的性格特点，音容、面貌，包括语言节奏，田连元都找到了依据。

厦门的媒体对田连元的表演予以详尽报道，报道中说"演出现场，身着灰色中山装的田连元，用评书独特的抑扬顿挫，生动还原事发当晚的细节——凌小姐发现包被偷时的疾呼，三兄弟狂追歹徒自行车链条发出的摩擦声，穷凶极恶的歹徒挥刀砍向三兄弟时的落刀声……观众席有人惊呼，有人义愤填膺，也有人发出哽咽之声。15分钟的评书时间，田连元将英雄三兄弟的故事抖落得掷地有声、荡气回肠。"

事后记者采访田连元，他说，"三位青年的行为诠释了新一代年轻人的正能量，中华民族传统道德观的再呈现，我觉得这就是作品的主题之意。我从与张辉的谈话中无意间受到了启发，他们说：'那两个歹徒和我们一样，也是年轻人，90后，他们这个结果，只是走的路和我们不一样。'"

田连元从和见义勇为青年张辉的谈话中得到启发，就是一个人走什么路的问题，路的选择决定人的命运。而这几个歹徒选的路是：光想发财、不想出力、冒险玩命、终进监狱。

英雄三兄弟选择的路是：见义勇为、临危不惧、遇事敢管、伸张正义。无意做英雄，却做出英雄的事迹。所以田连元就用了这两种年轻人选路不同而结果也不相同作为结束句。

田连元说："这个故事，现场演出很受欢迎，它使我感到文艺创作必须深入生活，生活永远是创作的源头活水，文艺创作，永远要扎根人民，扎根生活。在人民中体悟生活本质、吃透生活底蕴。只有把生活嚼透了、完全消化了，才能变成深刻的情节和动人的形象，创作出来的作品才能激荡人心。"

多年来，田连元经常不辞辛劳跟随中国文联、中国曲协深入基层采风创作演出，在他的记忆里，他"跟着中国文联做了不少事"，说自己是"上了最高，下到最低"。

"上了最高"是20世纪90年代跟着中国文联的"万里采风"活动去新疆红其拉甫口岸，海拔5000多米。"下到最低"，是跟随中国文联去慰问采风的经历。那次他们去的是徐州矿务局，下到了煤矿井下，在掌子面给一线的采煤工人演出。

著名曲艺作家赵连甲，是田连元的师兄。赵连甲先生说："一个说书人，他遇见了车祸了，引起了全国人民那样的关注，这绝对是我想不到的。当然了，车祸不是好事，但是却让我们看到田连元这些年诚心诚意地为人民服务，为人民说好书，所以赢得了群众对他的关注和热爱。"

六十多年来，田连元创作的《追车回电》《贾科长买马》《新的采访》《梁上君子》《好消息》等一系列反映现实题材的短篇评书，在观众中产生热烈反响。田连元的评书之所以为人民群众喜闻乐见，就是因为这些作品的故事、形象、语言、风格，都是从人民群众的生活中提炼出来的。

田连元是流浪艺人出身，从小就随着父亲走南闯北，在茶馆说书，尤其是他自己登台以后，便深刻地领会到，每一个走进茶馆的听众，对一个说书人有多么重要，小小的茶馆每抽签走一个人，对说书人都是一个打击，每增加一个人，对说书人又是多大的鼓舞，因为他们是说书人的衣食父母。他永远忘不了小时候，说书前站在台上心中对观众的那种企盼。所以，在田连元的心中，只要走进茶馆，无论是穿长衫的还是着短褂的，无论是穷的还是富的，都是他的上帝。这种观念已经浸透了他的骨髓。直到如今年近八旬，名噪四方，可是他依然对每一个评书观众哪怕素不相识，只要你说喜欢评书，他就会对你敬重有加，另眼相看。

20世纪60年代的时候，田连元刚到本溪曲艺团，就到本溪水泥厂，和工人师傅们同吃同住同劳动，创作了一个山东快书小段《革新能手汪多允》。他的《追车回电》这段评书的创作，纯属偶然。是桌上的旧报纸上面的一个标题吸引了他，然后以此为素材，在单位开了介绍信亲自到列车上去体验生活，创作出短篇评书《追车回电》。还有《雷锋药店》《新的采访》等，都是深入生活采访才创作出来的。

田连元说："艺术的灵感不是苦思冥想，不能闭门造车，真正的灵感要去生活中寻找，向人民群众学习。"

田连元的夫人刘彩琴说，20世纪五六十年代的时候，虽然不叫"深入生活，扎根人民"，但文艺要为工农兵服务是他们的宗旨，是天经地义的，你既然是文艺工作者，你就要下基层，就要为工农兵服务，没有人讲条件，也没有人说困难。

那时候，田连元是本溪曲艺团的团长，经常带着演员们下基层演出。煤矿工人三班倒，从井下上来一班他们唱一班。为创作新作品，刘彩琴和田连元一起到本溪水泥厂体验生活，一起去的有七八人，和工人一起劳动，吃住都在厂子里，有半个多月的时间。田连元写了一个山东快书，刘彩琴也写了一段鼓词。但就觉得没有人家田连元写得好，怎么就清汤寡水呢？唱得没问题，词也不错，事也挺好，但就感觉没写到点子上。毛病出在哪里呢？于是彩琴就向田连元请教，田连元帮着改了一下，立刻就不一样了。大家创作的作品，都被《本溪文艺》拿去了，人家选来选去，最后只发表了田连元的那一篇。杂志社还给了十五块钱的稿费。

在桓仁农村的时候，为贫下中农演出是应尽的责任似的，那时生活艰苦，干活累得不行，休息的时候，本来想歇歇，可是贫下中农知道他是城里来的演员，就说，田老师来一段吧，唱一段吧。田连元就是再累，也不推辞，说来一段就来一段。

有一次生产大队庆祝"七一"党的生日要搞几个小节目，让田连元说段评书。

那天田连元说的评书是《宝书映红心》，说到一半时，嗓子有点哑，说到最后，发不出声了。虽然这不是什么重大演出，可是在田连元看来，这也是他演出生涯中的一次重大事故，心里很懊恼。

不久，大队又有一次演出，还是让他说段评书，田连元想这次一定要说好，嗓子可别再出什么问题了。他说的是《誓死保卫祖国》，说的是抗美援越的故事。刚说了十几句，嗓子彻底失声。观众愣住了，不知怎么回事。田连元懊恼至极，连连鞠躬致歉，遗憾地走下台去。接连两次在大队为贫下中农演出，嗓子都出现了问题，真对不住他们。然而更让他担心的是，如果嗓子出了问题，自己的艺术生命是否就此终结？

田连元不敢往下想，他搞不清是什么原因，好在后来嗓子渐渐地好了。他曾咨询一位专家，专家说，"这是因为过于劳累、焦躁、上火造成的急性咽炎。"于是也没太当回事。可是在 2005 年以后，田连元发现他的嗓子问题越来越严重，尤其放低声音的时候，就感觉嗓子像贴了一层纸，非得使劲，提高音调，这声音才能从这层纸里顶出来。若不使劲，就说不出话来。他多方求医，直到 2017 年才通过手术彻底治好。可是，田连元一点儿都没有影响他的演出，看他在台上妙语连珠，谁能想到，他的每一句话，都是使足了劲才发出来的。嗓子治好后，他悬着的那颗心彻底放下来了，因为他老是担心哪一天，嗓子真的出了问题，说不出话来，那他真的不知该怎样面对那些喜欢他的观众，因为他太爱那个舞台，太爱那些观众了，为他们演出，是他一生最大的幸福。

当年从农村回来后，田连元担任本溪市市歌舞团的团长，仍然常常带领大家下乡演出，装车卸台，他和其他演员一起干，和其他演员一起睡大通铺。只要是演出，他不挑场地，哪怕是田间地头都能演，他不怕艰苦。

1975 年，海城地震，田连元和团里同志立刻奔赴地震灾区。从春节前到春节后，在海城灾区的农村整整演出了一个月。这一个月里，余震不断，而天寒地冻，条件非常艰苦。每天和衣而睡，天太冷，薄薄的帐篷根本抵御不了外面的寒风，半夜常常冻醒。洗衣服、洗澡就更别想了，没那条件。田连元想，自己这几年下乡，苦没白吃，这一个月摸爬滚打，风里来，雪里去，竟然啥毛病也没有。

田连元的评书《杨家将》在全国打响之后，他成为中国文艺界的巨星，但他却没有一点儿明星的架子，还和一个普通演员一样，深入基层，为百姓演出。即便遭遇车祸，身负重伤，但只要身体康复，他就马上重返舞台。他说："我的艺术生命是人民群众给的，没有他们，我什么都不是，为他们演出，是我分内的事，天经地义。"

在 2005 年的时候，本溪市委市政府曾隆重召开表彰大会，授予了田连元先生"人民艺术家"的光荣称号，这是对他几十年坚持深入生活，扎根人民的最高褒奖，也是本溪市人民对田连元先生发自内心的赞誉。这个称号，他当之无愧。

2.不信人间有白头——醉心公益事业

田连元太忙了，他要演出，他要创作，他要应对各种采访，有时录制一个大部头的评书就要几个月的时间，他还要带他的徒弟，对他们进行指导。而且，儿女不在身边，老伴儿腰也不好，还需人照顾。可是，田连元就是一个精力旺盛的人，无论多忙，他还是要抽出时间，参加公益活动。

　　田连元参加公益，不是作秀，不是为了出镜。他认为，演员是公众人物，公众人物是有社会责任的。为什么许多产品要找名明星做广告？就是因为明星有一种无形的号召力，有示范作用、引领作用。所以，明星们要把这种引领作用多用到社会道德建设方面，多做公益，承担起社会责任，净化社会风气。

　　而且，田连元在很多场合都讲，评书从诞生的那天开始，就有一个"高台教化"的责任，这是由评书的性质所决定的。作为一个评书演员，你就要恪守这项职业道德，除了在说书的时候要以文化人传递正能量，在日常生活中，也要率先垂范，以身作则。做公益，就是你分内的事。

　　时光进入 2020 年，谁也想不到，这个中国农历的庚子年，又是一个不平凡的一年。从新年伊始，新冠病毒便在武汉肆虐，田连元密切关注，为武汉人民祈祷祝福。尽管疫情不断发展，但是田连元没有停止公益的脚步，依然参加了很多的公益活动。

　　在 1 月 8 日录制的《百花迎春》中国文联 2020 春节大联欢晚会上，田连元代表中国曲协，和其他十几个协会的代表，一同走上舞台，向全国人民祝福新春佳节。

　　到了 5 月的时候，《中华人民共和国公共图书馆法》正式实施。国家图书馆举办了"致敬经典之四大名著"系列公益活动，田连元应邀来到国家图书馆艺术中心，为千余名到场读者带来公益讲座《读书与说书》，就古典名著《水浒传》、评书《水浒传》、电视剧《水浒传》的各自特色，与读书爱好者进行了交流。

　　转眼到了 6 月，在"文化和自然遗产日"，国家图书馆艺术中心围绕"非遗传承，健康生活"的主题，开启非遗传承人记录工作成果线下展映、线上公益讲座回顾等一系列非遗宣传活动。这项活动旨在更好地宣传非遗保护的理念、实践与成果，进一步弘扬中华民族优秀传统文化。他们邀请到田连元，因为田连元是国家文化部第三批国家级非物质文化遗产的传承人。接到邀请，田连元愉快地参加了。

　　其实，田连元是国家图书馆的资深嘉宾了。比如在 2019 年 2 月 1 日的晚上，国家图书馆的国图艺术中心举办了一场"书香筑梦金猪送福"迎春公益晚会，同时也为国图 110 周年华诞献礼。他们邀请了著名歌唱家、年近九十岁的李光羲，还有田连元等几位明星。晚会上，李光羲别看年近九十，但依然精神矍铄，一口气演唱了《祝酒歌》《让我欢喜让我忧》《革命人永远是年轻》三首歌曲。田连元虽然也年近八旬，但在李光羲面前还是小弟，不甘示弱，登场一连表演了几个经典评书小段，获得观众的热烈掌声。

田连元在 2014 年遭遇车祸，身负重伤，痛失爱子，但是他并没有因此倒下。从不做广告的他，怀着悲痛的心情，为公安部交管局制作了一则公益广告："拒绝酒驾，文明出行。"许多人看到这则公告，忍不住泪水涟涟。这个广告，也是田连元一生中唯一的广告。当时有人就想，他的儿子刚刚因车祸去世，让他老人家做这样的广告，是否会重新唤起他内心的痛苦？但是田连元说，我一定接这个广告，因为它是公益广告，我就是要用在我自己身上发生的悲剧，现身说法，唤醒人们尊重生命、拒绝酒驾的意识，挽救更多像我儿子那样的生命。

就在田连元受伤仅过几个月，身体还没有完全恢复的时候，2015 年辽宁电视台邀请他参加辽视春晚。为了辽宁的父老乡亲，加之这是公益活动，田连元毫不犹豫地参加了。在这台晚会上，中国评书界的三位泰斗，单田芳、田连元、刘兰芳在时隔 22 年后，再次联袂登台，让人激动难忘。当日晚 8 时 55 分，八十一岁的单田芳、七十四岁的田连元、七十一岁的刘兰芳，以"潮人"形象现身，他们将相声、小品、评书三者混搭，在小品中讲评书、在评书中说相声，还不时地与台下观众互动，送上新春祝福。

紧接着，田连元回到北京后，又参加了北京电视台发起的"2015 生活微行动"。这个活动有很好的创意，希望以"一点改变，创造无限可能"，号召每位社会成员都能够通过一个微小的行动、一点微小的改变，来创造更加美好的生活。这项活动很快就有近 10 万人参与，迅速成为社会各界广泛关注和参与的大型公益项目。田连元和北京的众多明星也加入到这项活动中来。

其实，田连元把家搬到北京才不过十来年的时间，但他参加的公益活动却很多很多。

比方说，近几年来，中宣部、中央文明办、中国文联联合举办了"全国道德模范基层巡演故事会"活动，田连元基本上每次都加入到巡演的队伍中去。前两届他表演了道德模范故事《英雄无悔》和《尘封的小布包》，但这都是由主办单位提供的脚本，田连元只是个表演者。他觉得不过瘾，便主动请缨，从组委会提供的英雄事迹材料中，挑选了一个厦门见义勇为青年的故事，并亲自到厦门采风，创作了评书《英雄三兄弟》，并随团演出。

田连元对失学儿童问题也十分关注。在 2017 年的时候，中国儿童少年基金会承办的"春蕾计划——名人零距离"第一期公益活动在首都北京举行，田连元作为明星嘉宾参加了这次活动。这项公益活动本意是汇聚社会爱心力量，借助较高社会声望的各界名人的影响力，更好地宣传和推广"春蕾计划"。田连元参加了活动，并在现场表演了评书《杨家将》《瓦岗寨》中的几个片段。表演后有记者采访田连元，田连元说，自己一直都在关注失学儿童重返校园的问题。只要有这方面的活动，他愿意多多参与，尽自己的微薄之力，帮助更多的贫困地区的失学儿童重返校园。

还有些涉及评书的公益活动，田连元就更是踊跃参加了。2017 年底的时候，北京电视台率先恢复电视评书栏目，并隆重举办了《北京评书大会》开播发布会，田连元和刘兰芳、连丽如这些老一辈的评书大家被邀请来到现场。发布会上，刘兰芳展示了师爷、师傅给她传承下来的《岳飞传》《杨家将》《赵匡胤演义》等几部评书书谱，现场还表演了一段儿时母亲教给她的东北大鼓。田连元则带来了一把扇子和一块醒木，他指着扇子上的铆钉风趣地对现场的观众说："这把扇子我的师傅使了一辈子，使破了打上铆钉传给了我。我觉得这不仅仅是一把扇子，因为它里面传承了说书人不慕富贵，甘守清贫的精神。"接着，田连元为了展示扇子在评书中的多种用法，表演了《杨家将》中的经典小段，高抬腿，轻落步，一抬手，一挥扇，身段干净利落不减当年。

田连元因为住在北京，所以北京的一些公益活动，参加起来比较方便。但是，如果是外省市的邀请，哪怕是路途遥远，只要是公益，他也不推辞。

比如浙江省文化厅在杭州举办的"首届全国曲艺传承发展论坛及观摩交流展"确定的主题是"激扬优秀曲艺，促进保护传承"，启动了一系列曲艺保护活动，如持续培育曲艺创演人才、激发曲艺创演活力、推动曲艺繁荣发展等。他们邀请了田连元，田连元认为，曲艺嘛，那更是自己的事了，便踊跃参加。

再比如安徽省合肥市市委宣传部、市文联举办的"大湖之约——艺术名家大讲堂"，邀请田连元来作演讲，田连元赶紧放下其他工作，应邀而去，演讲了《中国评书艺术》。

如果是来自家乡的邀请，田连元就更是义不容辞了。

比如2017年辽宁省非遗保护中心举办的"故乡情·幸福梦"迎春综艺晚会，邀请到田连元、杨振华等名师名家联袂演出，田连元就是再忙，也不推辞。

再比如沈阳市沈河区风雨坛街道有一个非常有特色的文化社区，他们要在双侧居民楼的墙面上，做一道"曲艺文化"宣传墙，宣传曲艺品种和名家名品。他们辗转找到田连元，请他给题写"东北曲艺第一街"七个大字，田连元欣然命笔。尽管田连元不是书法家，但他的书法却很有功力，既苍劲有力，又尽显性情。

田连元热心公益，在文艺圈里是出了名的。特别是在北京，虽然住在那里只有十多年的时光，但却因为参加了大量的公益活动，广受赞誉。以至有人写诗著文称赞他，把他和田华、田永清放在一起，称他们三人为"京城三田"。

为什么会有"京城三田"一说呢？因为在公益活动中，人们经常看到他们三人在一起的身影。而且他们三个人，不是因为年事已高，而是因为德高望重。

田华是电影明星，已经九十多岁了，主演过电影《白毛女》《党的女儿》等。田永清被称为是"军中儒将"，是原总参兵种部政委，年逾八旬，是"无极限义工团"最早的倡导者。和这两位比起来，田连元尽管是小兄弟，但也已经年逾古稀。

有位曾在北京某老干部部门工作的同志，十几年中，经常跟随这三位老人一起参加公益活动，见证了他们的爱心。特别是在建党90周年的时候，这位同志在陪同三位老人做公益活动时，拍下了一张珍贵的"三田"合影。93岁的田华精神矍铄，满面笑容地坐在中间，田永清和田连元分坐两边，三人都笑得很开心。这张照片让人想到，做公益真是一件有益的工作，不但帮助了别人，让别人快乐，而且自己也身心愉悦，健康年轻啊。

这位作者在《京城三田美在心田》这篇文章中写道："因为都怀揣着对社会的无言大爱，对党的赤胆忠诚，对艺术的炽热情怀，他们走到了一起，退休不褪色，为社会公益文化活动挥洒着自己的余热。其实，人们敬重的不只是他们的特殊身份，更因为他们的人格魅力。"

三位老人在公益活动中结下了深厚的友谊，田将军敬重"田大姐"，也关爱"田老弟"。那年，听到田连元遭遇车祸，田永清心急如焚，自己在外地作报告不方便，就安排亲属前往大连探望。田连元康复回到北京，田永清约了田华一起登门拜访，并不时打电话问候。田连元也经常和田华大姐、田永清兄长保持联系，关心他们的生活和健康。田连元笑着说，"看到田华大姐和田永清兄长一个九十多岁了，一个八十岁了，还都那么热心公益，我这个七十多岁小老弟有什么理由不参加呢？"

在2019年的一次公益文化活动中，三位老人又一同出现在活动现场，受到现场观众的热烈掌声。在这次公益活动的会上，田华激情朗诵了一首诗《你们年轻，我们也年轻》，坐在台下的田连元不能不为之动容：

> 你们年轻，我们也年轻。你们年轻总是写在脸上，我们年轻总是藏在心房。你们做梦，我们也做梦。你们做梦充满了遐想，我们做梦从来不去多想。你们有爱情，我们也有爱情。你们的爱情讲究的是热情奔放，我们的爱情讲究的是日久天长。你们是财富，我们也是财富。你们的财富在于来日方长，我们的财富在于饱经沧桑。你们是太阳，我们也是太阳。你们是一轮火红的朝阳，蒸蒸日上，我们是一抹绚丽的夕阳，同样灿烂辉煌……

田连元对坐在身边的田永清说："我喜欢这首诗，大姐朗诵得真好。"

有感"三田"的情谊和高尚的品格，总参保密局原副局长王改正同志挥笔写诗一首，赠给田华、田永清和田连元：

> 三田形象，光照人间。
> 三田品望，仰止高山。

　　三田佳话，可敬可瞻。

　　永清政委，儒将英贤。

　　田华电影，天下名传。

　　评书曲艺，冠玉连元。

　　人生壮美，很不一般。

　　为党为国，立德立言。

　　人民至上，赤胆忠肝。

　　标格大雅，勤勉拳拳。

　　　　永远仰望三田，

　　　　真善美育三观。

3.买断烟波不用钱——"穷酸堂"的由来

　　提起演艺界，尤其那些红透半边天的演艺明星，哪一个不是腰缠万贯？很多年轻人对艺术类尤其是影视戏剧类学校更是趋之若鹜，因为可以名利双收。

　　但是，如果告诉你，田连元没有钱，你会相信吗？

　　有人会以为，当年的田连元，录了这么多的评书，播了那么多家的电视台，又到各地去演出，又上春晚，是家喻户晓的大明星，一定赚了不少钱吧？

　　田连元不是那种想赚钱的人，不仅不会赚钱，而且还以自己的穷酸自豪，把自己的书房起名为穷酸堂。

　　那年田连元北京电视台播完评书《杨家将》之后，北京电视台专门把田连元请到北京，召开了一场专题研讨会，当时的《北京广播电视报》对这次研讨会用了三个版面进行报道。一个版面是座谈会的报道，一个版面是群众来信选登，一个版面是专家的评论性文章。接着，大会又组织了与会人员开讨论会，中心议题是当下文艺界现状，如何发展。

　　当时是20世纪90年代初期，一方面，文艺呈现百花齐放的大好局面，另一方面也出现演员到处走穴、捞钱的乱象。当时流行一个顺口溜：

一等人，把穴走，百万千万挣到手，屏幕银幕形象有；

二等人，赶会堂，酒吧舞厅夜总会，一天几场不觉累；

三等人，把副业搞，堤内损失堤外找，专业生意两不误，不张不扬偷着富；

四等人，老前辈，除了演戏都不会，想做买卖不认秤，想排大戏调不动，一肚子牢骚一身病。

研讨会上，与会的同志自然把话题转到了演员走穴上。

田连元在发言时说："我是一个搞评书专业的人，这种专业本身就注定不能发大财，若想发大财，必走歧路，我不会走，那就只有安分。"

其实，田连元有一位北京的画家朋友，早已进入市场运作，靠卖画赚了不少钱。他曾对田连元说："现在是市场经济了，不要还停留在老模式下生活。"

田连元不解地问："市场经济？这个我真不懂。"

画家说："市场经济，很简单的，就是讲经济效益嘛，投入和产出要对等，不能有无效劳动，只知道奉献不行，要把你的价值充分利用起来。不要太死性，活动起来，不要老穷酸。"

一句穷酸，触动了田连元，他想起很多人家中挂的那幅郑板桥的书法"难得糊涂"四个大字，下面还有"聪明难，糊涂难，由聪明转入糊涂更难"的小字。于是田连元就按照这个模式，给自己的陋室起了个名字叫"穷酸堂"，下面也如郑板桥那样又写了几句话："穷无财扰，酸有清节，堂而皇之，有何不好？"

在这次研讨会上，田连元在发言中讲了这个观点，很多人叫好，还有人马上求字，田连元会后就把这几句话赠送于他。

但是，也有人对田连元的说法不太认同，说你的《杨家将》全国那么多家电视台播放，你田连元火得不能再火，说你没钱，说你穷酸，谁信？

别说在座的同行有人不信，就是走在大街上的老百姓都不信。有一次田连元到沈阳乘出租车，被司机认出来，"呦，这不是田连元先生吗？您可是大名人了，钱也赚了不少，说实话，您的车什么牌的？"

田连元幽默的劲上来了，他笑着说："名牌，纸糊的。"

司机说："您别涮我了，您是阔家佬骑瘦马——装穷不露富咋的？"

田连元一看这司机师傅认真了，便解释说，"不瞒您说，别说汽车，我连一辆自行车还没有呢。"

司机哪里肯信："您大名鼎鼎，没车？谁信哪。"

真的没人信，不信也没办法，他真的没有。

其实，也难怪有人不信。

田连元的《杨家将》先后在全国一百多家电台和十三家省级电视台播讲，其覆盖面可谓是大江南北、长城内外了，无处不是喝彩声。他能不赚钱吗？那些名演员全国各地走穴，到哪不是赚得满满？而且田连元上了几届春晚，要名气有名气，要才华有才华，邀请他演出的地方会少吗？

他们想的都没错，的确，田连元以一部《杨家将》名噪四方，邀他组团搭伙的人络绎不绝，这都是合法赚钱的机会。可是，田连元偏偏有个怪脾气，任你说得天花乱坠，他一个也不肯答应，就是不去。但若是公益演出，他一个都不少。

说他的电视评书发了大财，应该，可是没有。为什么？录制《杨家将》的稿酬总计二千多元，上交给单位百分之六十，田连元自己不过得了八百多元。你可以细算：《杨家将》辽台每天播一回，一回稿费十五元，一共一百五十回，共计二千二百五十元。百分之六十交团里，剩下百分之四十，还缴个人所得税，实打实算来，四个半月下来才得八百元，还不够大腕儿走穴一个晚上的零头。

全国那么多电视台，有几家不转播《杨家将》，谁给过他一分钱？换个人，那不行，播我的评书，你就得给我钱。可田连元没那个概念，你不好意思给，他更不好意思要啊。

有人可能会说，忙了那么多天，才八百元稿费，这也太少了。田连元却心满意足地说："不少了，'文革'前在辽台录的长篇评书《欧阳海之歌》，给了八十元，现在涨了十倍了！"

也是，以田连元在全国的影响力，只要想赚钱，那是很容易的事。可他对走穴的事从心里就排斥，认为这不是正道。他有一个好朋友在哈尔滨承包曲艺团，两次邀他去演出，许以重金，可是他不肯。沈阳一好朋友多次找他外出演出，劝他说："别躲在山沟里苦熬苦修，我承包你了。跟我走吧！让你肥起来。"田连元不动心。四平市有个穴头拿出朋友的介绍信来敲田家门，急三火四地游说田连元，"团儿都组好了，万事俱备，就等你攒底，开价吧，多少？"田连元头不点、眼不睁，气得那穴头推门而去，"天底下还没碰见你这号人！"田连元微微一笑，"哼，论走穴，你们还嫩着呢，我从六岁就开始了。"

20世纪80年代后期，一些演员离开体制，自己下海组团，办演出公司，比如单田芳就在单位办理了提前退休手续，作为自由职业者到各地电台和电视台录评书，用他自己的话说，"我可以自由翱翔，甩开膀子大干了。"还有田连元在西宁演出的时候拜访的相声演员杨振华，他就组团下海单干，田连元还到宾馆看过他。

田连元不走穴，难免遭到非议，有人说他钱挣够了，重金难聘；有人说他装蒜，卖狗皮膏药。对此，田连元不气不恼，他对那些同志说："不走穴，并不是为了抵制。别人走，我也不反对，人各有志，大路朝天，各走一边。"

田连元说得对，在这个世界上，就是人各有志，有人志在钱上，而田连元志在评书上。他就想在有生之年，多创作，多改编，多留几部评书在世间。钱再多，也是身外之物。他说，当年石崇的钱多不多？死后留下了什么？李白、杜甫没钱，一生穷困潦倒，可他们却为中华民族留下了宝贵的文化遗产。

北京大学中文系著名教授汪景寿先生最了解田连元，在学者中，和田连元接触的时间最多，到北京大学讲课，就是他邀请的。他很钦佩田连元甘守清贫的品格。他通过研究田连元的评书，发现田连元评书中有他田连元的影子，特别是在寇准的身上，体现得更为突出，他之所以能把寇准这个清官形象，塑造得栩栩如生，就是因为他在寇准的身上，寄托了自己的人文理想。汪景寿先生说："田连元把他的清官思想，在寇准的身上贯穿进去了，而且对于富贵的看法，寇准的形象和田连元几乎是一样的。"

现在，人们常说，文艺工作者是人类灵魂的工程师，这是现在的说法，其实早在过去，人们就管说评书的先生叫"高台教化"，因为旧时代能读得起书的人太少，大多数底层老百姓的知识，像历史人物、君子小人、忠孝节义、礼义廉耻、人情事理，等等，都是从说书先生那里听来的，所以才有"说书讲古劝人方"的老话。所以，田连元认为，休要小看了说书人的每一句话，你在舞台上表现什么、传递什么，这是一个检验标准。但一段时间里，文艺界确实有一些人，由于金钱的诱惑、名利的驱使，出现了走捷径、使歪招的现象。甚至为了出名，尽力炒作，为了金钱，想法巧取，为了博得观众廉价的笑声，不惜趋俗媚俗。要警惕啊，这是一条顺坡往下的路，很好走，因为越走越低，越低越俗，最终坠入低谷。这就很危险了，会使我们的民族堕落。如果是人心向上，往上走路的话，你要费力、费时。但是，你会越走越高，最终能达到一种至高境界，那就是"高山景行，私所仰慕"的境界，让人景仰，人们才会去效法，社会才会净化，这样才不愧于"人类灵魂的工程师"这顶桂冠。

田连元有很多做商业广告的机会，可是他不肯。他的徒弟关永超说："打他从 1985 年大火之后，我就没见他做过广告。其实那时候有很多机会。现在我们爷俩聊天的时候，我就笑谈，逗老爷子说，你看，好几处房子没了，好几台车没了，好些好些大奖没了。"

田连元不肯做广告，自有他的道理。他说，我不反对做广告，只是我觉得没有适合我做的广告。因为我觉得广告和演出是两个不同的概念，演出是通过我自己的对人物的塑造和创造，这个艺术典型通过我自己的表演，去赢得观众的承认和认同。而广告就不是这样了，人家给你钱，你就得按照人家的意思说，那怎么行？我认为，广告首先应该是通过我自己的人格来给产品作保证，我又不懂科技，我怎么知道这产品合格不合格，好用不好用？你弄得清楚吗？连你都没弄清楚，你就给产品下包票，好话说了一大堆，观众信你之后，买了产品，出了问题，说是听了田连元做的广告才去买的，你脸往哪放，还好意思登台吗？所以，演员的人格不是广告那几万，几十万，甚至几百万能买来的。

田连元自有自己的金钱观，他写道：

钱，是刀，可以杀人害命；

钱，是绳，可以捆绑人的自由；

钱，是磁石，可以吸引贪婪的亲朋；

钱，是媒婆，可以介绍爱财的女子；

钱，又什么都不是，不花，不用，不抵废纸；

钱，没有不行，多了多事，丢了可惜，带着招祸；

钱，是一把万能的钥匙，可以打开一切关锁。

钱，是纸做的，以它为中心，人情薄如纸。

喜欢钱的人，发财是快乐，

热衷事业的人，工作是快乐……

田连元把名节把人格看得很重很重，人生在世，必须要有一个好名声。无论做什么，首先要考虑这件事对不对，影响名节的事情不做，给多少钱也不做。人不可以争利，"人为财死，鸟为食亡"，人若滑入利的陷阱，就走上了一条不归路。

在田连元的心中，每个人都有自己的运行轨道，那上面铺陈着你的追求，按照轨道走自己的路，心态便很平衡，否则便会失重。不要强求和别人一致，你就是你，我就是我。都一样了，会索然无味。坚信自己的存在价值，不否定别人的存在价值，这价值不是钱数，是众人的评价，是奉献的回执。

田连元说："作为演员，我在台上塑造过很多人物，那是台上的我。作为本人，我只塑造一个形象，那是台下的我。前者可以任意虚构，后者却应该面对真实，恐怕要塑造一辈子。"

为此，他写了一首言志诗：

不见石崇富何存，
但闻李杜千古吟。
财物不属过世客，
业绩流传后代人。

他还特别喜欢明代诗人于谦的那首诗：

千锤万凿出深山，

烈火焚烧若等闲。

粉骨碎身浑不怕，

要留清白在人间。

他喜欢他的"穷酸堂"，因为在这里，一切都是清清白白、干干净净的。

4.何人不起故园情——故乡是本溪

1960年，刚刚二十岁的田连元从天津来到本溪，转瞬之间，已经快六十年，一个甲子了。这六十年中，田连元和本溪结下了血浓于水的不解之缘。尽管这些年里，田连元在艺术道路上，经历了风风雨雨，但这风雨没有将田连元和本溪的缘分吹散，反而越发滋生了田连元心中那不能割舍的故乡情愫。

田连元有四枚印章：长春赤子、津沽少年、辽东山人、京师闲客。这四枚印章各有含义，代表了他人生中四个不同的阶段：

长春赤子：田连元的祖籍河北，出生在长春；津沽少年：他少年时代读书和学艺的地方；辽东山人：他人生从青年到壮年再到退休，大部分时间都生活在本溪。因为本溪属辽东山区，所以称自己为辽东山人；京师闲客：是说他在晚年的时候，生活在北京，退休了，尽管依然很忙，但也自称闲客。

有人会问，这么多的地方，哪一个才是田连元心中的故乡呢？

李谷一有一首歌唱道：

走遍了南北西东，也到过了许多名城，

静静地想一想，我还是最爱我的北京。

……

这首歌是原空政文工团的阎肃老爷子创作的，加之李谷一那京腔京韵的演唱，真是道尽了海外游子心系故乡，怀念北京的赤子之情。

那么田连元一声也是这样，"走遍了南北西东，也到过了许多名城"，祖籍河北，出生长春，少年津沽，游走山东，落脚本溪，晚年北京，这么多地方，哪一处才是他的故乡呢？没的说，李谷一唱的是"故乡是北京"，那么对田连元来说，自然是"故乡是本溪"了。

为什么？因为田连元在本溪生活的时间最长，尽管有坎坷，有磨难，更有辉煌，扯不断，理还乱，在他的心中，本溪的分量最重。

为什么说扯不断，理还乱呢？因为自从来到本溪那天，田连元就打算过离开，但怎么也走不掉、离不开。

你看，就在田连元在济南和办公室主任陈连文签了加入本溪市曲艺团的协议后，刚回到天津，恩师张立武就推荐他到安徽省曲艺团。张立武还亲自找到天津，却因为没有全国粮票，无功而返。如果陈连文晚去山东几天，田连元很可能就是安徽曲艺团的人了。

来到本溪后，机会又来了，安徽曲艺团那边还要田连元。怎么办？犹豫了一阵，田连元下了决心，因为到安徽，毕竟是省级的曲艺团，会有更大的发展。可是要调走，不能不起户口啊。怎么起呢？如果和领导说，领导肯定不会同意，因为此时的田连元，说火了彩屯，已是本溪曲艺团的创收大户，他走了，团里少了一大块收入。

田连元决定偷偷地走。

当时田连元是本溪曲艺团的宣传委员，给团里填报表的时候，借给介绍信盖章之机，多盖了一张空白介绍信。然后自己把表填好，拿到溪湖派出所去起户口。派出所的户籍员看了看田连元，问道："你是曲艺团的吧？起户口光有介绍信不行，得有单位和宣传部的领导签字才行！"

田连元心虚了，我的天，这事哪敢让领导知道啊，领导知道了硬不放你，你干没辙，弄不好再给你小鞋穿。再说了，你私开介绍信，这问题说有多重就有多重。一连几天，田连元都忐忑不安，生怕让团里领导知道。于是这调转的事儿，只能不了了之。

从桓仁农村刚刚回到本溪的时候，田连元参加省里的汇演，引起轰动被沈阳曲艺团相中，并派人专门找他密谈。因为当时田连元还是个农民，沈阳曲艺团给他找了沈阳郊区最好的一个生产队。可是还是没走成，因为此时本溪解决了他的户口问题，并且把刘彩琴也安排进了歌舞团。

又有一次，全总文工团要调田连元，著名相声演员高英培找到田连元，说，"你到我们全总文工团来吧，团长叫王显宁，他看中你了。你要是来，我们红毡铺地欢迎你。"当时全总文工团正想筹建一个说唱团，高英培说，"你来可以当文工团的副团长，兼曲艺团团长。"于是田连元开始活动调动的事。

可是谈何容易。

全总文工团说，"实在不行，你人先过来也行。"于是田连元便加入到全总文工团的演出队伍之中，随团到广州、深圳、大连等地演出了四十多场，又出节目又主持，出力不小，但最终还是没有调成。为什么？本溪就是不放。那时候的人是单位所有制，是不能随便流动的。

田连元实在不想放过这个好机会，于是回来找团里，找局里，最后找到市委书记。书记态度倒是很和蔼，但是很坚决，没有商量的余地。他对田连元说，"不能放你走。如果放你走，对不起本溪市人民。"

这话吓了田连元一跳，"我的天哪，我有这么重要？"田连元明白，市委书记都这样说了，下面就更不能放了。

不久，又一个机会来了。天津著名演员骆玉笙，有一次在陈云接见的时候，向陈云提了一个建议，说是能不能在天津筹建一个中国北方曲艺学校，专门培养曲艺人才。陈云听了很赞赏，就让有关部门研究。于是过了不久，这所曲艺学校就正式批准，筹备组建了。校长叫王骥，他找到田连元，说你是天津人，又是曲艺名家，希望你能来学校任教，并担任业务校长，还把三室一厅的房子都给准备出来了。

田连元来到学校，王骥带他参观了校园，看了三室一厅的房子，当场就把钥匙交给了田连元。那时候，房子可是头等大事，很多人的工作调转，除了两地生活就和房子有关。田连元接过钥匙，马上回本溪办手续。

结果，本溪还是不放，他也无可奈何。

学校不死心，又派了一位副校长，拿着商调函来到本溪，还是不行。田连元无奈，找到省委宣传部的一位老领导，这位老领导看了看商调函，笑了，说："如果是调令，那没办法，我放人。可这是商调函，是和我们商量的。商量嘛，没有商量的余地，我不同意。"

学校至此仍不死心，因为他们急需人才，先后到本溪来了六次，也没调成。无奈，学校说，"这样吧，你先来学校教课，调动的事咱们慢慢来。"

于是，田连元和夫人刘彩琴一起，来到天津曲艺学校，在学校整整教了两年课，带了一届学生，最终也没有调成。而学校的房子，一直给田连元留着，留了八年，可见求贤若渴。最后田连元彻底失望，八年后，把钥匙交还给了学校。

除了天津曲校，中国广播说唱团也要调田连元。当时的总团团长叫熊生民，他对田连元说，"我们现在就缺一个说评书的，你来我们热烈欢迎，明年就办你的事。"可是第二年熊团长调走了。这事也就撂下来了。

还有中国铁路文工团，也找到田连元。团长说，"干脆你来我们团吧，只要你一年能保证八十五场演出，余下时间你自己支配。侯耀文也在我们团，但他坚持不住。他不在的时候，你带团演出。"这次田连元又层层找，回答还是两个字"不放"。相声演员石富宽一直和侯耀文搭档，有一次看到田连元，很高兴地对田连元说，"大家都听说你要来，欢迎啊。办得怎么样了？"田连元苦笑着说，"八字还没一撇呢！"

还有煤矿文工团的团长瞿弦和，他过去曾和田连元学过评书《新的采访》，田连元一招一式地教过他。他说过"我也是田老师的学生呢"。瞿弦和也想调田连元，并以解决房子为"诱饵"，他说："如果你能来，房子没问题。"结果，也是走不成。

有人说，这是因为田连元的乡情，他舍不得离开本溪。其实，这是不符合实际的，田连元一直都想离开本溪，因为人往高处走，水往低处流。他离开本溪，走向更高的艺术平台，这是艺术发展的一个规律，也是人才成长的规律。况且，从袁阔成，到单田芳，再到刘兰芳，评书四大家，已经先后有三大家进了北京。

田连元出生在长春，长春是他的出生地，也是他的故乡；他从小就生活在天津，那里也应该是他的故乡；他的老家河北沧州，也是他的故乡，是他的根。可是他为什么偏偏留在了本溪呢？

这里应该是一个体制的问题，更多的还是本溪的领导和本溪人民的多次挽留。田连元从农村回来，还是一个农村户口，沈阳曲艺团要他，给他安排在了沈阳一个郊区生产队，可是本溪市恰在此时解决了他的工作问题，给他变成了城市户口，还把夫人刘彩琴也安排进了本溪歌舞团。在天津艺校调他的时候，给他房子，连钥匙都交到他的手里。不是没房子吗？本溪市政府特事特办，给他解决了房子问题。

田连元在 2000 年的时候年满六十周岁，当时他正在北京开曲代会，文化局的人事干部打来电话，对田连元说，"田老师，您到了退休年龄了，回来办手续吧。"第二天，又给田连元打电话，"您要是回不来，我们就给您办了吧。"结果，局里管人事的干部给田连元按一般干部退休计算，工资百分之九十。田连元获得那么多的大奖，全国的、省里的、市里的，以及好多次的省市劳动模范、优秀共产党员，都给忽略不计了。这些大奖中只要有一样就是百分之百开支。田连元并没计较，可是市领导得知后，交代有关部门，田连元的事情一定要解决好。按照市领导的指示，有关部门在符合政策的前提下，比照省里老艺术家杨仁恺、李默然、乌丙安等人的做法，不退休，并把关系转到本溪市文联，任本溪市文联名誉主席，一切荣誉、工资、福利待遇，按在岗对待。

本溪市第一届天女木兰奖，这是本溪市政府对艺术人才的最高奖，颁给了田连元，这是本溪艺术家的终身大奖；在本溪市第六届天女木兰奖颁奖大会上，田连元还被授予了"人民艺术家"的光荣称号；2010 年元宵节，本溪市委、市政府隆重举办本溪市文化艺术界"庆元宵、促和谐"新春联谊会。会上，田连元被市委、市政府授予"本溪市文化形象大使"荣誉称号。

　　田连元从艺四十周年的时候，本溪市搞了一次隆重的庆祝活动。这次活动还邀请了中宣部、文化部、省文化厅、省文联以及省市的领导，理论家、文艺评论家等。辽宁省副省长林声，省人大常委会副主任陈素芝，人民艺术家李默然，理论家彭定安，辽宁大学教授乌丙安，南开大学教授薛宝琨，北京大学教授汪景寿等出席。田连元在会上发言感谢大家，并赋诗一首：

> 四十春秋忆往昔，
>
> 从艺坎坷志未移。
>
> 鼓励又从今日起，
>
> 不用加鞭自奋蹄。

　　从艺五十周年的时候，田连元拒绝了活动的建议。但是，田连元其他的活动依然不少，先是中央电视台的《艺术人生》栏目，邀请田连元做了一期节目，紧接着辽宁卫视给田连元做了两期《风云人物》节目；香港凤凰卫视的《鲁豫有约》对田连元进行了专访；中央电视台的《人物》栏目，也给田连元做了一期专题。当时田连元自己还纳闷，今年怎么了，为什么电视台接二连三给自己做节目呢？后来忽然想到，今年是从艺五十周年，你自己不在乎，媒体可当回事啊！

　　七十岁生日的时候，田连元想，过生日是家事，他只想和家人在一起，低调过过得了。没想到市领导到台湾出席一个文化活动，见到了田连元的徒弟叶怡均，她说她过几天要来本溪，给师父过生日和他的五十年金婚。而且田连元还要在生日这一天收天津的曲艺团演员王静为徒。这么重要的事情，市领导当即决定，市里出面来办。于是这位本溪市的领导亲自出了个题目叫"连元三喜"：七十大寿、五十年金婚、收一位弟子，可谓三喜临门。

　　在田连元从艺六十周年的时候，也就是 2015 年，本溪市举办纪念大会，隆重纪念田连元从艺六十周年。这次活动，由中国曲艺家协会，辽宁省文联，本溪市委、市政府联合主办，题目就叫"'本溪评书'传承与保护论坛暨田连元先生从艺六十周年纪念活动"，其中有"艺海泛舟——田连元先生从艺六十周年回顾展"，这个展分三个部分：一是田连元先生出版的图书、光盘及报道他的报纸杂志；二是田连元先生不同时期的照片；三是田连元先生的书法作品及部分书画家赠贺的书画作品。当晚还在人民文化宫举办了"花甲艺彩耀春秋——田连元先生从艺六十周年暨中国曲艺送欢笑走进本溪"文艺晚会。第二天又在本溪富虹国际饭店会议厅举办了"本溪评书传承与保护论坛暨田连元先生从艺六十周年研讨会"。

六十年了，从 1955 年 9 月在天津南郊小镇第一次登台为起始，田连元已经在评书舞台上整整度过了一个甲子的书坛岁月。

田连元曾充满深情地说："本溪市委、市政府和本溪市人民对我如此器重，我感到很光荣。本溪出了很多文化艺术名人，也有很高的文化艺术成就，我代表不了一座城市，但我会尽全力按照这个标准去做，为家乡做事是我应尽的责任。"

田连元先生是这样说的，也是这样做的。

几十年来，凡家乡本溪有重大活动，田连元二话不说，必定赶来助兴；家乡的大事小情，他都亲力亲为；即便已是名满天下的评书大家，他仍是不改初衷，一如既往地支持家乡；田连元从来到本溪不久，就曾带一个演出队下乡为农民演出，甚至一个大队一个大队地到山沟里演；逢年过节他下部队、进营房，搞军民联欢；他把为工人演出看成是自己义不容辞的责任，到炼钢炉前，到煤矿的坑口，记不清为工人们演出有多少次了；他还冒着生命危险到老山前线为本溪籍战士演出。有几次本溪搞大型文艺演出，重金请来不少全国知名的明星大腕。田连元自然不可少，可是田连元分文不取，他说："你看过在家里洗碗还有人给钱吗？"

2009 年，本溪要拍摄电视宣传片《话说本溪》。接受邀请后，田连元欣然从命，不顾天寒地冻、暑气当头，历时一年，走遍本溪的山山水水。尤其令人敬佩的是，他从不计较个人得失，亲自撰稿，倾注了大量的时间和心血，把本溪的历史风貌、地理人文、名胜古迹以评书的语言、说书的方式，进行精彩介绍。

田连元是本溪的骄傲，本溪舍不得田连元走。田连元也深深地爱着本溪，所以，那么多的机会，虽然也争取要走，但本溪不放，他自己就先放弃了。那些年，本溪走出去的文艺人才其实也并不算少，为什么人家走得出，他却走不了呢？

田连元坦率地道出了其中的原因，他说：

"我离不开本溪的原因有三：一是本溪是风水宝地，山水齐备，草密林茂；二是这里有我和谐的人气，浓厚的乡情；三是这里有我深深的根基，六十年的时间，山城人从各个方面对我有了全面的认识、彻底的了解，挪个地方，就不具备这些条件了。"

其实，说白了，就是他说的那句——"浓厚的家乡情"啊！

5.却话巴山夜雨时——一起走过的日子

八十五岁的刘彩琴，近来不知怎么腰病犯了，直不起来，起身吃力，家里来了客人，勉强能起来坐一会儿，若是疼得实在难受，就只好躺在床上。医生让她尽量少动，要卧床静养。

刘彩琴是1936年生人，田连元是1941年生人，两人相差五岁。相伴六十年了，两人风雨同舟，相亲相爱，携手走过了银婚，走过了金婚，很快就是钻石婚了。人这一辈子，一转眼就过来了。

刘彩琴和田连元走到一起，完全是天作之合，是缘分，是命中注定，这不是迷信。刘彩琴说，田连元是在长春出生的，她妈怀他的时候，刘彩琴一家就和田连元一家相识了。都是民间艺人，田连元的父亲三弦弹得好，当时在长春很有名气，还和刘彩琴父亲的师傅同台演出过，给他弹过三弦呢。那时候，民间艺人住得都不太远，没事的时候，就聚聚。刘彩琴的父亲和田连元的父亲演出之余，还在一起喝点小酒，刘彩琴的母亲还和田连元的母亲一起打打麻将。

那时候，刘彩琴四岁了，母亲去和田连元母亲打麻将的时候，刘彩琴就跟在母亲的后面，在旁边玩。彩琴聪明伶俐，一双大眼睛，大家都很喜欢她。有时大家逗她，就跟她说："彩琴，你给大伙唱一个吧。"

彩琴让唱就唱，也不知什么叫惧。那时彩琴还没开始学戏，咿咿呀呀地就会唱一句"张五可"。本来人家原句是"张五可坐绣楼，心烦意乱……"但是东北人喜欢幽默，把这句改成了"张五可坐茅楼，越坐越臭……"彩琴唱完这句，大家都捧腹大笑。

　　田连元出生后，刘彩琴妈妈还带她去看过刚刚出生的田连元，这个皮肤发红、眼睛大大的小男孩很招人喜欢。

　　那时候，这些民间艺人四海为家，到处流浪。田连元出生后，为了生意，他们两家便各奔东西了。田连元一家后来到了四平，又因战乱，逃难到了天津。而刘彩琴一家则一路说书，流落到了本溪。谁能想到，二十年后，命运偏偏安排田连元来到本溪，偏偏安排给刘彩琴弹弦，于是刘彩琴成了田家的儿媳。你说这不是命运吗？田连元的父亲去世后，田连元第一次带彩琴回到天津，见面一唠嗑，互相一介绍，婆婆就想起了长春那段往事，这不是缘分是什么？

　　在刘彩琴看来，开始的时候，和田连元说不上是爱情，是事业把他们连到了一起。他们那时候都痴迷艺术，一心想在艺术上有所造就。刘彩琴就曾对自己说过，不能结婚太早，要等艺术上达到一定的高度再考虑。

　　在20世纪60年代，女孩子结婚都挺早的，刘彩琴那时已经二十多岁了，按理说早该结婚生子了，而且追求的人也不少，有当官的，有有钱的，也有戏曲名角儿，但是她都看不上。而且当时父母管得也很严，工资全交家里，演出结束回家就看书，特别是看新书，像《铁道游击队》这样的新书她都喜欢。父亲要求严格，演出结束后就让她在家里背词，要背熟练才行。看电影都不能自己一个人去，必须和妹妹一起去。到邻居家串个门都不能超过十分钟。她们那个年代的演员，不像现在的演艺界，饭局多、活动多，她除了演出，平时和外界接触极少，没有任何交往。

　　田连元给刘彩琴伴奏，是团里安排的，他弦弹得好，刘彩琴把他当成了小弟弟。田连元少年稳重，肚里有学问，懂得非常多，为人真诚，不虚伪，演出时两人配合得也比较和谐。

　　刘彩琴十八岁的时候，曾在齐齐哈尔说过《隋唐演义》，别人给念的书道子，她不太喜欢。她喜欢说的是《杨家将》《呼家将》《樊梨花征西》，这几部书叫花袍带，书中的人物女的多，男女之间的爱情故事比较委婉曲折，适合女孩子说。而《隋唐演义》是大枪杆，女孩子不适合，驾驭不了。当时国家提倡说一类书，

《隋唐演义》就属于一类书，而清朝的一些书则被列为禁书，所以当时的年轻演员，都努力把这部《隋唐演义》说好。

和田连元合作后，他把刘启林先生的书道子念给刘彩琴。刘彩琴觉得田连元说的这部书道子情节编得合理，说起来比较顺溜。而且田连元别看年龄小，懂的却多，知识面广，于是刘彩琴便对田连元有了敬意。

那时候，他们经常下基层演出。煤矿工人三班倒，从井下上来一班他们唱一班，一唱就唱到天亮，没有一分钱。但是没有钱他们也唱得浑身是劲。有时天下着大雪，没有谁说苦说累。因为为工农兵服务，为社会主义服务，是他们的光荣。他们那时学习乌兰牧骑，去农村，去军营，在炉前唱，给钢铁工人唱，给煤矿工人唱，那时候的人，有理想，有信心。

那时候人们找对象，不在乎穷还是富，田连元为人好，这是最主要的。那时候人都很保守，觉得好，但也不能表现出来，听到外面有传言说刘彩琴和田连元搞对象，她还挺不好意思的，心里也挺矛盾，因为田连元毕竟比她小五岁。但经大家一挑明，就得面对了。刘彩琴心里想，"他人这么好，自己在艺术道路上要想有发展，他是最好的帮手。虽然别人追我，可我看不上，没文化、没才能，不如田连元，而且田连元还性情好。"

刘彩琴为什么格外看重田连元的性情呢？因为那时刘彩琴家里不是太和睦，虽然父母都很本分，谁也没有外遇什么的，但就是脾气不好，两人一说话就吵架，有时刘彩琴演出回来，一看父母沉着脸，就知道又吵架了，其实也没什么大事。所以那时候她就想，"我将来找对象，一定找一个脾气好的，免得老吵架。"刘彩琴说，走出这一步，其实挺不容易，家里反对，田连元的父亲也不支持，社会舆论也不看好。但是她就豁出去了，别人爱说啥说啥，什么小女婿，什么大五岁，只要田连元对我好就行。

"文革"的时候，田连元受到批判，刘彩琴也一样，说她是文艺黑线上的人物，因为她是团里的主要演员啊，说的书都是封资修。好在"文革"中没太挨整，因为她虽然是主角儿，但从不摆架子，工作努力，不争名不争利，群众关系好，抓不到她什么问题，顶多给写几张大字报。

后来他们俩都进了战校，当时二儿子田昱才十个月，还有个女同志的孩子才三个月，太小了，刘彩琴就把靠里面的床让给了她，带着田昱睡在靠门口的地方。不久孩子得了百日咳，她半夜背着田昱上医院。后来严重了，也不让她回家，只好把田昱送给奶奶，一周才允许回去一次。刘彩琴说，那时候也锻炼人，无论有什么事情，都自己承担，没有说等丈夫如何如何。其实也指望不上，那个时代就是那样。没有抱怨，大家都这样。

下乡到桓仁的时候，非常艰苦，几乎都没法活下去了，婆婆把做豆腐的卤水藏起来，怕刘彩琴想不开，寻了短见。生产队长看她们穿得整齐干净，就想坏主意，故意让她们到猪圈去起猪粪。农民干这活都有水靴子，她们没有，猪圈里稀溜溜的，不仅鞋脏了，灌进粪水，就连裤角都是猪粪。生产队长说，你们是来接受贫下中农再教育的，不能怕苦怕累。是啊，你什么都不敢说，否则你就是资产阶级。种庄稼的时候队长分配她们给庄稼上肥，本来是可以用勺舀的，可是队长不许，只能用手抓，那都是人的粪便拌的土。插秧的时候，水正凉，带着冰碴儿，她和小姑子脱了鞋，挽起裤腿就下到田里。她们从来都没有干过农活，插秧一天下来，控得脸都肿起来，她们就咬着牙挺着。

刘彩琴说，住的房子，就是一个废弃的仓房，全家六七口人就挤在一起，外面下大雨，屋里下小雨。没办法，孩子小，怕孩子淋到，就用大块的塑料布围起一个小窝棚，塑料上面雨水积多了，就站起来用手顶一下，用盆接一接。后来田连元从县剧团搞了一块废弃的布景盖到房子上面，再压上石头，免得被风刮跑。那日子真的没法过，走投无路，她和田连元都着急上火，嗓子充血。可是贫下中农知道她们是市里来的演员，休息的时候便说，唱一段吧。嗓子充血也得唱，心里悲苦也得唱，不然就是对待贫下中农的态度问题。

刘彩琴说，那时候，田连元身体很弱，上山砍柴，回来累得脸色失血，不能吃饭，她就一口一口地喂他。后来他被借调到县里宣传队排练样板戏，家里就她和婆婆带着这几个孩子。甚至十岁的姐姐田洁还带着七岁的弟弟田平上山砍柴，最小的田昱也在村边捡柴火，婆婆的眼睛就是那时被烟熏坏的。

下乡到桓仁农村的时候，正是刘彩琴最好的年龄，艺术道路都耽误了，家都顾不上，两人不能都在外面拼，总得有一个放弃的。所以从农村回到本溪后，就不想再搞文艺了。后来田连元经常出门，刘彩琴就给他顶顶场。到部队慰问演出，刘彩琴说过《呼延庆打擂》，歌舞团排歌剧，扮演过周旋的母亲。再后来田连元到辽宁电台录评书《欧阳海之歌》，刘彩琴也一起去了，负责监听。此后她也录了《梁山后代》《呼延庆传奇》等评书，也获过奖，出过书。

田连元外出演出，或者录制评书，都带着刘彩琴，有时一起研究，有时田连元先表演给刘彩琴看，他录音的时候，刘彩琴便做监听。田连元到天津北方曲艺学校的时候，他教评书，刘彩琴教西河大鼓。房子都给了，三室一厅，就在天塔旁边，环境好，空气也新鲜。三年了，就是没调成。其实，要是努努力，走走后门，送点儿礼，也不是不可以的。但田连元就是不肯，他说，"咱不能做那种事。我从小到东北，一个人来的，依靠谁了？"

刘彩琴说，这么多年，刘彩琴和田连元还有妹妹都在一个团里，他是团长，好事他都紧着别人，不但彩琴，就是他的妹妹也没得到他什么关照。还有女儿田洁在部队的那个文工团解散，想回本溪歌舞团，可是田连元就是不肯办，他说我把自己的女儿调进来，别人怎么办？他的妹妹参加全省演出比赛，他是评委，给打的分最少。他对自己也一样，下乡演出，装车卸台，他和其他演员一起干，和其他演员一起睡大通铺。演的是压轴的大角儿，奖金不比别人多一分。上沈阳录电视评书《杨家将》的时候，赶上团里整党，他如果因公请假完全可以，可是他一天假都不请，回来开完会，第二天起早四点赶火车，到沈阳接着录。

刘彩琴说，田连元是个孝子，从小就听话，对父亲很敬重，也很有感情。父亲去世得早，他就担起这个家。父亲留下的那把三弦，他像宝贝似的。还有他爷爷习武时的一把宝剑，他都精心保存，还告诉孩子，"先辈遗物要保留，睹物思人，不忘祖宗啊。"还有一台黑白电视机，那是他给母亲买的，怕她老人家寂寞。母亲跟他吃了不少苦，特别是在桓仁那几年，几个孩子都是母亲帮着带大的。他对母亲感情特别深，冬天屋里冷，田连元就跪在床头，用双手给母亲焐脚，上北京办事，每次回来都给母亲买她喜欢吃的东西。母亲去世，他跪在母亲旁边，痛哭不已。那时还没有现在的灵堂，只有太平房，他非要在那守着母亲不可。这台黑白电视机，他一直保留着，看到它，就像看到母亲看电视时的样子。

田连元后来火了，经常外出演出，身边美女如云。有人就问刘彩琴，"田连元经常外出演出，你放心吗？"刘彩琴毫不犹豫地说，"他不是那样的人，如果是那样的人，你也管不住。"

刘彩琴说，田连元从艺快七十年了，从来没有花边新闻，田连元的身边，美女们都抢着和他照相，没关系，你大大方方地把照片拿回来，我都给他好好保存起来。大家都喜欢他，说明他人好，说明自己当年没看错人，有眼光。

刘彩琴常对年轻人说，不要怀疑自己的男人，推一推就出去了，拉一拉就回来了。到什么时候，都是原配的好。

田连元是个细心的人，在外面从来都把刘彩琴摆在前面。出门坐车，乘务员认出了田连元，车长过来看他，田连元总是站起身，礼貌地握过手后，就把刘彩琴介绍给他们，"这是我老伴儿。"就是其他场合也是这样。他的徒弟来看他，请他给指导，无论男徒弟还是女徒弟，田连元都让刘彩琴跟他一起给徒弟辅导。

田连元这么多年来，对自己一直严格要求，不吸烟，不喝酒。那些年社会上时兴跳舞，集体活动不能不去，他就坐那儿，别人让他跳，他说不会，别人不信，说："歌舞团的团长不会跳舞？"他逗趣地说，"我喜欢看，跳是一个人的感觉，看是诸多感觉，这叫跳出圈外看人生。"

过年了，别人打牌，要喝水了，上厕所了，找他给替一下。他从来不玩，就是看书，大过年的，他也一个人在书房里读书。

田连元不仅生活方面对自己严格，其他方面对自己也严格，不义之财不赚，来路不明的钱不要，这一辈子，非常谨慎。

田连元常说，人格是最重要的，我要对自己的人格负责，人要有尊严，不该赚的钱坚决不赚，宁可挣得少。他说他是文艺界的平民，平民有什么不好？没有钱但有幸福，没有绯闻但有快乐。

刘彩琴对现在的生活很知足了，她说，和农村时候比，你还求什么啊？田连元被选为省人大代表，她是市政协委员。现在退休有工资，看病有医保，旧社会就是流浪艺人，死了都没人管你。

那些年，田连元一直忙于事业，孩子的事情管得也很少，在升学、工作和结婚的人生大事上，别的家长全力以赴，而田连元则几乎全由孩子"自由发展"。田昱升初中、升高中的时候，田连元都没管过，考大学的时候，也就仅仅谈点自己的建议。

刘彩琴说，刘家和田家两大家族几十年都没分帮，过年过节都往一起凑。她和田连元在两个家族里都是老大，老大就得有个老大的样子，要多担待。他们对哥哥嫂子也都非常敬重，年年过节都在哥哥嫂子家，哥哥嫂子对他们就多照顾一点儿，不能自私，要多奉献才行。

田连元的大妹妹叫田素珍，逃难路上出生的，比田连元小六岁。小时候就有文艺天赋。她还在天津咸水沽读小学的时候，"天津市小百花河北梆子剧团"招学员，她就被选中过。可是母亲不同意，说，女孩子从小离开娘去学戏，她不放心。刘彩琴到天津生大女儿，满月后，就把田连元的母亲和妹妹弟弟一起带到了本溪。妹妹到本溪曲艺团当一名学员，不但聪明好学，而且嗓子好、形象好，很快就登台演出了，还和刘彩琴一起演出西河大鼓《光荣的航行》和《韩英见娘》，后来还学会了说长篇评书。看她是块料，市评剧团团长过来要她，说评剧团是国营团，比曲艺团这个"大集体"有前途。但是田连元没同意，他是业务团长，怕影响不好。她创作并表演的故事小品《王主任啊王主任》，在东北三省评书艺术大赛中获创作金奖、表演银奖。当时田连元是评委，他给打的分最低。她随田连元一起下乡到了桓仁，后来招工到了本钢文工团，退休后到了大连。

田连元的弟弟叫田长连，从小就聪明好学，会画画，参加学校演出的《沙家浜》，演胡传魁。1968年下乡到建昌。因为在农村表现好，能吃苦，被贫下中农推荐到辽宁电信学校，还当了学校的团委书记。后来又做了辽阳市的团市委书记、城建局长、建委主任、县委书记，从辽阳市人大常委会副主任的位置退下来的。

刘彩琴说，他们的大女儿叫田洁，小时候就在歌舞团学员班学舞蹈，13岁考进了解放军某部宣传队。从部队转业后，考入了沈阳音乐学院师范系，学习钢琴和声乐，后来到辽宁科技大学任教，现在是辽宁科技大学艺术学院的院长。

两个儿子都没搞文艺，田连元不愿意他们走文艺的路，因为太辛苦，还是找一个正式工作，安身立命为好。但是这兄弟二人在单位都是业余文艺活动骨干，过年过节搞联欢，他们就演小品，说故事，歌唱得也好，还担任策划或者导演，也不知他们都什么时候学的。

大儿子田平大学毕业后，最初在本溪市重型机械厂办公室当主任，后来到市政府发改委工作。儿媳刘亚男在艺术馆，算是和艺术贴点儿边。

二儿子田昱一直在本溪市财政局工作，因为他上面还有一个哥哥和一个姐姐，所以田连元习惯叫他三儿。儿媳时晓红在中行从事金融工作。

那天田昱下班回来，说去沈阳火车站接爸爸。刘彩琴说，八点的车，你急什么？吃了饭再去，来得及。便把饭给他端上来，田昱着急，简单吃了几口，就开车走了。九点的时候，电话来了，说是车祸了。福薄命浅啊，田昱就这么走了。还好，儿子总算吃了点饭，不然就空着肚子走的。刘彩琴努力不让自己的眼泪流下来。

刘彩琴说，田昱在单位，工作特别认真，在家里，对妻子女儿更是非常关爱。他每天都五点半起床，送女儿上学，然后在太子河边上锻炼，七点半送媳妇上班。白天上一天班，晚上八点多再去接女儿。车祸后的第二天，田昱的小黑包里，闹钟到点还响起来，可是人再也不会醒过来了。

田昱心细，对媳妇对女儿都特别用心，给女儿吃水果都切成一小块一小块的。家里的饭也一直是他做。走了之后，他媳妇开始做饭，一到厨房就哭，她控制不住。

刘彩琴说，人生没有圆满，她没有想到小儿子会离开，儿子这事，就要放得下。田连元说他的命是儿子用命换来的，儿子想要做的事，我来替他做。刘彩琴八十大寿的时候，田昱早早就张罗，本来刘彩琴说了不要大张旗鼓的，可是田昱不同意，他说，妈妈的八十大寿，一定要好好过，你们就不用操心了，我来张罗。现在小儿子没有了，田连元说我来替儿子张罗，这是他的心愿。一定好好过。

刘彩琴说，儿子那边刚去世，我这边就过大寿，心里能高兴起来吗？怎么办？你得放得下，我说，儿啊，你出国了，妈过生日，你不能赶回来，妈不怪你。当田连元的面，你不能掉眼泪。

在刘彩琴的心里，小儿子最懂事，知道爸爸喜欢读书，每次出差回来，都给爸爸买书，那书都老沉了。还给爸爸买了一个郑板桥的"吃亏是福"。开车出去玩，带着老妈，给买好了拖鞋，带靠背的小凳。田昱和同事在一起也是，他都为别人着想。出殡的时候，100多辆车，500多人送他。单位的同事还为他建了网上灵堂。你是什么人啊，你就一个普通人，可这些人都是自发去的，他人缘好啊。

这些年，刘彩琴和田连元生活在北京，也习惯了小儿子不在身边的日子，可是一旦人真的离去了，点点滴滴的回忆都如刀割。有客人来拜访时，刘彩琴就会给他们烧水，然后沏茶，田连元就陪他们唠嗑，表面上看一切都很平静，但总会突然闪出一个揪心的念头——田昱不在了，平静就会在瞬间打破，她只能强忍着不让自己崩溃。

刘彩琴说，田家第三代人里没有男孩，都是女孩，两个孙女，一个外孙女。田家缺少接户口本的，但他们不以为然，男孩女孩都一样，都是手中的宝。田连元也说，生男生女本属自然，何须强求？

刘彩琴说，从结婚到现在，田连元一直对她都特别体贴，特别是现在，比年轻的时候更细心了。打从小儿子不在了，刘彩琴的身体明显不如过去了，特别是最近腰不太好。田连元平时只要有时间，就过来陪她聊天。有时在书房里写东西，就是再忙，也是过一会儿就出来一趟，给她倒杯茶，唠几句嗑，生怕冷落了老伴。有时还问正在看电视的刘彩琴，这个节目怎么样？要不我给你换换台？有时刘彩琴不经意说了哪儿有点不舒服，他马上穿上鞋，就出去给刘彩琴买药。回来后就像捡了多大便宜似的，高兴地对彩琴说，"你看，这药是新来的，人家说，这药最好使了。"

刘彩琴说，现在的年轻人，和我们那个时候不一样了。我们那时候找对象不图钱，不图名，不图利，看好一个人，就过一辈子。现在的年轻人，不懂得容忍，不知道反思自己，不知道互相忍让，那不行。夫妻之间要磨合，金无足赤，人无完人，要懂得包容。她说，她当年选择田连元，就是因为佩服他，他有才华，觉得他脑子里装的东西多，有思想。好多知识不用再翻书，所以他写东西快，不仅是记忆好，更是书读得多。刘彩琴说他什么书都看，文学的，历史的，哲学的，还研究古代服饰，甚至刀具。田连元每次演出回到家后，自己也很兴奋，人一兴奋，就很难入睡。睡不着，便看书，一看就是下半夜。

田连元说书非常认真，每次演出前，田连元都先说给刘彩琴听，他说的所有的书，刘彩琴都是第一个听书人。有时在家的时候，就自己照着镜子说。刘彩琴说田连元从不敷衍，他说，咱说给观众的，必须是精品。特别是每回书的结束段，他都是精心提炼，不能仅仅是"且听下回分解"就完事了，要让观众有所启发，有所感悟。

刘彩琴说自己这辈子，从来都不说自己是演员，从不说自己是干啥的，低调做人。其实也是这么回事，都是过眼烟云，红啊，火啊，一阵风就过去了，你还是你，驴粪蛋也有几天的光泽。什么角儿呀，什么主演了，到了农村什么都不是，干什么就认真干，别把自己当回事儿。田连元就说过，"现在满街都是艺术家，扔一个棒子都能砸俩，现在还有什么青年艺术家，估计将来还有什么少年艺术家、童年艺术家。我认为，我就是一个说书人。"你看田连元上了台，滔滔不绝几个小时，在家平时寡言少语，很少向家人说获奖时的盛况，也不向家人炫耀被什么领导接见了什么的。

人说"少年夫妻老来伴"，这话，刘彩琴体会得越来越深了。年轻的时候各有各的事业，年老的时候，那就是一个目标，互相搀扶，互相照顾。刘彩琴说这些年，尤其现在老了的时候，他们之间的感情越来越深了，总有说不完的话。田连元不忙的时候，他们俩常常一唠就是几个小时，过去的事，只要扯个头，就没完没了。好多人都说，老了，就没话了，他们不是那样。有时躺到床上，先打个预防针，说今天啊，咱俩唠一会儿就早点睡觉，可是唠着唠着就过十二点了。他们唠什么呢？唠业务，唠人生，唠看的戏曲里一个演员下了多大的功夫，演得如何，差在哪里，可有的聊了。

可是，这么多年了，他们之间从来没有说过一个"爱"字。有一次，一位节目主持人问田连元，你为什么不对夫人说一句"我爱你"呢？田连元笑了，说，"我怕吓到她。"真是这样，假如有一天早上起来，田连元对老伴说了这句"我爱你"，老伴一定会以为他是不是该上医院了。他们这代人就是这样，事业和爱情永远都是融合在一起的。爱得多深，不是你说多少遍，而是看你做得如何，嘴上喊一千遍的爱，不一定是真爱，不说"爱"字不一定就是不爱。田连元和刘彩琴携手走过六十年，就是最好的证明，就是最大的爱。

刘彩琴说，"现在小年轻的找对象，就是看钱，那怎么行啊？还得讲感情。没有感情，基础不牢，那你的婚姻能牢吗？钱带不给你幸福。要看人，别光看钱，感觉幸福才是最重要的。我们是文艺界也是曲艺界里最清贫的，可我们是最幸福的。不要攀比，也不要忌妒，过好自己，不羡慕别人。你虽然没钱，但你过得好，快乐，别人照样羡慕你。"

时间真快，转眼间，两人就一起度过了六十多年。六十年中，风风雨雨，坎坎坷坷，矢志不渝，初心不改，事业上并肩，生活中携手。他们的爱情故事，何止是文艺界的典范呢？

"死生契阔，与子成说。执子之手，与子偕老。"这句当下婚礼上最流行的誓言，成了这对老夫妻，也是艺术大家一生的真实写照。这对从不把爱挂在嘴边的老夫妻，用他们的一生，诠释出爱的真谛，书写出美的篇章。

尾声

不尽蚕丝吐难休——随遇而安的人生

词曰:

才思如源涌, 声名噪神州。钓龙艺海, 霞飞云走领鳌头。目极开元旷古, 博览纷纭万象, 眼底五千秋。展腕正野史, 放吟闻风流。

说隋唐, 话水浒, 言汉刘。一心拳拳, 不尽蚕丝吐难休。平生未留愧事, 肝胆可鉴皓月, 磊落无喜忧。胸间耸高仞, 举步傲天游。

这首词和开篇的那首词, 都出自辽东才子王维焱之手。

从艺六十多年, 田连元创作、编写、整理、演出、播讲长、中、短篇评书一百余部, 达几百万字, 获得了无数的全国大奖和荣誉称号。特别是改革开放以来, 他的《贾科长买马》获文化部庆祝建国三十周年献礼演出二等奖; 他的《梁上君子》获文化部全国曲艺汇演一等奖; 他的《调寇》获文化部、中国曲协主办的"全国曲艺新曲 (书) 目比赛"表演一等奖和创作二等奖; 文化部和人事部联合授予他"首届全国文化系统先进工作者"奖; 中国文联授予他曲艺界最高奖"牡丹奖终身成就奖"；他还入选了第三批国家级非物质文化遗产项目代表性传承人。特别是在2019年，他更是喜事连连，在共和国成立七十周年之际，他入选"七十年七十人·杰出演播艺术家"；中国文联的"艺坛大家"栏目推出田连元《说书人生》专题，称他开创了电视评书艺术的先河……凡此种种，不一而足。

面对这些奖项，田连元十分淡定，因为他更看重的是观众的认可。如果一个艺术门类不被观众认可，你就是获再多的奖，那也是徒有其名。十年前他荣获中国曲艺界最高奖牡丹奖终身成就奖时，就曾打趣地跟一位既是评委也是老友的同仁说："这奖听着怪吓人啊，都终身了，这不就完了嘛……"对方的回答也很幽默："您就偷着乐去吧，参评的人那么多，您是获奖者中岁数最小的一个。"

有人称田连元为评书大师，有人说他是评书王。田连元对此坚决拒绝，他笑着说："什么王啊，家啊，大师啊，腕啊，你就叫评书皇帝也没用。你还是你，当兴则兴，当亡则亡。荣誉只是罩在头上的光环，有光环很亮丽，但那都是虚的，不是人的本色。名气是吹起来的，像气球一样，越吹越大，越大越薄，再吹下去，就爆了。"

人一有名，必然被名所累。田连元时刻告诫自己，你就是一个说评书的，离开评书你啥也不是。今天你火了，可你不能老火，"江山代有才人出"，新人不断出现，你曾经超过别人，必然还会有人超过你。就像那炉火，烧得最旺的时候，也就是开始转灰、转衰的时候。所以，做一个真实的平常人最好。

这种思想不是在晚年才形成的，田连元在最火的时候，誉满京城，有人写诗赞誉他说：

空巷说杨门／慷慨诉国魂／文堪会元榜／武威田将军。

对此，田连元淡然一笑，和诗一首：

追求未入门／笔拙不惊人／倘有可取处／求实与求真。

演出的人物是假，可在艺术上求真，在做人上求真。他曾逗趣地说："我一直在作假，在假里求真；我一直在说谎，在谎中求实。编织着发生过的故事，总结着以往的经验，对您倘还有用，这便是我生存的价值。"

甚至，他把自己的墓志铭都想好了：

他，当过皇帝、宰相、元帅、将军、使臣、乞丐、平民……但都是假的。

如今，长眠于此，是真的。

——评书演员　田连元

中央电视台有一个栏目，叫《开讲啦》，这是央视著名主持人撒贝宁主持的，收视率极高，站在这个讲台上的，都是中国当下事业上最成功的人士。他们讲的，都是自己的人生。他们面对的，都是那些莘莘学子或是青年精英。

田连元站在了这个讲台上，他会讲些什么呢？当然是他从艺几十年的评书生涯。但是，讲的是评书，听的是人生，几十年的风风雨雨，却被他凝聚成一句话——"随遇而安的生活"。

这种心态，不是老年之后才有的，他在桓仁农村的时候，这种心态就早已萌生。那年他的邻居老金家养了很多菊花，有一天老金在给花分盆的时候，嫌花多，分的时候便扔掉了几枝。女儿田洁看了，那么好看的花扔掉有些可惜，便拣了几枝拿回来。家里也没有花盆，田洁便问爸爸，花栽哪儿？

此时的田连元正是人生最艰难的时候，哪有心思欣赏花呢。他就对女儿说，就栽障子边上吧。田连元挖个小土坑，田洁把菊花插上，田连元帮着培了土，女儿又给花浇了点水，便没人再管它了。

可是没过几天，这棵菊花竟然活了，枝挺叶盛，又结了几个花蕾。天渐渐冷起来，气温骤降，那棵菊，叶子上虽然蒙了层薄霜，花蕾已经张开，正蓄势待放呢。田连元怕花冻坏了，便用一个破旧的木箱装上土，把菊花移到屋里。没想到，几天后，这棵菊花竟开出四五朵大如菜盘般的龙爪菊花来。这样大的菊花，田连元此后再也没有见过。田连元忍不住站在那菊前，看了很久。这菊，本来是被抛弃的，只是偶然之间被人捡回，不经意地栽在了土里，没有漂亮的花盆，没有人精心地侍弄，可它随遇而安，照样开得绚丽。他想到自己的人生际遇，免不了感慨一番，提笔写了一首诗：

篱下一丛菊，

霜寒催未死。

感其与我同，

移至住室里。

花开大如盘，

观者皆欢喜。

冷遇无所惧。

人何不如此？

人生很多时候，是身不由己的。在田连元看来，我们说的万事由人不由天，是讲人的主观作用，你的人生要掌握在你自己的手里，你不能不努力，不能不奋斗。可是，任何事情都是双重的，和老子讲的"有无相生，难易相成，长短相形，高下相倾，音声相和，前后相随"以及"祸福相依"一样，有了"万事由人不由天"，就必然会有"万事由天不由人"。

不过，田连元所说的这个天，不是老天爷，是自然规律，是天体。月亮围着地球转，地球围着太阳转，行星绕着恒星转……人生也是这样，每一个人都有这样一个运转轨道。一个人的奋斗、拼搏，都是在自己的轨道上运行。我们常说的人要找准自己的位置，这个位置，就是你的轨道，你不可偏离，不可挣脱，要在你的轨道中顺应自然，不要跟自己过不去，也不要和别人过不去。

田连元认为，每个人都有自己的人生感悟。但因人不同，感悟也不尽相同。众人的感悟，合在一起，总结概括出来的观念、大道理，就叫哲学。高层人物有高层哲学，普通百姓有百姓哲学。但哲学挡不住地震、火山、龙卷风、泥石流、海啸，哲学也解决不了找工作、发大财、升大官的具体问题，所以人们还是要找能解决实际问题的生活经验。这种经验也是因人而异、因地而异的。但是聪明的人可以看到别人的成长过程乃至对待人生的看法，把那些适合自己的借鉴过来。这种借鉴不是照搬，因为这世界上没有完全相同的两片树叶，所以也就没有任何相同的人生道路。不信你可以到书店里，找找那些伟人、富豪或明星的传记看看，他们的成功之路无法复制，同样的奋斗，人家成功，而你失败，这里面就有"万事由天不由人"的因素在。

田连元说他年轻时不信命，认为这是迷信。但是现在渐渐明白了，"命运"不是迷信，是一种社会现实，是每个人都必须面对的现实。从古至今，多少人都在研究这个"命"字，因为人们几经拼搏并不能达到预期目的，多方努力最终却事与愿违。孔子在《论语·颜渊》中说："死生有命，富贵在天。"墨子就反对，主张"非命"，说儒家的"天命"是"天下之大害"，但他也说不清"无可奈何的必然性"是怎么回事。孟子是"亚圣"，研究了半天，他提出了一个"立命"，其中主张人们应努力尽人的本分，以至"安身立命"。庄子则主张"安命"，"知其不可奈何而安之若命，德之至也"。孔子有那么一大堆的头衔，都是后世历代皇帝封的。如果当时把那些头衔给他，他早就火了。可是后世怎么火，也改不了他一生奔波的命运。

知名作家熙高写过一篇关于田连元的报告文学，标题就叫《国运，艺运，命运》，对这个题目，田连元很欣赏。他认为，每个人的命运与你所在的时代有着直接的联系，所谓"时势造英雄""沧海横流，方显出英雄本色""生逢乱世"等，都是这个意思。每个人都是生在一个特定的历史时期，而这一历史时期会给你一个活动范围和可操作的条件。在这种情况下，你使出浑身解数，拼搏进取，这就是你的命运，你不可能干出超出时代允许的事来。

田连元这一生，很多时候都是被命运所左右，他上学时，不想说书，想考大学，想当作家，想当记者。可是，命运却让他辍学学艺；学艺后，不想弹弦想说评书，曲艺团却偏偏安排他给刘彩琴弹弦；好不容易说了评书，命运却安排他下乡当农民。这是国运，大气候，你抗拒不了。当他想要彻底放弃艺术的时候，却又被调回市歌舞团，演戏、导戏、说书……这一切，都不是他自己设计的，而是"势"，你只能如水，随势而变形，变形才能向前流动。

但是，人又不能因为这个"势"而失去自己，不能随波逐流丧失自己，不管命运如何，不可忘记一个"勤"字，故有"天道酬勤"之说。勤是给命运作准备，是改变现状的前提，人不能"坐以待命"，那无异于"坐以待毙"。你美好的命运是奋斗拼搏的结果。倘不勤劳，自己的命运会变坏。这是个因果的必然。

田连元有一段话说得非常好，他说：

> 日升月落，草绿霜白，是万物的自然，
>
> 改朝换代，战争和平，是历史的自然；
>
> 业之兴衰，事之成败，是命运的自然；
>
> 演技娴熟，刻画逼真，是表演的自然；
>
> ……
>
> 这是个自然主宰的世界，
>
> 我们在自然规律里拼搏，
>
> 顺其者昌，逆其道者亡。
>
> ……

人生就是一个大谜语，青少年看到的是谜面，老年看到的是谜底，谜底在老年时揭晓。有人着急，到处找人算卦，想预知自己未来如何，可以说没有一个算准的。说你未来能成亿万富翁，坐家里不动也成不了。算你未来能当国务院总理，不学习不努力也白搭。

田连元坚信勤能补拙，讨厌作假吹牛，坚信"少一种人不成天下，这世上应该有我"。他写道：

> 人生本一转，
>
> 有限转无限，

莫论伟大与平凡,

都为社会贡献。

有名的留下辉煌,

无名的也留下灿烂。

如今五彩斑斓的地球村,

乃是众人所建。

历史的丰碑,

是全人类的纪念。

　　田连元对自己的说书人生,有一种职业的自豪感,因为他这条路还是走对了,他感谢父亲对自己的人生安排,如果不是说书,他这辈子可以说一无所成。如果在农村,他真的不知自己怎么才能活下来。而且,说书,让他认识了人生,认识了社会,认识了历史,让他的心境更平和,心胸更宽广。

　　而且,因为说书,他感到自己的寿命更加延长了。都说人生不满百,但是说书的人,却非常的长寿,这个长寿说的不是岁数,而是内心。他可以在历史的长河中纵横驰骋,上下几千年,了然于心,浓缩于口。他很喜欢电视剧《三国演义》中毛阿敏唱的那首歌《历史的天空》:

暗淡了刀光剑影

远去了鼓角铮鸣

眼前飞扬着

一个个鲜活的面容

湮没了黄尘古道

荒芜了烽火边城

岁月啊你带不走

那一串串熟悉的姓名

兴亡谁人定

尾声

盛衰岂无凭

一页风云散

变幻了时空

聚散皆是缘

离合总关情

担当生前事

何计身后评

长江有意化作泪

长江有情起歌声

历史的天空闪烁几颗星

人间一股英雄气

在驰骋纵横

这首歌既是历史的写照，也是他说书时的感受。
还有《三国演义》那首开篇词《临江仙》：

滚滚长江东逝水，

浪花淘尽英雄。

是非成败转头空，

青山依旧在，

几度夕阳红。

白发渔樵江渚上，

惯看秋月春风。

一壶浊酒喜相逢，

古今多少事，

都付笑谈中。

他说，我们说书人，就是那"长江有情起歌声"的毛阿敏，更是"古今多少事，都付笑谈中"的白发渔樵啊。

退休后的田连元，离开工作了几十年的本溪，定居北京，至今十年有余。他经常回到沈阳，偶尔也回到本溪。他调侃自己为"京师闲客"，很享受"北漂"的生活。因为他很喜欢北京的文化氛围，每次出门打出租车，司机都说"我是听您评书长大的"。听了这话，他不认为这是自己的荣光，而是评书的辉煌，是时代的赋予。他希望评书能在这些喜爱评书的观众或者评书迷中传承下去。

现在的田连元，虽然已年近八旬，却不见老态，身板挺直，走路一阵风。他红光满面，待人亲切，说起话来思维敏捷，表情一如说书那般丰富、生动。问及养生之道，田连元脱口而出："我没有什么养生之道，我的养生之道就是不养生，一切顺其自然。"

田连元说，庄子有言，大道合乎自然，道法自然。人也是这样，顺应自然，比什么都好。田连元觉得，说养生，首先要尊重自己的生活习惯，他说，"我不抽烟，酒也不多喝，生活方式比较健康。养生是自己的事，不要人云亦云，不要跟风。现在养生节目那么多，这个专家这么说，那个专家那么说，如果你都信，你会无所适从。养生，要根据自己的身体状况，因人而异。对于养生知识，不要盲从，不要照搬。"

田连元的爱好，除了喝茶，就是读书、习帖和聊天，年轻时因为忙，没有时间聊天，现在可以了，但有一个原则，就是要与明白人一起聊，既能增长学识，又能愉悦性情。

现在每天早上六点多钟，田连元就起床了，然后出去溜达溜达，有时间的话也会打打拳。年轻的时候在天津跟师傅学的武术，因为多年不练，已经忘了。不过那套形意拳，一直没丢。晚上吃完饭，有时也出去走走，反正不刻意去做什么，还是那句话，顺其自然。

那天，在《开讲了》的舞台上，面对台下的青年学子，田连元那朴实但又蕴含他几十年人生阅历和感悟的话语，深深地触动了那一颗颗对未来充满渴望和憧憬的心灵，"我觉得人生道路从生到死，这是一个过程，中间这个过程叫活，所以你活得怎么样，靠你个人的拼搏。结果怎么样，你不要期望太多，你得有一个环境，大环境允许你干什么，你就干什么，有为无为，都是做，不以贫富论值得，这就是我的人生感悟。"

一生都在拼搏的田连元，把自己的人生活得很精彩，但又把这精彩看得很淡。在他看来，只要努力过了，奋斗过了，你的人生就无憾了。至于什么荣誉，什么金钱，什么赞誉，什么毁谤，都不过是天之上的一片浮云，一会儿就被风吹散，成为过去，留下的仍然是白云蓝天……

2019 年 5 月 23 日至 11 月 31 日　第一稿

2019 年 12 月 1 日至 12 月 9 日　第二稿

2020 年 6 月 15 日至 7 月 15 日　第三稿

后记

————

当一个人的历史，成为一代人的历史，成为一个社会一个时期的历史的时候，这便是一个人的荣耀，因为在这段历史进程中，他参与和改写了这段历史。

可以这样说，作为一个说书人，一位评书艺术家，田连元参与了中华人民共和国成立以来的评书历史，并用一己之力，改写了中国评书的历史，引导了中国评书的历史走向，这是里程碑式的建树，也是对中国艺术史的贡献。

中国总是苦难和辉煌交织在一起的，田连元的一生，也是苦难和辉煌交织的一生。"艰难困苦，玉汝于成"，可以这样说，我们不希望苦难，不需要苦难，可是如果田连元没有那些苦难，就不会有今天的成就，如果没有各种文艺形式的兼容并蓄、融会贯通，也不会造就一代评书大师，尽管他不认为自己是大师。他独特的人生经历，使得他在评书艺术的领域里独树一帜，后人难以超越。他的成就、他的学识、他的境界、他的品格，都成为中国曲艺界甚至中国文艺界在这个时代中的最大亮点。

无论如何，我们都要感谢这个时代，因为这个时代慷慨地为我们奉献了像田连元这样的评书艺术大家，他用他那充满魅力的语言，伴我们度过一段幸福的时光和难忘的岁月。

在田连元的家里，有很多人赠送给他的书法作品，这些书法作品写的都是对田连元先生的赞词。其中有一幅是中国书法家协会原副主席张飙先生的一篇作品，是在田连元遭遇车祸时赠给田连元先生的，不仅字写得好，词写得也很精彩，这里不妨原文录下：

一招式演遍天下好汉，

一把扇舞尽刀枪戟剑，

一张嘴穿越历史浩瀚，

一句话说透忠贤佞奸。

刘秀寇准包公瓦岗寨全带着现代烙印，

皇帝将军盗贼读书人各自有幽默嘴脸。

杨家将大江南北万人空巷，

话成语工农兵学九界笑谈。

大学毕业书摊，

博士论文坊间。

随国运浮沉，

共时代磨炼。

落寞穷酸，正好汲点点生活创作泉。

巨祸大难，更显出铮铮硬骨男子汉。

七十载辛勤为时代写传，

扎生活沃田，

与传统紧连，

开评书新元。

这段词是对田连元一生最好的概括，也是对田连元评书艺术最中肯的评价。这样的词语，田连元配得上。

说心里话，在采访和撰写田连元这部人物传记的时候，我不时为田连元的坎坷命运所感慨，不时为田连元在艺术道路上的孜孜以求所感动，不时为田连元身上所呈现出的那种伟大的人格魅力所感染，也不时为田连元和刘彩琴六十多年相濡以沫的忠贞爱情所动容。尤其田连元和刘彩琴向我讲述那场车祸和失子之痛时，尽管他们平静如水，但我的眼泪却止不住流了下来。

从 2019 年春天接到任务，到年底完成这本书的初稿，再到 2020 年 7 月完成第三稿，倾注了我全部的情感，因为撰写田连元这样的艺术大家一直是我所愿。

所以，这部书稿的完成，除了要感谢本溪市委宣传部领导的信任外，更要感谢田连元先生对我的支持。那些日子，他放弃一切活动，在他的家中，整整和我唠了近十天的时间，提供了所能找到的所有资料。田连元先生在这几十年中，采访他的记者可谓数不胜数，他说他从来没有拿出过这么长的时间来接受一个人的采访，这是我的幸运。还有他的夫人刘彩琴，本来腰病卧床，在我的请求下，也爬起身来，和我唠了一个上午。

田连元先生在艺术上做到了极致，在做人上也做到了极致。这部作品的写作虽然很艰苦，但却是快乐的，因为我在写田连元先生的时候，在享受他的艺术魅力的同时，也在享受着他人格的魅力。因为在当代，把艺术成就和伟大人格完美集于一身的人，实属凤毛麟角。

个人传奇往往和特定时代的历史背景密不可分，而人生细节更能真切地透视出耐人寻味的历史信息。我一直在寻找田连元先生成功背后的密码，并努力把这密码破译出来，呈现给每一个喜爱田连元的读者。

采访和撰写田连元的报道和书籍很多，希望我这部书稿能成为最好的一部，并作为 2020 年田连元先生八十大寿的最好礼物，献给尊敬的田连元先生。

2020 年 7 月 17 日